Die Medien von Atlantis

Abb. links: Das die Einheit symbolisierende Sternenfeld Kassiopeia mit den Sonnen Orh und Ghon, die sich in heiliger „Communio" vereinigen.

Die Autorin:
Trixa ist Vollkörperkontakt-Channel und arbeitet seit 1988 als Botschafterin des fünften Strahls mit ihrem Mentor Hilarion in Seminaren und Einzelsitzungen.

Von Geburt an medial veranlagt, wurde sie zur Vorbereitung auf ihre Tätigkeit zu verschiedensten spirituellen Lehrern geführt. Den Anfang machte Ekkehard Zellmer mit seiner Huna-Vita-Schulung. In Neuseeland traf sie Janice, die sie tief verstehen ließ und in die Geheimnisse der Kultur der Maori und der Südsee einweihte. Danach begegnete sie Janet Mc Clure und Vyvamos, bei denen Trixa intensive Schulungen durchlief. Parallel dazu erfolgte ihre Huna-Ausbildung bei Serge Kahili King, und in den Seminaren bei JJ Hurtak verband Trixa sich mit dem Wissen von Enoch. Ihre Wiedereinführung in das essenitische Bewusstsein erhielt sie von Michael Grauer-Brecht, über den sie im Verlauf ihrer Zusammenarbeit auch in Kontakt kam mit Elyah, einer Kollektiv-Wesenheit von Kassiopeia, die uns in das „EineSein" zurückführen möchte.

Seit 2001 ist Trixa mit der Sternendrachen-Wesenheit Ra Neomi verbunden, der die Liebe des Universums mit der Weisheit der Materie verbindet, um uns so Unterstützung auf dem Weg zum Kosmischen MenschSein zu schenken. Während einer Stonehenge-Reise im August 2003 verschmolz Trixa mit einer Og Min-Wesenheit namens Halon, ein kollektives Bewusstsein von Eriadu im Sternbild Wassermann. Ende 2005 begann die Zusammenarbeit mit den Sternengeschwistern der Neddek, die sich in der 12. morphogenetischen Schicht unseres Planeten verankert haben, um Gaia ihr Fluidum der Liebe beständig zur Verfügung zu stellen.

Trixa lässt sich durch die geistige Welt in ihrer Arbeit führen und folgt den Impulsen der sich ständig erweiternden Existenz. Sie möchte Menschen auf ihrem Weg in die Sterne, in die fünfte Dimension begleiten, damit sich EinverstandenSein in Liebe, GlückSein und FreiSein ausdehnen darf.

Bisher erschienen folgende Bücher von Trixa:
Sternenwege – Heilung der Dualität (Lichtrad, 2001)
Surftipps zu den Dimensionen – Handbuch für BewusstSeinsAbenteurer
Die Halon-Papiere, Bd. 1, Wege ins EinsSein mit den Og Min-Sternengeschwistern

und in Zusammenarbeit mit Michael Grauer-Brecht:
Erdenwege - Elyah spricht zum Sternenkind Mensch (Lichtrad, 2001)

Awara – Werkstatt für bewusstesSein
Trixa Gruber, Im Gegenberg 30, 79189 Bad Krozingen
Email: Awara@BewusstesSein.net, Homepage: www.BewusstesSein.net

Die Medien von Atlantis

Ein spiritueller Roman
von Trixa

Für Elyah
und das Sternenkind namens Mensch!

VERLAG 22

1. Auflage, August 2006
© 2006 by Verlag 22, 48268 Greven
Alle Rechte vorbehalten.
Printed in Germany
ISBN (10stellig) 3-937806-03-2
ISBN (13stellig) 978-3-937806-03-7

Verlag 22
Altenberger Str. 10, 48268 Greven
Fon (0 25 71) 57 60-392, Fax (0 25 71) 57 60-386
info@verlag22.de, www.verlag22.de

Umschlagmotiv und Bilder: Birgit Bercher
Satz und Umschlaggestaltung: Jutta Lindemann
Druck: Druckhaus Köthen, Köthen

Inhalt

Eine Rose – die Blume der Liebe – für all unsere Leser.

Mögen eure Herzen sich öffnen.

Danksagung

Ich habe diesen Roman drei ganze Jahre in mir getragen, ihn gehütet und sich entwickeln lassen. Es begann alles in einem zauberhaften Land, an dessen einsamem Strand ich saß, als die Idee für dieses Buch aus den Wassern der Zeit aufstieg und ich den Mut fand, mir selbst den Wunsch zu erfüllen, einen Roman zu schreiben! Welch eine abenteuerliche Reise!

Ich danke den wunderbaren Menschen von Eschraf/Tunesien, die mich die Schönheit in der Einfachheit finden ließen.

Ich danke Elyah und Michael – einfach für alles!

Ich danke allen meinen Lehrern aus allen Ebenen, die mich auf meinem Weg begleiten.

Ich danke Gabriele, Eleonore und Betsy für die Schwesternschaft! Ebenso Birgit für das Sichtbarmachen meiner inneren Bilder, und Gisela für ihre Kraft und ihr Vertrauen in unser gemeinsames Potential! Mein Dank gilt all den herrlichen Bewusstseinen, die zum Erscheinen dieses Buches beigetragen haben. Wie oben, so unten!

Ich danke dir, Erdenmutter,
und dir, Himmelsvater,
denn jetzt fühle ich:
Einheit ist!

Kapitel 1

Sky-Ra rekelte sich in ihrem weichen, mit Mapofasern* gepolstertem Bett in den ersten Strahlen der Sonne El*. Sie betrachtete das Spiel des Lichtes, das sich im schillernden Perlmutt der oberen Hälfte der großen Muschel spiegelte, in die ihr Bett gebaut war. Sie liebte diese frühen Morgenstunden, wenn El, die Älteste der Sonnen, ihr sanftes orangegoldenes Licht über den Planeten Madokh*, das geliebte Heim ihrer Kindheitsjahre, gleiten ließ. Diese El-Stunde war ihre Zeit des Nachdenkens, des sich Vorbereitens auf die große Reise, die ihr bei ihrer Geburt von dem weisen Drachen Ra Neomi prophezeit wurde. Und ihre Geburt war noch nicht so lange her, nur etwa fünfzig Mal hatte sie den Zyklus der Sonne El bisher erlebt, und nun endlich kam die Zeit auf sie zu, in der sie den Unterweisungen ihres Mentors Ra Neomi würde lauschen dürfen. Wissbegierig wie sie war, freute sie sich darauf, hieß es doch auch, dass sie endlich alt genug war, um ihre erste Reise anzutreten, denn Ra Neomi wirkte auf Ra*, der Zweitältesten der drei Sonnen ihres Heimatsystems und gleichzeitig der Heimat ihres Clans. Ja! Sie war eine Ra, durch und durch den erschaffenden Kräften des Sonnengestirns und den damit einhergehenden Aufgaben ergeben, die da waren: neue Welten zu erforschen, neues Leben zu ersinnen und zu formen.

Makia, ihre Begleiterin, ein langbeiniges, meist schnurrendes Wesen aus dem Bereich Andromedas, begann sich zu strecken und rieb ihren Kopf an Sky-Ras ausgestreckter Hand. „Einen guten El-Morgen wünsche ich dir, meine weise Begleiterin!", sagte Sky-Ra. Makia blinzelte und öffnete träge ihre malachitfarbenen Augen. Statt jedoch zu antworten, begann sie sich genüsslich ihr seidenweiches weißes Fell zu putzen. Sie war eine Felidae*, und die Abkömmlinge ihrer Familie waren bekannt als höchst konzentrierte Hüter des Wissens und agile Bewacher der Bibliotheken.

Sky-Ra sprang aus ihrer Bettmuschel heraus und begab sich in ihr Badezimmer. Sie stieg die wenigen Stufen in die warme, goldfarbene flüssige Lebendigkeit ihres Pools hinein und wusch die letzten Erinnerungen an ihre Reiseträume ab. Durch die zarten, kristallinen Wände ihrer Räume hindurch konnte sie in den Himmel schauen, und sie erkannte, dass El höher gestiegen war und bald die Zeit der Versammlung gekommen sein würde.

Erfrischt vom Bad suchte sie sich einen Sari aus und wickelte die samtweichen Stoffbahnen elegant um ihren schlanken hohen Körper. Sie betrachtete sich im Spiegel. Ich bin immer noch so klein, dachte sie bei sich und betrachtete ihren langen Körper. Wann würde sie endlich wachsen, um auf derselben Ebene mit den Geschwistern sprechen zu können. Ihre Freunde hatten fast alle schon die übliche Größe von vierundsiebzig Zoll* erreicht, und sie mit ihren achtundfünfzig Zoll sah immer noch wie ein Kind aus. „Erkenntnis ist wichtiger als Körpergröße!", hörte sie Makia sagen, die sie wie immer und zu jeder Zeit bei allem, was sie tat, mit wissenden Augen betrachtete. „Erkenne, dass du ein Kind der Sonne bist, erkenne, dass du bereit bist, Neues zu erforschen und halte dich nicht mit Äußerlichkeiten auf!" Sky-Ras Blick glitt über ihre Haut, die im hellen Bronzeton ihres Clans schimmerte, sie betrachtete ihre wissbegierigen Augen, die in der Farbe strahlten, die nicht von ihren Welten kam und sie als Reisende auszeichnete, und wanderte zu ihren schlehefarbenen Haaren, in denen die kupfergoldenen Strähnen leuchteten. „Ja", sagte sie und wandte sich an Makia, „ja, ich bin ein echtes Kind von Ra! Ich danke dir für den Hinweis, Makia." „Konzentration auf das Wesentliche, meine Liebe, ist ein Zeichen der Reife!" Oh, diese Felidae, immer einen weisen Spruch um die Schnurrbarthaare! Dachte sie bei sich, doch sie lächelte still in sich hinein, wusste sie doch, dass Makia sie liebte und nicht anders konnte, als ihre Weisheit mit ihr zu teilen, und sie hatte ja Recht. Sie wollte doch ihr kindliches Verhalten ablegen, um endlich für reif genug befunden zu werden, in die Schulung des alten Drachen gehen zu dürfen.

Sie wandte sich zur Tür und Makia folgte ihr. Gemeinsam gingen sie durch lange Korridore, die vom Lichte Els beleuchtet waren und die sich alle wie die Strahlen der Sonnen im zentralen Kuppelbau von Madokh trafen. Mehr und mehr Wesenheiten der unterschiedlichsten Rassen sammelten sich im Kreis um Deklet, dem weisesten der Lehrer, der mit seinen 66 000 Schülern vor Hunderten von Sonnenumläufen die Kolonie gegründet hatte.

Das Licht wurde heller, und es schien eine leichte Brise aufzukommen, als ein singender Ton erklang. Die Schüler hatten die zwölf Platten des Wissens angeschlagen, die kosmischen Häuser* wurden angerufen und alle Anwesenden versanken in Meditation und erinnerten sich an Kassiopeia*, die Goldene, die Einheit ist. Lange hallte der Ton der Einheit durch die weite Halle, und erst als nichts mehr vom Klang zu hören war, da er sich nun hinaus ins Weltenall ergoss, erhoben sich die Angehörigen, umarmten sich und sprachen gegenseitig Segenswünsche aus.

Deklet, der Lehrer, kam auf Sky-Ra und Makia zu. Er bat sie, ihm zu folgen, und Sky-Ra bemerkte, dass sie doch ein klein wenig nervös wurde. Es geschah schließlich nicht alle Tage, dass der Große zu ihr sprach. Er führte sie hinaus in einen der Tempelgärten, in dem die Pflanzen der verschiedenen Welten sorgsam gehütet wurden und die balsamischen Wohlgerüche der Blütenpracht sie umschmeichelnd empfingen. Deklet gab ihr ein Zeichen, sich mit ihm auf einer breiten Bank unter einem riesigen Mapobaum niederzulassen. Der Mapo blühte und der süße Duft von Millionen strahlender kleiner Sternenblüten umhüllte die drei mit einer Wolke aus Wohlgefühl und nahm sie auf.

„Sky-Ra, höre meine Worte, ich weiß aus meinen Träumen, dass die Zeiten sich ändern werden. Meine Schüler haben viel gelernt, und es wird bald die Zeit kommen, da sie mich, ihren Lehrer, prüfen werden. Ich bin des Aufbauens müde und sehne mich nach Kassiopeia und nach der Weisheit und Wärme der Heimat. Einige meiner Schüler sind auf eine ungute Art wissbegierig und ich kann nicht absehen, ob es mir gelingt, sie auf der Bahn der Einheit zu halten, denn in den Zeiten des Friedens erscheint die Einheit manchen öde.

Du bist als eine Reisende geboren, die Farbe deiner Augen, die nicht von unseren Welten ist, zeichnet dich aus, und dein Mentor hat es so bestimmt, noch ehe diese Farbe deine Iris geflutet hat. Ich weiß, du bist noch jung, doch durch Kassiopeia erhielt ich Nachricht, dass es an der Zeit sei, dich vorzubereiten, zum Studium nach Ra zu gehen! Was sagst du dazu? Bist du bereit?"

Sky-Ra fühlte Wellen tiefer Freude aus ihrem Innersten aufsteigen. Endlich! Die Zeit des Wartens war vorbei. Zentriere dich, dachte sie und dann antwortete sie: „Du Großer unter den Großen, sei bedankt für die Ehre, die du mir zukommen lässt! Ich danke dir! Ja, ich bin bereit!" Makia, die, wie zum Sprung bereit, ihr Bewusstsein mit dem Sky-Ras verschmolzen hatte, entspannte sich. „Gute Antwort", übermittelte sie ihr in der Geistsprache, und Sky-Ra wusste, dass sie nicht kindlich überstürzt geantwortet hatte.

„So soll es sein!", sprach Deklet. „Bereite dich vor und in der nächsten Mondphase wirst du reisen! Sei bedankt für dein Sein in unserer Kolonie und möge der Frieden der Einheit dich auf allen Wegen begleiten!"

Sie erhob sich, verneigte sich vor Deklet und wollte sich bereits zum Gehen umwenden, als er aufstand und sie an seine Brust zog. Sie fühlte eine Welle, die durch ihr Sein hindurchdrang, und erkannte seine Furcht. Furcht wovor, fragte sie sich im Inneren, denn sie spürte genau, er fürchtete nicht um sie. Sie erfasste intuitiv, er fürchtete um den Planeten, um die Kolonie, um seine Schüler, und, zutiefst verwundert, erspürte sie für den Bruchteil eines Wimpernschlags, er fürchtete sich vor sich selbst! Das verwirrte sie zutiefst, das war eine völlig unbekannte Empfindung! Doch schon war der Moment vorüber, er küsste sie auf die Stirn wie ein Vater und entließ sie – aber er sah ihr nicht mehr in die Augen. Nachdenklich machte sie sich auf den Weg zu ihrer Wohninsel.

Die Gemeinschaft war von geschäftigem Summen erfüllt, während El seine Bahn über den Planeten zog. Sky-Ra erfuhr, dass sie nicht die Einzige war, die sich auf eine Reise vorbereitete. Viele fragten sich, was Deklets Plan sei, dass er während dieses prächtigen El-Tages so viele auf die Reise schickte. Ein El-Tag war eigentlich ein Tag des Studierens, denn El vermittelte stets Wissen und die damit einhergehende Weisheit. Üblicherweise würden die Bewohner sich während eines Ra-Tages vorbereiten, um dann in einer Ra-Nacht in die silbergoldenen Kokons zu steigen, die sie zu ihren unendlich weit entfernten Reisezielen bringen würden.

Aber Sky-Ra kümmerte das nicht. Sie hatte ihre Angelegenheiten geregelt, sich von den Freunden verabschiedet und ihre wenigen Sachen, von denen sie sich nicht trennen wollte, heraussortiert und in einem Korb verpackt. Die Kleidung, die Bücher und die liebgewordenen Dinge ihrer Kindertage hatte sie unter den Kindern der Gemeinschaft verteilt, denn mit dieser ersten Reise war die Zeit ihrer Kindertage vorbei. Sie war erfüllt von Freude und Neugier. Wie würde es dort sein? Wie würde der weise Drache Ra Neomi sein? Sie konnte sich nur noch an seine Energiewellen erinnern, die sie verspürte, wenn er mit ihr Kontakt aufnahm, doch sein Aussehen erinnerte sie nicht mehr, war sie doch auch viel zu klein gewesen, als man sie zur Namens- und Auftragsbestimmung in seine Arme gelegt hatte, bevor man sie nach Madokh gebracht hatte. Bald, bald würde sie dem Grüngoldenen gegenüberstehen und die Weisheit des Drachen würde sich endgültig mit ihrem Bewusstsein verbinden und sein Wissen auch zu dem ihren werden. Es würde ein Fest für alle ihre Sinne sein!

Makia hatte nichts zu packen. Alles, was eine Felidae braucht, trägt sie in ihrem Bewusstsein, und so nahm sie ein ausführliches Bad in der Wärme von El. Makia mochte die Reisen in den engen Kokons nicht besonders, und sie hatte schon fünf Sterngeborene auf ihren Lebensreisen begleitet, bevor sie den Ruf erhielt, Sky-Ras Hüterin und Bewusstseinswächterin zu sein. Auch sie empfand so etwas wie Freude, denn auf Ra war es immer angenehm warm, es gab nicht so kühle Nächte wie hier auf Madokh, wo sie ihre Fellspitzen aufgestellt halten musste, während sie ruhte. Ra war eine Sonne, deren Boden angenehme Wärme sprühte, und das mochte Makia. Außerdem, wo

Drachen waren, gab es immer eine Erweiterung des Wissens, und wenn Makia etwas wirklich verehrte, dann war es Wissen.

Langsam senkte El sein goldenes Antlitz dem Horizont zu, und in den malvefarbenen Tönen konnte man schon den ersten der drei Monde emporsteigen sehen. Gemeinsam begaben sich Sky-Ra und Makia in die Halle der Gemeinschaft. Nach und nach sammelten sich die anderen Reisenden. Deklet erschien und sprach voller Zuversicht von den verschiedenen Aufgaben, die vor ihnen lagen. Gemeinsam versank die Versammlung im Gebet, während sich nun auch der dritte Mond erhob. Im vollen sanften Licht aller drei Monde sprach Deklet den Reisesegen über alle aus. Sie verließen die Halle und begaben sich in Gruppen zum Raumhafen*, wo die Lichtschiffe warteten.

Sky-Ra und Makia betraten zusammen mit anderen, die auch nach Ra reisten, den „Stern des Ra", ein großes Schiff, aus Licht und Mentalkräften gebaut, das sie nach Ra bringen würde. Sie wurden in eine weite Halle geführt, in der ringsherum zahlreiche Kokons aufgereiht waren. Jeder Reisende erhielt, zusammen mit seinem Begleiter, so er einen hatte, einen solchen Kokon zugewiesen. Sky-Ra und Makia stiegen in das luftig zarte Gebilde aus Gold und Silber, das sich wie feine weiche Spinnweben um ihre beiden Körper legte, so dass sie wie in einer weichen Wolke versanken. Makia drehte und wendete sich und grummelte vor sich hin. „Nie genug Raum hier", sagte sie in Sky-Ras Geist hinein, doch diese war viel zu neugierig und bedacht darauf, mit allen ihren fein ausgebildeten Sinnen alles zu erfassen. „Du wirst sowieso gleich schlafen", meldete ihr Makia, „du kannst nichts dagegen tun, sobald das Lichtschiff abhebt, sinkst du in den Schlaf. Also beruhige dich bitte, Raumreisen sind äußerst langweilig." Sky-Ra hatte die feste Absicht, wach zu bleiben, doch als ein sanfter Ruck durch das Schiff ging, bemerkte sie gerade noch, wie Alpha-Wellen* ihr Bewusstsein berührten und schon war sie in einen tiefen Schlaf gesunken, ebenso wie Makia an ihrer Seite.

Aus den Chroniken von Kassiopeia

ir, das Volk der Einheit in diesem Universum der Dualität, senden aus die obersten Gelehrten unserer Gemeinschaft, um die neuen Sternenwelten mit Geist zu besiedeln. Der ehrenwerte Deklet, König der Sterne, hat sich bereit erklärt, eine Schulungsstätte zu gründen im Sternenfeld des älteren Bruders, Orion genannt. Hier sollen geschult werden die Sternenfürsten und ihre Abkömmlinge und Kenntnis erlangen über die Zusammenhänge von Geist und Materie. 144 000 Sternenwesen umfasst die Zahl der Schülerschaft Deklets, des Sterngeborenen.

Wir, Kassiopeia, geben das Licht der Weisheit, und der große Bruder, Orion, gibt die Heiligkeit der Materie. Deklet hat gegründet seine Schulungsstätte auf dem Planeten Madokh. Hier sind verankert die zwölf kosmischen Wissensspeicher, die die Schwingung der Einheit weiter verbreiten in neu entstehenden Welten. So verbinden die Studierenden das Licht Kassiopeias mit den Welten, und es ist die Aufgabe der Schüler Deklets, die kosmischen Platten in Schwingung zu halten, auf dass sich die Welle des EinenSeins unendlich im Universum ausdehne.

Kapitel 2

Citrinfarbene* Lichtwellen berührten unendlich sanft Sky-Ras Bewusstsein und lockten sie zu erwachen. Sie bemerkte Makias regen Geist, der versuchte Leben in die erstarrten Glieder zu bringen. Behutsam dehnte sie ihr Bewusstsein aus, Sonnenwärme, Sonnenlicht, ihr ganzes Sein war erfüllt von Kraft, zielgerichteter Kraft der Erschaffung. Ihr wurde klar, dass sie angekommen waren und sie öffnete vorsichtig ihre Augenlider. Gold! So viel goldene Farbe hatte sie noch nie gesehen und nie in dieser alles durchdringenden Brillanz. Ra, das musste Ra sein. Waren sie etwa angekommen, oder träumte sie noch? Sie spürte Makia neben sich, die gerade dabei war, sich zu strecken und sie in ihrer inneren Welt begrüßte: „Aufwachen, Reisende zwischen den Welten, du bist an deiner ersten Etappe angelangt!"

Sie wurde sich ihres Körpers bewusst, der lange geschlafen hatte, und begann die Energie ihrer Neugier auf diese neue Erfahrung in ihrer Lebensmitte* zu sammeln. Von der Mitte ihres Körpers aus ließ sie diesen Puls in alle ihre Glieder strömen. Die wohlige Wärme gekoppelt an eine sanfte Erregung durchflutete sie und machte sie bereit. Sie dehnte und streckte sich und setzte sich auf.

Vor ihren Augen eröffnete sich ein kaum fassbares Schauspiel: goldene Energiebänder webten durch die Atmosphäre, sie verbanden sich mit rot- und orangegoldenen Wellen, alles schien ein Tanz von Welle der Kraft zu sein. Sie selbst befand sich in einem sich beständig bewegenden Gebilde, das einer enormen Gasblase glich, die von sonnenfarbigen Bändern umspült wurde. Als sie genau hinsah, erkannte sie, dass sich mehrere dieser blasenartigen Komplexe aneinander reihten und Ketten bildeten, die mit den sonnengoldfarbenen Lichtwellen tanzten und schwebten. Sie selbst befand sich zusammen mit Makia auf einem breiten, wohlig weichen Ruhebett in der Mitte der Blase. Die Luft war angenehm temperiert und sehr klar. Sie bemerkte die Wachheit ihres Geistes, der in enormer Geschwindigkeit jedes Detail aufzunehmen schien. Ihre wenigen persönlichen Dinge waren bereits ausgepackt und im Raum verteilt. Sie sah einen Studiertisch, auf dem sich mehrere Lehrerkristalle befanden und eine goldene Räucherschale, aus der sich der sanfte Duft der Myrrhe leicht kräuselnd erhob, um sich im Raum zu verteilen. Daneben stand ein weich schimmernder Krug aus durchscheinendem Material und ein ebensolcher Becher. Lichtreflexe brachen sich in der Flüssigkeit, die sich darin befand.

„Wasser!", beantwortete Makia sofort ihre unausgesprochene Frage, „flüssiges Bewusstsein aus den Weiten der Sterne, Grundbaustoff der materiellen Welten, sehr erfrischend und belebend. Es ist da, damit du es trinken kannst!" Sky-Ra sprang auf und ergriff den Becher, dessen Material sich wie fest gewordener Schaum in ihre Hände schmiegte. „Alabaster, edles Baumaterial aus den Weiten von Neptun! Schenke dir ein und probiere, es tut dir gut!", meldete Makia und Sky-Ra tat wie ihr geheißen. Der Geschmack war fremd, jedoch sehr angenehm sanft. Belebend, erfrischend, würzig und ein klein wenig süß rann das Wasser durch ihre Kehle. „Kann ich auch etwas abbekommen?", fragte Makia, und Sky-Ra bot ihr den Becher an.

„Ich würde mich gerne reinigen, Makia, du scheinst dich ja hier gut auszukennen. Wo und wie geschieht das hier?" „Folge mir", sagte Makia, erhob sich und setzte sich geschmeidig und elegant, wie immer, in Bewegung. Sie ging direkt auf die Blasenwand zu und schlüpfte einfach hindurch. Erstaunt tat Sky-Ra es ihr nach. Sie fanden sich in einer kleineren Blase wieder, in deren Mitte sich ein Wirbel aus goldenem Licht in ständiger Bewegung drehte. Makia sprang in den Lichtwirbel hinein und begann sich darin zu rekeln. „Komm, das tut gut, das ist eine Lichtdusche", meldete sie in Sky-Ras Geist hinein, und Sky-Ra trat hinein. Lichtpartikel schienen über ihre Haut zu perlen, sie bemerkte jedoch, dass diese Teilchen sich bis in die Zellen ihres Körpers hineinsenkten und jedweden Rest der Reise aus ihnen herauslösten. Sie fühlte sich schnell vollkommen befreit und gereinigt.

„Folge mir", sagte Makia und tauchte einfach durch die Wand des Duschraums hindurch. Sky-Ra tat es ihr nach. Nun befanden sie sich in einer Art Tunnel und sie bemerkte, dass sie, obwohl sie einen Fuß vor den anderen setzte, in einer mehrfachen Geschwindigkeit durch die Röhre gepumpt wurden. Sie erreichten eine riesige Blase, die tief im Inneren der Sonne zu liegen schien, das Licht war dunkler, die Goldtöne satter und sanfter, das Rotgold schien dunkel zu glühen, und dieser Raum war erfüllt mit einer schweren Wärme und einem Geruch, den Sky-Ra nicht deuten konnte. „ATP, Adenosintriphosphat*, Lebenselixier der Sonnen, Transformator des Lichtes der Welten, Geruch der Alten, der Drachenwesenheiten, hier ist die Wohnstatt deines Mentors, hier wirst du Ra Neomi treffen! Setz dich und assimiliere*!" Folgsam ließ Sky-Ra sich nieder, öffnete ihren Geist, verband ihn mit ihrer Kraft und vereinte ihr gesamtes Sein mit dem Raum. Weite und Stille begann sie zu erfüllen, sie war weder nervös noch neugierig, sie war offen und bereit und wurde mehr und mehr zu diesem gesamten Raum.

„Sonnenkraft mit euch. Schöpferkraft mit euch. Wir sind Ra Neomi. Wir sind das Bewusstsein der Chroniken von Ra." Diese tiefe sonore Stimme schien in ihrem Inneren zu explodieren, ihr Bewusstsein dehnte sich in Wellen aus und wurde weit, unendlich weit, und es erschien ihr, als sei sie im Inneren des Drachen, denn sie konnte ihn nicht sehen, aber sie spürte, wie sein Sein sich mit dem ihren verband und ihr eine ungeheure Ausdehnung ermöglichte.

Plötzlich formten sich Bilder innerhalb der Farbwellen, sie sah den goldenen Madokh, sah Deklet und seine Schüler in Lehre und Lernen vertieft. Sie erfasste die Ungeduld in manchen der Schüler und hörte, wie Deklet zwei aus der Schar ersuchte, die zwölf kosmischen Platten des Wissens anzuschlagen. Sie erkannte, dass Deklet mit Absicht die beiden widerspenstigsten Schüler aufgefordert hatte, und sie erkannte die Freude seiner Angst! Das war es, was sie gespürt hatte bei ihrer letzten, so seltsamen Umarmung! Sie erfasste, dass er mit voller Absicht diese beiden gewählt hatte, weil er wusste, sie würden Veränderung bringen – Veränderung, die er fürchtete und gleichzeitig herbeisehnte.

Die beiden Schüler betraten das heilige Rund, die Platten erhoben sich riesig in den Himmel von Madokh, sie begannen zu singen und Stein für Stein in Vibration zu versetzen, so dass die heiligen Töne sich aufbauten. Doch was war das? Die dritte Platte! Die Schüler besangen sie nicht, sie ließen sie nicht erklingen! Welch ein Frevel! Der kosmische Ton wurde schief, die Melodie war jenseits jeglicher Harmonie und bohrte sich schmerzend in Sky-Ras Bewusstsein.

Wellen der Erschütterung dehnten sich über Madokh aus, Deklet stand hoch aufgerichtet, die Arme Kassiopeia entgegengestreckt, und sie hörte ihn sagen: „Hör hin, Kassiopeia, du Goldene, deine Zeit ist vorbei! Neues beginnt, Bewegung kommt ins All, Veränderung nimmt Raum. Wir, Madokh, sagen uns los von dir, du ewig Gleichbleibende, denn es ist Zeit, Neues zu erfinden und die Welten in Bewegung zu setzen. Zu lange war der Schlaf der Einheit. Wir, die ersten aus den königlichen Familien der Sterne, fordern unser Recht ein, die Welten zu gestalten und die Bewohner des Alls zu prüfen! Jedes Wesen soll von nun an das Recht der Entscheidung bekommen, denn das ist die Freiheit, die wir gefunden haben in der neuen Welt, zu der du, Kassiopeia, uns geschickt hast, der Welt deines Bruders, des Formers, des Materieerschaffers, des großen Jägers Orion. Sieh hin, erkenne, du Goldene in deinem ewig gleichen Glanz, die Schönheit der Nacht, die Kraft der Dunkelheit!"

Erfüllt von Entsetzen sah Sky-Ra, wie ihr geliebter Lehrer alles Licht von sich schob und vollkommen dunkel zu werden schien, und mit ihm die Schülerschaft und der ganze Planet. Der goldene Madokh verhüllte sein Antlitz, kein Licht mehr auf Madokh, der Planet geriet ins Trudeln, verließ seine angestammte Bahn und kreise nicht mehr im wohligen Rund um El und An* und Ra, er hatte sich losgesagt und schwamm auf der Welle des Missklangs hinaus in die Weiten des Alls, Verwüstung und Krieg bringend.

Sky-Ras Bewusstsein fiel in sich zusammen, sie bebte und zitterte, fühlte sich klein, sehr klein und sehr hilflos und Tränen rannen aus ihren Augen. Makia hatte alle Haare gesträubt und fauchte und war erstarrt in Anspannung. Sie tastete nach Ra Neomis Bewusstsein, doch sie fand es nicht. Ihre Hand suchte nach Makia, und es erschien ihr wie ein elektrischer Schlag, als sie das Fell der Freundin berührte.

„Dies hat es noch nie gegeben, seit dieses Universum existiert", sprach Makia, die sich langsam lockerte, „wir müssen uns den Gegebenheiten stellen und, komme was da wolle, das Bewusstsein der Einheit bewahren. Denn Einheit ist ewig und kann sich nicht teilen. Kassiopeia ist ewig!" „Deine Sicherheit kann ich nicht so ganz mit dir teilen", sagte Sky-Ra und schaute tief in die jetzt unruhig schillernden Malachitaugen Makias. „Wir werden lernen, wir werden diesen Missbrauch erlösen, das weiß ich bei der heilenden Liebe von Andromeda, und daran halte ich mich", antwortete Makia.

„Erhebe dein Bewusstsein, Kind der Sonnen!", ertönte wieder die sonore Stimme scheinbar im ganzen Raum, und Sky-Ra erhob ihren Kopf und schaute umher. Ein endloses Band grüngoldener Schuppen, auf denen Sternenstaub glitzerte, schien sich um die Höhle zu winden, sie verfolgte den nicht enden wollenden Schlangenleib und sah plötzlich ein riesiges gütiges Auge, das sich mit den ihren verband. Unendliche Ruhe und raumfüllende Weisheit zogen sie in den Bann und es erschien ihr, als sauge dieses riesenhafte Auge sie auf. Sofort breitete sich Ruhe in ihrem System aus.

„Das war ein Blick in die vorangehende Welle der Zeit, in die Zukunft. Noch ist es nicht geschehen, doch es wird sich ereignen. Deklet, dein dich liebender Lehrer, hat dich ausgesandt, und andere deiner Art, denn er hat seine Schwäche erkannt, er wusste, dass er der Versuchung der Macht-über-Andere nicht mehr lange widerstehen konnte. Doch in der ihm eigenen Weisheit hat er für seine Befreiung gesorgt, indem er diejenigen seiner Zöglinge aussandte, die erfüllt sind mit der Bereitschaft, Unbekanntes zu erforschen und das Heile-EineSein von Kassiopeia in neuen Welten zu säen. So wird einst in ferner Zukunft das Sternenkind namens Mensch kommen und die dritte Platte wieder zum Klingen bringen. Kassiopeia wird sich aus dem Schutt des Schmerzes über ihre Kinder erheben und sich im goldenen

Glanze selbst neu gebären! Sei ohne Furcht, geh deinen Weg, nütze die Stunde, lerne und erweitere dein Sein, dann tritt an deine Reise und bringe den Samen der Einheit nach Gaia*. Hilf mit, das Sternenkind Mensch zu erschaffen auf dieser neuen kleinen Welt in der Weite des neu geborenen Sonnensystems!", sprach der alte Drache und schloss sein Auge.

Mit Ra Neomi fielen gleichzeitig Sky-Ra und auch Makia die Augen zu. Sie fühlte sich unendlich müde, erschöpft vom Gesehenen, doch nicht mehr beunruhigt, und so erlaubte sie sich in die Tiefen ihres Seins abzusinken, um im Schlaf Entspannung zu suchen.

Aus den Sternen-Chroniken Kassiopeias

 ls die Sonnen Orh und Ghon* sich trafen und alle sich zur Zusammenkunft aufmachten, erhielten wir Nachricht von Deklets Frevel. Der große Sternenlehrer der 144 000 war der Versuchung erlegen und hatte zugelassen, dass der kosmische Klang der Einheit zerstört wurde.

Deklet ergab sich der Manipulation und wurde zu Karon, dem dunklen Herrscher des Blitzes der Trennung. Die Welle des Missbrauchs dehnte sich aus von Madokh und durchflutete zuerst das Brudersystem des Orion*. Mächte des Nichtlichtes übernahmen hier die Herrschaft. Im Versuch die Materie zu besitzen, versklavten sie die Einwohner und große Dunkelheit kam über Orion. Friedensfürsten hielten Stand, so lange es ihnen möglich war, allen voran jene auf Beteigeuze* und Bellatrix*, und sie sandten Hilferufe aus, denn das Volk erduldete unsägliche Qualen in den Tiefen der Gebirge.

Die Welle des Schocks erreichte die Plejaden* und sofort machten die Wassergeborenen sich auf, ihre Geschwister zu erretten. Die orionischen Kriege hatten begonnen und so viele wurden in unbekanntes Leid gestürzt. Saphira von Alcyone* beauftragte Oktaviana* und ihre Schwestern, die orionischen Geschwister zu befreien. Viele kehrten von diesem Befreiungsschlag nicht zurück. Oktaviana war gebunden in den nichtlichten Nebeln um Rigel*.

Die sich weiter ausdehnende Welle durfte die goldene Stätte der Einheit nicht erreichen. Doch Neli* vom Hause Tobith* konnte das Zusammentreffen nicht verhindern, und Kassiopeia war dem Untergang geweiht. Nur im Vergehen lag die Möglichkeit des Neubeginns. So erfolgte der Beschluss des Rates, die Weisesten der zwölf Häuser auszusenden in alle Welten, um die Weissagung zu verkünden:

**Ein Wesen namens Mensch wird kommen,
die Blüte aller Sternensaat,
und das Universum neu entfalten.**

Der Erste wird genannt werden der Christus.

**Er wird bündeln die integrative Energie
von Gottvater und Gottmutter,
fortan Christusbewusstsein genannt.**

Kapitel 3

Sie erwachte, als der sich selbst bewegende Gang sie sanft in ihre Wohnblase hineinkullern ließ. Sie rollte sich federnd ab und stand auf ihren langen Beinen. Nach ihr kam Makia in den Raum gekullert und sofort auf ihren vier Pfoten schüttelte sie sich und sagte: „Welch' unwürdige Behandlung für Unsereins!" Sie ließ ein leichtes Fauchen in Richtung Gang hören, und begann, als sei nichts geschehen, mit der Pflege ihres samtenen Fells.

Sky-Ra griff nach einem der Lehrerkristalle auf ihrem Studiertisch und ließ sich auf einem weichen Kissen in der Mitte ihres Raumes nieder. Sie drehte den Kristall in ihren Händen und ließ ihn das sonnenfarbene Licht auffangen. Im Glanz von Ra und durch die Berührung ihrer Hände erwärmte er sich, fing an zu vibrieren und schien, um zu erwachen, sich selbst mit Energie zu laden. Ein liebliches Gesicht formte sich in der Mitte des Steines, und mehr und mehr konnte sie die Züge des Antlitzes erkennen: ein runder Kopf, ein herzförmiges Gesicht, weich geschwungene Wangenknochen, leicht schräg stehende Augen, gerade Brauen und ein fein geschwungener Mund. Noch waren die Augen geschlossen, doch als Sky-Ra den Stein noch einmal bewusst ins Licht der Sonne Ra hielt, begannen die Augenlider zu flattern und sich zu erheben. Sky-Ra blickte in tief dunkelgrüne, waldseestille Augen. „Ich bin Andra-Lay, hütende Heilerin aus den Weiten Andromedas. Du hast mich gerufen und ich werde das liebende Wissen der Kreise in Kreisen mit dir teilen. Komm herein und verbinde dich mit meinem Bewusstsein."

Sky-Ra verband ihre Lebensmitte und ihr drittes Auge* mit Andra-Lay und verschmolz. Ein System konzentrischer Kreise öffnete sich ihrem Bewusstsein. Sie erkannte, dass alles, was dieses System berührte, liebevoll angenommen und durch sanfte Wellenbewegungen von außen nach innen geschaukelt wurde. Sie ließ sich mitnehmen und ein Gefühl der Geborgenheit, des Angenommenseins, als läge sie wieder in den Armen ihrer Amme, durchflutete sie. Doch noch bevor sie überlegt hatte, in dieser Welle der Akzeptanz zu verweilen, fand sie sich bereits im Mittelpunkt der Kreise wieder. Vor ihr stand Andra-Lay, ein kleines rundliches Wesen, viel kleiner als sie selbst, und lächelte sie gütig an. „Willkommen, Sky-Ra. Es stimmt, ich bin nicht groß, aber sehr weit", sagte die Lehrerin und dehnte ihren Körper so enorm in die Breite, dass Sky-Ra erstaunt lachen musste. Vor ihr kreiselte ein enormes Rund in einer solchen Geschwindigkeit, dass sie nur noch die Bewegung, jedoch keine einzelne Form mehr wahrnehmen konnte. „Bitte hör auf! Mir wird ja ganz schwindelig!" „Siehst du, die Größe allein ist nicht wichtig, Kind von Atlantis, obwohl deine Rasse ja einen gewissen Stolz auf die Länge ihrer Körper in sich trägt. Es ist das Bewusstsein, das den Geistkörper formt und ihm die Kraft der Veränderung gibt. Ich kann jede Form annehmen, die mir beliebt, weil mein Bewusstsein weit ist und bereit ist, sich mit allem zu verbinden."

Sky-Ra lachte mit Andra-Lay, doch hatte sie den Ausdruck noch nie gehört, den die weise Lehrerin verwendet hatte. „Du nennst mich ‚Kind von Atlantis'. Was bedeutet das, noch nie habe ich ein Wesen dies zu mir sagen hören?"

„Atlantis ist eine ferne Welt, angesiedelt auf einem kleinen blauen Planeten in einem neuen Sonnensystem", Andra-Lay legte den Kopf etwas schief und schien zu überlegen, „mit nur einer Sonne! Stell dir das vor, nur eine Sonne! Hier wird die Hoffnung aller Kinder des Universums liegen, hier wird die Mutter der Mütter neu geboren werden. Aber zurück zu Atlantis, ich schweife ab. Atlantis bereitet sich gerade darauf vor, in die Erschaffung zu gehen. Auf der Suche nach neuen Horizonten für die Erweiterung ihres Geistes machen sich Wesenheiten aller Sonnen dieses Universums auf den Weg zu diesem jungen Planeten, auf dem sie eine neue Gesellschaft der Weisheit in Materie gründen wollen. Und sie bringen das Wissen der Sterne mit, um es dort in der Abgeschiedenheit dieses solaren Systems sicher zu hüten.

Du bist eine Reisende, sowohl die Farbe deiner Augen als auch dein Mentor haben dich dazu bestimmt, bei diesem großen Ereignis mitzuwirken, deshalb nenne ich dich ‚Kind von Atlantis'. Sonnenwesenheiten tragen in sich die Größe ihrer Heimatsonnen, daher ist ihnen die Körperlänge wichtig, als ein Ausdruck ihrer Verbundenheit mit der Ausdehnungskraft ihrer Sonne. Das werden sie sich auf Gaia abgewöhnen, denn ein Planet mit einer Atmosphäre um sich herum ist für solche Körper nicht geeignet. Also, bemängle dich nicht selbst, deine scheinbar zu klein geratene Körperlänge wird es dir sogar leichter machen, dich zu adaptieren. Doch du bist noch jung, und es gilt noch viel zu erfahren und zu begreifen, bevor wir, deine Lehrer, dich auf diesen kleinen Planeten schicken."

„Darf ich dich noch etwas fragen?" „Ja sicher, dazu bist du ja hier!" „Mhm, was hat das alles mit meiner Augenfarbe zu tun und warum weist sie mich als Reisende aus? Immer wieder höre ich dies, aber niemand konnte mir bis jetzt sagen, wie die Farbe meiner Augen genannt wird und woher sie kommt."

„Du hast auch nicht gefragt, solares Küken!", antwortete Andra-Lay, sie liebevoll neckend. „Deine Augen tragen die Farbe des Meeres. So werden die Ansammlungen von Wasser genannt, die auf materiellen Welten zu finden sind. Meere sind die Ursuppe allen materiellen Lebens, und die Engelwesenheiten benützen sie, um ihre göttlichen Informationen auf jungen Planeten zu speichern. Meere sind somit kosmische Wissensspeicher. Die Engel lenken die Kometen durchs All und lassen sie Bewusstsein und Materie sammeln, die diese dann in die Gewässer neugeborener Planeten senken. Das Volk von Hyperboräa* wiederum, das sich aus den Weiten Andromedas herauslöste, um konkret in das Erschaffen auf jungen Planeten zu gehen, nimmt dieses Bewusstsein auf, formt es und passt es an, so dass Molekülketten entstehen. Die Verbindung von Wasser und stellarem Staub produziert Leben in materieller Form. Auf diese Weise können sich Körper bilden. Seit Äonen* werden durch die Verbindung von Engel- und Sonnenkräften Wesen geboren, die allgemein als

Reisende bezeichnet werden. Die meisten von ihnen tragen diese Augenfarbe, die sie dazu prädestiniert, auf einer der jungen Welten im Sinne des AllEinen zu wirken. Doch nun beginnt deine Zeit des Lernens, dehne dich aus, erkenne und begreife."

Andra-Lay berührte sanft ihr drittes Auge und Sky-Ras Bewusstsein schien zu explodieren. Sie erfasste die Kraft der Kreise, in denen alle anwesenden Bewusstseinsformen miteinander wirkten und ihre Kräfte zusammenfließen ließen, um anzunehmen, aufzunehmen. Dadurch erschufen sie eine heilende Liebe, in der sich alles wie ganz von selbst in die Einheit brachte. Sky-Ra erkannte die große Kraft der Gemeinschaft, die sich mit jedem Neuankömmling verstärkte und erweiterte. Das Potential schien in seiner Güte grenzenlos. Weder Ansehen noch Herkunft waren von Bedeutung. Ständig woben die Kräfte Andromedas durch alle Versammelten und verbanden sie miteinander, so dass zwischen den Anwesenden ein Ausgleich entstand und sich die Energie der Gemeinschaft erhöhte.

Sie erfuhr, dass manche Energien dieses Sternensystem besuchten, um sich von weiten Reisen zu erholen, und dass andere hierher gebracht wurden, weil deren Geistbewusstsein durch Erfahrungen so dicht geworden war, dass sie zu keinerlei Ausdehnung mehr in der Lage waren. Alle Ankommenden wurden vom Kreis gehütet und in die Entspannung gebracht, um daraufhin weitergegeben zu werden an den nächsten Kreis, in dem die Gemeinschaft begann, den belasteten oder verängstigten Geist durch sanfte Berührung wieder für Verbindung zu öffnen. Im nächsten Rund begann dann die eigentliche Heilung. Andromeda öffnete sich vollkommen für die Erfahrung des Hilfesuchenden, nahm seine gesamte Geschichte an und ließ sie durch das Kollektiv fluten, so dass sie gemeinschaftlich verarbeitet werden konnte und kein Einzelner durch die Erlebnisse behindert wurde. Groß war die Kraft dieses Kreises. Danach erlaubte das Kollektiv dem Heilsuchenden, sich in der Geborgenheit des geschützten Raumes zu erholen, bis er bereit war, gestärkt wieder seiner Bestimmung zu begegnen. Bereichert durch den Austausch und die Zunahme des Erkennens im Kreis der Liebe und der Annahme wurde die Wesenheit, wenn sie es wünschte, dann entlassen. Kein Festhalten, kein Verlust war entstanden, und begleitet von der Freude der Erweiterung wurde der so Geheilte auf seine neuen Wege entsandt.

Sky-Ra tanzte durch die Kreise, berührte und wurde berührt; aufgenommen und angenommen teilte sie ihre Geschichte mit dem großen liebenden Kollektiv. Gleichzeitig wurde sie mit der Gemeinschaft verbunden, lernte, erfasste und erfuhr gänzlich neue Welten und Erfahrungsebenen. Sie nahm alles Wissen und all diese scheinbar grenzenlose, Halt gebende Liebe tief in ihrem Sein auf und vereinigte sich mit dem gesamten liebenden Wissen, das Andromeda in sich barg.

Sie lernte, und erfüllt von der tiefen Freude des gemeinschaftlichen Seins war sie sich eines Ablaufes von Zeit nicht bewusst, als plötzlich eine Welle der Erschütterung durch die Kreise lief. Da war er wieder, der Missklang, jener unaussprechliche Frevel - die Welle des kosmischen Un-Tones erreichte Andromeda. Mein geliebter Lehrer, Deklet, er hat es wirklich veranlasst, die dritte Platte singt nicht mehr, dachte sie, während ihr Bewusstsein sich im Schmerz verkrampfte und sie wieder so unendlich klein und eng wurde. Doch sie war nicht allein, verbunden mit dem Kollektiv dehnte sich der Schmerz in ihr aus, wurde auf- und angenommen, ihre ganze Liebe zu Deklet, gemischt mit ihrer Verzweiflung, flutete in das Kollektiv und wurde dort mit liebendem Wissen verbunden. Und der Schmerz, in der Verbindung mit der Gemeinschaft, löste und erlöste sich, und sie erfasste, dass sich viele auf den Weg der Rettung gemacht hatten.

„Zwölf Kreise, zwölf Häuser, zwölf Platten, zwölf Planeten, zwölf!", so sang und klang es in ihrem Bewusstsein. „Zwölf wird Heilung sein! Zwölf Lehrer werden sich aufmachen von Kassiopeia, um zwölf neue Welten zu erschaffen. Ein jeder wird aufgrund seiner Spezifikation einen Weg aus der Trennung suchen. Die elf werden ihre Erfahrungen aus ihren Welten in einem kleinen blauen Planeten bündeln, der Gaia, Planet der Heilung, genannt sein wird, und ihm wird sich der zwölfte unter ihnen, Enoch*, annehmen. Die Augen der

Gemeinschaft der Sterngeborenen schauen liebend auf das junge, noch unwirtliche Gaia. Sei ohne Furcht, erkenne, begreife, und eine!"

Makias raue Zunge leckte ihre Hand und Sky-Ra fand sich wieder, zusammengesunken auf ihrem Kissen in der Mitte ihres Raumes. Den Lehrerkristall hielt sie fest in der Hand, ruhig und kühl lag er jetzt in ihrer Handfläche. Sie sah Makia fragend an. „Du kamst schon vor einiger Zeit wieder zurück, aber ich ließ dich schlafen, weil ich es in diesem Moment für das Beste hielt. Möchtest du Wasser?", fragte Makia freundschaftlich und schob ihr mit ihrer Pfote den Becher mit dem köstlichen Nass zu. „Ja, ich bin bereits informiert, auch ich habe die Nachrichten empfangen. Deine Zeit wird knapp, Reisende! Doch sei ohne Sorge, du hast nun die Kraft des Kollektivs erfahren und der richtige Moment, deinen Schwestern zu begegnen, ist bald gekommen."

Sky-Ra trank und erfrischte ihre Sinne und ihre Seele mit dem wunderbaren Trunk. Während sie das Spiel der Sonnenfarben betrachtete, die immer noch, und auf beruhigende Art beständig, um ihre Wohnblase herum tanzten, fand sie Frieden mit dem Erfahrenen.

Niederschrift aus den Chroniken
des Hauses Elyah:

 n jener Zeit, als die Dekletschüler Madokh besiedelten und die dritte Platte nicht angeschlagen wurde, in jener Zeit, als Kassiopeia dem Untergang geweiht war, und als der Krampf und der Schrei der Manipulation der Materie dieses Universum durchzuckte, in jener Zeit wanderten die Weisheiten der zwölf Häuser von Kassiopeia in ihr Exil.

Die zwölf Häuser trafen sich zu einer Konferenz im Andromedanebel und beschlossen: „Wir wollen Madokh neu kreieren, um wieder Einheit im Universum herzustellen, um die Reise zum Urpunkt allen Seins wieder anzutreten, und somit den Pulsschlag des Universums zu erhöhen."

So begann das große Experiment der Erschaffung von Welten, die befähigt sind, dem Blitz des Missbrauchs zu widerstehen. Welt wird auf Welt folgen, bis das Erbe der elf vorangegangenen einen kleinen blauen Planeten einhüllen wird, in dem all die Sternensaat vereinigt werden wird zu jenem kosmischen, strahlenden Wesen namens Mensch, befähigt die Materie zu bewegen und den Geist in die Einheit auszudehnen, um Kassiopeia, die Goldene neu zu erschaffen, die Einheit ist und war und immer sein wird.

31

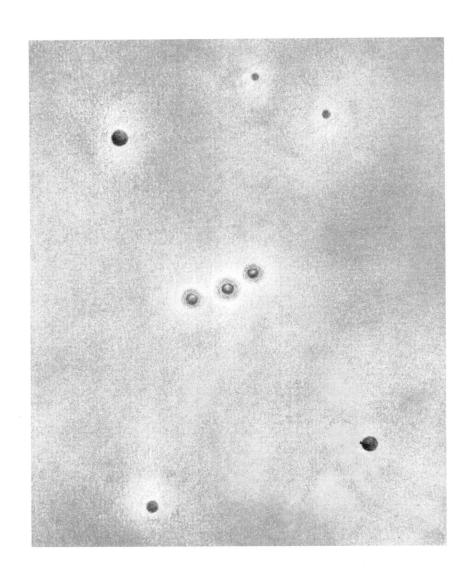

Kapitel 4

Ga-El ließ ihr wendiges Schiff einige Drehungen um die eigene Achse vollführen, bevor sie mit einem leichten Aufschrei der Freude durch die letzte Schleuse des Sternentors hindurchschoss. Welch ein Anblick vollendeter Größe bot sich ihr dar! Unendliche, samtene, blauschwarze Weite, geziert mit Abermillionen von Sternen, breitete sich wie ein funkelnder Teppich vor ihr aus. Welch unfassbare Schönheit hatte dieses neue Universum erschaffen! Und es lag vor ihr, bereit, erkundet zu werden. In Gedankenschnelle flog sie an Kassiopeia vorbei und lenkte ihr Schiff, wie ihr geheißen worden war, in Richtung des großen Bruders. Sie suchte den Nebel zu erfassen und tastete die Einflugschneise von Orion mit ihrem Bewusstsein ab. Elegant, doch wieder einmal viel zu schnell, legte sie sich in die scharfe Linkskurve. Die Außenhaut ihres mentalen Schiffes begann zu zittern und sich zu erhitzen, doch diese rasanten Manöver liebte sie so sehr und kein Moment des Zweifels warf sie aus der Bahn.

Vor ihr öffneten sich die drei großen Alten: El, An und Ra mit ihren Welten. Sie richtete sich nach Ra aus und war gerade dabei, an An vorbeizugleiten, als eine Störungswelle sie erfasste und sie ihre gesamte Konzentration aufbringen musste, um nicht von ihrer Flugbahn abzukommen. Ihr geschulter Geist nahm vorsichtig Kontakt auf mit An und fand den Ausgangsort der Verwirrung. Ein kleiner Planet trudelte in der Umlaufbahn der Goldenen und eine Wahrnehmung von anziehender Verlockung wollte ihren Geist erfassen, doch entschieden wendete sie sich ab. Ihr Ziel war Ra, und hierhin war sie ausgesandt worden, um sich auf eine neue Mission vorzubereiten.

Und da erkannte sie den glühenden Stern bereits in der Ferne. Sie nahm Kontakt auf und lenkte ihr Schiff direkt in die Sonne hinein. Der Blitz, der sie war, verband seine elektrische Ladung sofort mit dem Gesamtbewusstsein von Ra und seiner Schöpferkraft und sie formte ihr Sein zu ihrem liebsten Körper, den sie gerne und oft in diesem

Universum nutzte: lang, schlank, aufrecht und äußerst geschmeidig. Sie legte dieses Mal besonders viel Wert auf die Ausformung ihrer langen Beine, denn bei ihrer letzten Ankunft hatte sie ein Bein mit einer anderen ihrer Formen verwechselt, so dass sie während ihres ganzen Aufenthalts damit beschäftigt war, die dunkelbraunen Fellflecken auf diesem Bein zu überdecken. Glatte, geschmeidige Haut sollte es diesmal sein, elfenbeinfarben, und fünf Zehen an jedem der beiden Beine. Trainierte Muskeln halfen beim Strecken und Beugen. Dann formte sie zwei Hände, dehnte ihre beiden Arme noch etwas in die Länge und verlängerte ihre fünf Finger, bis sie jede Hand für geschmeidig und schnell genug hielt, jede beliebige Bewegung zu vollziehen. Sie nahm die tieferen, sanfteren Sonnenfarben von Ra und färbte ihr langes glattes Haar. Dann tauchte sie in die bernsteinfarbenen Lichtbänder und erschuf sich daraus große runde Augen. Ihren Kopf noch etwas in die Länge ziehend, betrachtete sie ihre Erschaffung. Pirouetten drehend testete sie den Körper in seiner Bewegungsfähigkeit und war zufrieden. Noch leuchteten die regenbogenfarbenen Lichtblitze ihres elektrischen Heimatuniversums unter ihrer durchscheinenden Haut auf, aber das würde sich mit zunehmender Adaption legen und man würde ihr ihre Elu-Herkunft* nicht mehr auf den ersten Blick ansehen.

Langsam floss ihr Schiff auf den tanzenden Lichtwellen und brachte sie tiefer und tiefer in das Innere der Sonne hinein. Sie setzte es sanft an der Wand der Versammlungsblase ab, streckte ihren Geist begrüßend aus und trat durch die Wand. Im gleichen Augenblick löste sich ihr Gefährt auf. Sie wurde von den Anwesenden freudig begrüßt und willkommen geheißen, ein Begrüßungsbecher mit dem köstlichen Wasser wurde ihr gereicht und alte Bekannte kamen auf sie zu, um sie zu umarmen. Lange nicht mehr gesehene Freunde geleiteten sie zu einem Sitzplatz und die Gruppe ließ sich um sie herum nieder. Man fragte sie nach Neuigkeiten aus ihrem Universum, nach den Ereignissen ihrer Reise und auch, durch welches Sternentor sie diesmal gekommen sei und wie sie den Durchgang erfahren habe. Die Zeit verging wie im Fluge, denn sie fühlte sich wohl in der Gemeinschaft, doch dann rief der Gong zur gemeinsamen Andacht. Die Halle füllte sich langsam, und auch Sky-Ra, zusammen mit Makia, betrat den Raum der Versammlung.

Alle Anwesenden vereinigten sich und erhoben ihren Geist zu Andorh auf Kassiopeia, wo die Sonnen Orh und Ghon sich zu verbinden begannen. Gemeinsam mit den Kassiopeianern stimmten sie den Gesang der Einheit an, doch alle waren sich bewusst, dass eine Veränderung ihrer Verbindung mit Kassiopeia bevorstand.

Nach der gemeinsamen Meditation rief der Rat von Ra alle zusammen, um die Ereignisse um Deklet und seine Schüler zu besprechen. Bestürzung und die Suche nach Lösungen wechselten sich ab, es wurde teils hitzig, teils überlegt gesprochen, und die Energie im Raum wurde immer dichter, als sich plötzlich alle des Geruchs von ATP bewusst wurden. Gleich darauf war der Körper des alten Drachen sichtbar, der sich grüngolden schimmernd um die Versammlungsblase legte. Ra Neomi ließ seinen Kopf durch die Hülle dringen und sprach direkt zu allen Anwesenden:

„Wir grüßen euch, ihr Abgeordneten der Sonnen, in dieser Stunde der Präsenz der solaren Kräfte. Erkennt, Geschwister im AllEinen, dass Einheit immer ist, immer war und immer sein wird. Deklet beginnt nun seine Metamorphose hin zu Karon, dem Dunklen, dem Zerstörer, dem Trenner, dem Meister der Illusion. Er wird versuchen, so viele Welten wie möglich zu infizieren und sie sich und seinen Machenschaften einzuverleiben. Dies bietet jedem Sternensystem und seinen Bewohnern die Möglichkeit, die Erfahrung der Trennung, der Isolation oder der Beständigkeit in der Einheit zu machen. Doch der Funken der Quelle ist unauslöschlich! Er ist Geburtsrecht in jedem Wesen und kann nicht aufgelöst werden, denn jedes Wesen in diesem Universum ist göttlicher Herkunft. Auch Deklet/Karon wird diesen Funken des Lichtes immer in sich tragen, und so sehr er sich auch bemühen wird, er wird dieses Licht in sich nicht vernichten können, denn es ist sein göttlicher Funken, und der ist ewig." Der Alte schwieg

einen Moment und schien zu schmunzeln. „So wird dieses Universum einen Weg des Erkennens beschreiten, um am Ende neu geboren, neu, im Lichte einer umfassenden, bewussteren Einheit zu erscheinen. Hilfe wird kommen von Virgo*, so haben wir es erkannt, denn Virgo wird sich als erste aus der Verwirrung der Dunkelheit befreien, um dann beständig in der Reinheit des EinenSeins zu verweilen.

Sodann wird sich der göttliche Löwe erheben und den bedrohten Welten Verheißung bringen. Viel Kreativität wird sich entfalten, um immer neue Wege zu erschaffen, die Einheit wiederherzustellen.

Karons Spiel ist ein Spiel der Verwirrung der verschiedenen Ebenen, denn selbst er ist nicht dazu in der Lage, die höchste Ebene, die Ebene der Unendlichkeit des Schöpfers zu infizieren, denn Vater-Mutter-Gott sind unendlich in ihrem Lichte der umfassenden Liebe.

Karon baut auf die Kräfte der Materie, denn Materie formt sich aus ihrer Bewegung durch die verschiedenen Seinszustände, bis sie die angemessene Form findet, in der sie verweilen möchte, um Schönheit zu entfalten. Schönheit zu erschaffen ist die Absicht der Materie, doch Schönheit findet sich auch in den Ebenen der Illusion, und diese blendende Schönheit ist sehr verführerisch. Viele werden sich dieser scheinbaren Schönheit beugen, werden sich korrumpieren lassen von dem falschen Schein des kalten Lichtes, das sich aus der Trennung und nicht aus der Verbindung erschafft. Jedoch, versteht, dass sich dadurch eine Spannung erzeugt, Spannung, die Neues in die Erscheinung bringt. Erweiterung des Geistes folgt der Spannung, um zu erkennen und das Potential der Schöpferkraft in uns allen zu erhöhen.

Botschaft wurde mir zuteil vom Rat der Alten, dem Rat der Drachen. Viele von uns haben sich erhoben und werden, wie zur Zeit der Kreation dieses Universums, als gebündelte Kräfte der Sternenfelder, die wir sind, ihre Schwingen erheben und schützend durch die Weiten des Alls ziehen. Wir werden die Energien der Weisheit der Einheit bewahren und sie den Welten zur Verfügung stellen, sobald diese sich unser erinnern und uns rufen."

Der Drache legte eine Pause ein, damit alle Anwesenden von seiner Lehre durchdrungen wurden, dann fuhr er fort: „Reisende unter euch, ich rufe euch auf, eure Aufträge zu erfüllen und die solaren Schöpferenergien in den bedrohten Welten am Leben zu erhalten. Unterstützung wollen wir euch zuteil werden lassen, erhebt euch und verbindet euch mit meinem Drachenherzen, nehmt an mein Herzblut, den Tropfen der Erinnerung an die goldene Kassiopeia, die sich selbst aus Liebe zerstören wird, damit das Bewusstsein der Einheit gewahrt bleibt. Nehmt auf in euch mein Drachenblut, nehmt es hinein in eure Herzen. Dieser Blutstropfen wird die Erinnerung an das EineSein in euch allzeit wach halten, gleich durch welche Dunkelheit ihr auch immer wandern möget. Ein Sehnen nach Einheit wird eurem Bewusstsein den Weg der wahren Liebe weisen, den ihr immer wieder finden werdet in allen Welten. Einheit ist, Einheit war und Einheit wird immer sein, Kinder der Sonnen, erinnert euch daran in den Stunden der Abwesenheit des Lichtes."

Ra Neomi öffnete sein Schuppenkleid und alle Anwesenden sahen das Herz des großen Drachen, ewig schlagend und beruhigend im Rhythmus der Sternenfelder verweilend. Die Reisenden hatten sich erhoben, mit ihnen Sky-Ra und auch Ga-El. Rotgoldene Funkenperlen sprangen aus Ra Neomis Herzen und verbanden sich liebend mit ihnen. Sky-Ra fühlte, wie sich das heiße Drachenblut in ihr Bewusstsein mischte, wie die Perle aus Drachenblut durch sie hindurch pulste, ihr Kraft gebend und die Gewissheit, dass das EineSein in Schönheit und Liebe wieder sein wird.

Ra Neomi sah, dass es gut war, er schloss sein Schuppenkleid und verschwand wieder in die Tiefen seiner Heimatsonne, um sich seinem erweiterten Studium der Bibliotheken hinzugeben. Die Reisenden fühlten augenblicklich eine starke Verbindung untereinander. Mit ihren Sternenaugen blickten sie sich tief in ihre Herzen und erkannten die Fähigkeiten jedes Einzelnen, und auch die Zuverlässigkeit ihrer Vereinigung.

Sky-Ra fühlte sich vollkommen aufgenommen und vollkommen gleichwertig, was in ihrem Inneren eine Welle tiefer Freude löste, die sie in den Kreis strömen ließ. Ga-El nahm sie als erste auf und, als sei sie ein Ball, spielte sie ihr die Welle zurück, und beide warfen den Wellenball hin und her, bis sie sich lachend umarmten.

„Ich bin Ga-El, Reisende aus dem elektrischen Universum", sie stellte sich Sky-Ra vor, „abgeordnet in dieser spannenden Phase, das Universum der Dualität zu erforschen, und, wie du bemerkt hast, ich spiele gerne mit den Energien und liebe die schnelle Wendigkeit des Geistes!"

„Und ich bin Sky-Ra, Reisende des Hauses Ra, mit dem Auftrag, den Sternenfahrern bei der Kolonisation eines kleinen Planeten namens Gaia behilflich zu sein, und ich freue mich auf jedes Abenteuer des Seins. Und dies hier ist meine Freundin und Begleiterin, Makia, Felidae aus Andromeda." Bernstein- und Malachitaugen begegneten sich und durchdrangen sich im gemeinschaftlichen Erkennen. Oft genug hatte Ga-El auf ihren zahllosen Reisen durch dieses Universum den Körper der Felidae gewählt. Daher erkannte sie eine gewisse Wesensverwandtheit mit Makia und auch die große Katze war zufrieden mit der Wahl ihrer Schutzbefohlenen.

Die Versammlung begann sich aufzulösen und Sky-Ra lud Ga-El ein, ihren Wohnraum mit ihr zu teilen, was sie gerne annahm, da sie noch kein Quartier hatte. Nachdem Sky-Ra Ga-El ihren Raum gezeigt hatte, ruhten sich die beiden aus und versanken in Gespräche über ihre Erfahrungen. Sky-Ra berichtete gerade von ihrem Erlebnis mit Andra-Lay, als sich ihre Bewusstseine plötzlich auf die Lehrerkristalle fokussierten und beide gleichzeitig nach einem Kristall griffen, dessen tief schimmerndes Blau sie anzog. „Komm, lass uns gemeinsam lernen", sagte Ga-El und beide berührten den Stein, um sich mit seinem Wissen zu verbinden.

Ihr verbundener Geist schien durch einen tiefdunkelblauen Gang unendlich weit zu fliegen, bis er in der Mitte eines riesigen Sternenfeldes einen Ort der Ruhe fand.

„Wir lehren Liebe mit Kraft zu verbinden", klang es ihrem Bewusstsein entgegen, „dies ist die Kraft des Sternenfeldes Herkules*.

Wir sind der Bruder von Orion. Und dies ist unsere Erkenntnis:

Wir sind der Bruder, der gehalten hat das Bewusstsein der Liebe, aber nicht halten konnte die Kraft der Einheit in den Zeiten des Kampfes in den Weiten des Alls. Wir, Herkules, lernen und geben weiter die Lehre, Liebe mit Kraft zu verbinden. Wir senken in euch die Kraft, euch in Liebe zu verbinden und Liebe zu erkennen, sie zu erkennen als das, was sie ist. Liebe im kosmischen Sinne ist, in ein größtmögliches Einverständnis mit demjenigen zu gehen, dem du begegnest, in ein Einverständnis zu gehen mit jeder Energie, der du begegnest, und mit dieser scheinbar anderen Energie aus der Freiheit des EinenSeins zu verschmelzen. Daraus erwächst die Kraft der Einheit, denn Einheit ist Kraft und Liebe, die sich beständig neu erschafft. Und es ist diese Kraft der Erschaffung, die in Verbindung mit Liebe in beständiger Bewegung beständig neu formt, ausprobiert, neugierig neue Welten erschafft und somit auch beständig wirkt an der ehrwürdigen Erstgeborenen, genannt Kassiopeia. Kassiopeia vergeht, selbst gewählt, um das Universum zu retten. Doch die Prophezeiung sagt, dass Kassiopeia, die Goldene, wieder neu erstehen wird. Ja, glaubt ihr wirklich, sie wird erstehen, so wie sie war? Wenn es denn so wäre, würde derselbe Kreislauf der Geschichte wieder geschehen, und das wäre nicht sinnvoll. In einem holistischen* Sein ist jedwede Entwicklung möglich und alles entfaltet sich ständig neu. Deshalb halten wir, Herkules, die Kraft der Liebe aufrecht, so dass unsere ältere Schwester Kassiopeia weiß, erkennt und sich selbst so liebt, dass sie sich in ständiger Bewegung immer wieder neu erschafft – in neuer Form, in neuer Schönheit und in neuem Glanz.

Diese Neuerschaffung ermöglicht Gaia, ihre neue Position in einer neuen Dimension einzunehmen. Dadurch wird sie zum goldenen Madokh werden, der sich in ferner Zukunft in die neue Shekinah* in einem neuen Universum verwandeln wird. Eine Shekinah, die in vollkommener Verbindung mit der Kraft des El Shaddai* den Puls der Einheit hinausschwingen wird in die Weiten von Allem-Was-Ist. Daraus werden folgen die Öffnungen der Dimensionstore, die ihr

Sternentore nennt, und es wird geschehen das Einswerden mit den Universen, die jetzt noch neben diesem Universum weben. Das Feueruniversum wird einkehren und im neuen Universum der Einheit heil werden. Das elektrische Universum wird einkehren, verschmelzen und eins werden und seine Kräfte und Vielheit, zusammen mit dem Feueruniversum, in die Einheit hineingeben. Um euren Geist zur Erweiterung aufzufordern, nenne ich nur zwei der 144 Milliarden Universen, die derzeit in der Existenz sind. Doch auch diese Zahl ist fluktuierend, denn ständig wird aus Freude neu erschaffen und neue Universen gegründet. Als Geschenk für euch beide Reisende möchten wir unsere Kraft des Erkennens, unsere Beständigkeit und unsere liebende Kraft in euch hineinsenken, auf dass in eurem Sein die Neugier erwachse, einen neuen goldenen Madokh zu kreieren, ein neues Universum zu erschaffen, ein Universum der Liebe, der Freude und des EinenSeins. Dies geschehe jetzt in der Kraft des Sternenfeldes, das wir sind. Seid im Segen, seid in der Liebe, seid in der Kraft, dies ist Herkules!"

Ein enormer blauer Drache erhob sich aus der Ebene des Sternenfeldes und zog seine Bahn hinaus ins All. Sky-Ra und Ga-El ließen sich von der Lehre tief berühren und lenkten ihren Geist zurück in den Wohnraum. Beide schwiegen einverständlich lange, um das Gelernte in sich zu bewegen. Ga-El stand zuerst auf und streckte ihren langgliedrigen Körper mit einigen Dehnübungen.

„Soll ich dir von Sirius* erzählen, dem wunderbaren, wissenden Sonnensystem, das sich so sehr nach der Materiewerdung sehnte?", fragte Ga-El, sich immer noch drehend „Ich habe es oft besucht, und Sirilia, der alte weiße Delphin, ist mir zur Freundin geworden." Wissbegierig nickte Sky-Ra ihr zu. Die Elektrische begann sich schneller und schneller zu drehen und forderte das Sonnenkind auf, es ihr gleichzutun. Beide tanzten im vielfarbigen Lichte Ras ausgelassen durch den Raum und erfanden immer neue Wege, ihre Energien zu verbinden. Ga-El fasste Sky-Ra an den Händen und beide drehten sich gemeinsam schneller und immer schneller, während Ga-El, Vertreterin des elektrischen Universums ihren Geist mit Sky-Ras verband. Und in ihrem gemeinsamen Geistbewusstsein nahm ein enorm großer, weißer Delphin Raum.

„Dies ist Sirilia von Sirius, ich komme mit kosmischer Delphinqualität. Tanzt! Tanzt weiter! Die Energie von Sirius ist die Kraft des fließenden Tanzes, denn dort, wo ihr hinreist, wird sie euch dienlich sein. Spielt, erfahrt diese neue Welt durch Spiel, so wie die Sternengeschwister der Delphine es auf Gaia tun, denn wir, Sirius, sandten sie aus nach Gaia zur Erinnerung an den kosmischen Tanz."

Vor Sky-Ras innerem Auge öffnete sich eine Zukunftsvision: eine tiefgrüne Wasserwelt, in der sich viele Sternenwesenheiten in langgezogenen, glänzenden Leibern tummelten. „Sie necken, raufen und lieben sich, wann und wo immer sie wollen, sie springen, spielen und durchmessen Fluten. Ja, geht auch ihr in dieses spielerische Sein! Verbindet eure dritten Augen jetzt mit unserer Sirius-Energie und erlaubt ihnen, in diesem Tanz des Lebens zu pulsen."

Beide verbanden sich, wie ihnen geheißen war, und in ihrer inneren Welt schauten beide die gleichen Bilder: ein sich weit ausdehnender Kontinent mit hohen Bergen und tiefen Tälern, ozeanblau umspülte Wasser die Landmasse, und das Licht der einzigen Sonne bestrahlte das Land mit erwachendem Leben und Wachstum. Die Spitzen der höchsten Berge waren von watteweichen, vielfarbigen Wolken umzogen, und in den Tälern wuchsen Pflanzen in großer Vielfalt, Quellen entsprangen den Berghängen, Flüsse und Seen bildeten einen glitzernden Teppich im Sonnenlicht.

„Dies sind die Wunder des Tanzes des Lebens. Diesen Planeten, Kinder der Sonnen, gilt es zu erforschen und mit Bewusstsein zu beleben. Dies ist die junge Gaia, gerade aus dem Sonnen-Ei geschlüpft. Freude am Sein, Freude an sich ewig wandelnder Materie, Freude am Aufnehmen der kosmischen Energien, das ist die Kraft des Erschaffens dieses Bewusstseins. Seht, wieviele Sternenfahrer sich auf den Weg machen, diesen jungen Planeten zu besiedeln! Und auch ihr werdet ein Teil dieser Gruppe sein, denn bald wird die Zeit für eure lange

Reise in den äußeren Wirbel der Galaxie gekommen sein. So ruht denn nun, und bereitet euch vor. Seid im Segen der Ewigkeit. Dies ist Sirilia von Sirius."

Gemeinsam sanken sie aus ihrer tanzenden Bewegung auf die weichen Polster und erlaubten ihrem Geist frei zu fließen.

Makia rollte sich zu ihren Füssen ein und ihr verbundener Geist schwebte hinaus in die Weiten des Alls. Sie berührten weitere Sterne, speicherten weiteres Wissen, begegneten Sternenfahrern auf ihren geschäftigen Wegen und wurden von einem hohen, leicht schrillen Ton eingefangen, der zu einem sirianischen Lichtschiff gehörte, das sich durch die Kraft des Klanges auf Gaia zubewegte.

Kapitel 5

Elea stand mit erhobenen Armen im Bug und lenkte das Gefährt mit ihren Tönen. Begeistert von dem, was sie vor sich sah, schraubten sich ihre Klänge immer höher und höher hinauf und das Schiff kreiste hoch über dem Landungszylinder. Belea, ihre Schwester, zupfte sie an ihrem langen Haar: „Du bist zu hoch und zu schnell, das Schiff kann sich nicht verbinden!"

Herausgerissen aus ihrer Begeisterung und ihrem Lobgesang an den jungen Planeten erschrak Elea und ihr Tonteppich brach ab. Das Gefährt begann zu trudeln und alle Insassen wirbelten durcheinander. Doch sofort nahm Elea ihren Ton wieder auf, balancierte ihn aus und ließ das Schiff behutsam in den Landungszylinder hineingleiten.

Langsam sank das Schiff durch die enorme Röhre in Richtung der Oberfläche des jungen Planeten. Hyperboräer* tasteten das Bewusstsein der Neuankömmlinge begrüßend ab und positionierten ihr Bewusstsein lenkend und leitend um die kleine Gruppe. Die Wasserwelt kam immer näher, und Elea und Belea hielten sich aneinander fest und staunten ob der Masse des Wassers, das langsam auf sie zukam. Sanft schaukelnd setzte das Schiff auf kleinen Kräuselwellen auf.

Vier nicht feste und somit ständig im Fluss sich befindende Wesenheiten bewegten sich den Schiffsraum. Die Ideen ihrer Körperlichkeit schimmerten in allen nur vorstellbaren Grüntönen. Zur Begrüßung der Ankömmlinge formten die Hyperboräer so etwas wie Köpfe, die jedoch denen von Elea und Belea, die zur adamnischen* Rasse gehörten, nicht ähnelten. Staunend sahen Elea und Belea in Gesichter, die den Bildern aus den sirianischen Bibliotheken glichen, und erkannten die Gesichtsformen der Mano, der Haie, und der Schildkröten. Eine andere Wesenheit hatte das Gesicht der Welse angenommen und der letzte der Hyperboräer zeigte die Form der Mantas, die Drachen der Ozeane.

„Willkommen auf Gaia, dem jungen Planeten der Heilung. Wir Abgesandten von Mu* grüßen euch! Hört die Botschaft der Heilung."

Und in den Anwesenden nahm ein Gesang Raum, dem alle sich öffneten.

„Dies ist Mu. Seid im Segen des HeilenEinenSeins. Wir sind die Welle, wir sind das Bewusstsein dessen, was ihr das dunkle Grün nennt. Wir sind die Wesen der zweiten Welt, wir sind das hyperboräische Bewusstsein. Willkommen in der zweiten Welt des zwölften Planeten, willkommen auf der jungen Gaia.

Erlaubt, dass das Bewusstsein des HeilenEinenSeins nun in euch Raum nimmt. Öffnet eure Verbindung zu dieser Erde, zu eurer neuen Erdenmutter. Öffnet all die Energiezentren auf euren Fußsohlen und erlaubt, dass Durchfluss hier Raum nimmt. Erlaubt, dass die Erdenmutter in ihrer liebenden Fürsorge euch nährt und flutet und euch auffängt in Weichheit, in Einverstandensein und in der übergroßen Liebe, die jedwedes Mutterbewusstsein in allen Weiten aller Universen hat. Lasst aufströmen in eurem feinstofflichen und anfänglich physischem Sein dieses dunkle Grün, aus dem heraus jedwede Materie in die Manifestation gebracht wurde, gleich wo, auf welchem Planeten, auf welchem System in den Weiten des Alls. Erfahrt es, fühlt und spürt es! Spüren, nicht wissen, dass Geborgenheit in einem vollkommenen EinenSein ist, dass Einheit in der Vielheit die Manifestation von Physikalität ist, und dass damit jede Form gemeint ist, die ein Bewusstsein kreiert hat in Verbindung mit den Engelreichen und euren Seelen, die in Wirklichkeit EineSeele ist, die ihr Mensch nennt. Ebenso gehören auch dazu die Formen der Elemente, der Tiere und der Pflanzen. All dies seid ihr. Erlaubt, dass es gefüllt wird mit der Fülle des Verbundenseins, mit der Fülle des gehüteten Werdens. Denn nach so langen Zeiten, in denen ihr wandeltet durch die Weiten des Alls, dies ist eine wahrhaft wunderbare Phase der Evolution. Tretet in Verbindung und ihr könnt aus einem Bewusstsein der Fülle nun das Teilen erlernen. Flutet diese Energie durch eure Systeme. Teilt diese Fülle mit der Energie, die euch zur Verfügung gestellt wird. Sie belebt, denn sie beinhaltet die unendlichen Möglichkeiten des Tanzes des Lebens. Hyperboräisches Grün ist die Freude am Experiment und die Kraft des Erschaffens, wie sie auch die Kraft ist, aus der Vielfalt Neues herauszusortieren, um in veränderter Zusammensetzung einen neuen, evolutionären Sprung zu vollziehen. Dies ist das Spiel des Quellbewusstseins im EinenSein: auf jeder Ebene immer wieder neu zu erschaffen.

Lenkt diese Urkraft, die die sowohl jung als auch alt ist, in die Zellkerne eures Seins. Flutet euer Sein mit dieser Kraft, lasst in euch aufsteigen dieses wärmende Wasser, diese Energie des HeilenEinenSeins, und wisset, dass euer Bewusstsein auf die Formung eurer Materiewerdung wartet. Erschafft eure Körper in der Kraft von Hyperboräa, und sie werden euch auf dieser jungen Erde Raum sein, geleiten und dienen. Dann geht weiter hinaus, erkundet die weitere Welt, belebt und begeistert sie und erschafft sodann in den Weiten des universellen Seins den Bund der Zwölf, den Bund der heiligen Zahl.

Dies ist Mu. Wir sind das HeileEineSein. Und wisset, die Weisheit, der Segen und die Liebe des Systems Andromeda ist in Verbindung mit Gaia. Andromeda, die hütet in Kreisen, weiß um das HeileEine-Sein, und ist mit euch in dieser Zeit des Neubeginns. Seid im Segen der Einheit der heiligen Zwölf."

Die Schwestern bemerkten, wie das tiefe Grün nun den Innenraum ihres Schiffes zu fluten begann. Alle gekommenen Sternenfahrer, die mit ihnen gekommen waren, nutzten diesen Strom der Kraft und begannen sich physische Form zu erschaffen. Elea und Belea, die der adamnischen Rasse angehörten, waren Abkömmlinge der Ursonne von Sirius in Verbindung mit den Engelreichen, und so formten sie ihre Körper nach den liebgewordenen Abbildern, die sie so gerne in den Bibliotheken studiert hatten: zwei Beine, zwei Arme, durch einen Lichtkanal verbunden, um den herum sie einen wohlgeformten Rumpf entstehen ließen, gekrönt von einem langgezogenen Kopf, dessen Innenraum genügend groß war, um die Energien der Sterne aufzunehmen und zu transformieren. Beide sahen sich an und mussten lachen. Belea zupfte an der Gesichtshaut ihrer Schwester und rückte deren drei Augen in eine ordentliche, ausgewogene, dreieckige Anordnung. „Ich finde deine Augen noch etwas klein", sagte sie zu ihrer Schwester. Elea nahm das Grün von Hyperboräa und flutete ihre Augen, formte und rundete sie, erschuf in der Mitte eine Iris von strahlendem Weiß und betrachtete auffordernd ihre Schwester. „Gut so?", fragte sie, und Belea sah in die nun großen, weich schimmernden Augen und nickte lächelnd. „Du bist noch etwas breit um die Mitte herum", meinte Elea, legte ihre schlanken Hände an den Kopf der Schwester und formte ein Gesicht mit hohen Wangenknochen. Sie legte viel Wert auf eine gerade schlanke Nase, drückte ein bisschen die Lippen zurecht und betrachtete zufrieden ihr Werk. „Deine Augenfarbe ist noch nicht differenziert genug, wähle Belea!", und Belea mischte alle vorhandenen Farbtöne und erschuf ein durchscheinendes, bläuliches, warmes Grau, das aussah wie die Wassertropfen, die an der Außenhaut des Schiffes herabperlten.

Die beiden musterten sich wohlwollend und betrachteten dann ihre Mitreisenden. Zwei von ihnen hatten sich die Körper der Sternenkinder erschaffen und waren bereits dabei, ihre riesigen Körper mit den blaugrauen Fluken* durch das Tor des Schiffes hinaus in ihr Element gleiten zu lassen, während sie tiefe, harmonische Töne einer unbekannten lieblichen Melodie ertönen ließen, die sehnsuchtsvoll nach den Geschwistern in den Weiten der Meere rief. Andere hatten die auf Sirius so beliebten Wasserkörper angenommen, jedoch nicht ganz so massiv wie die der Wale. Sie hatten die Form der gesprenkelten, weißsilbergrau glitzernden Delfine gewählt, ließen freudig ihr neckisches Klicken hören und tauchten, ihren Mitreisenden folgend, in die Fluten. Die übrigen Reisenden betrachteten ihre mehr oder minder adamnischen Körper. Es gab gedrungene, dunkelbraune Leiber mit sehr langen Armen, ebenso wie durchscheinend schimmernde, zum leichten Fliegen fähige Körper, und mehrere der Art, die die Schwestern gewählt hatten. Erstaunt besahen die Verbleibenden einen Reisenden, der sich den großen schweren Körper der Echsenkinder geformt hatte, und der seinen langen, durch den Raum peitschenden Schwanz noch nicht ganz unter Kontrolle hatte. „Ich habe den Auftrag, die Ankunft meiner Geschwister vorzubereiten", grummelte er und polterte aus dem Schiff hinaus, um sich mit einer Eleganz ins Wasser gleiten zu lassen, die alle Anwesenden überraschte.

Die vier Hyperboräer wandten sich an die Verbleibenden: „Gut gewählt, Sternensaat des jungen Atlantis. Verweilt, wir werden euch in eure neue Heimstatt führen!" Sie verließen den Innenraum, und als würden sie das Schiff tragen, erhoben sie es in die Lüfte und geleiteten es über die scheinbar endlosen Wassermassen, wobei sie sich mehr und mehr von der Oberfläche entfernten. Durch die Außenhaut schauend nahmen die Reisenden die sich erhebenden Linien am Horizont wahr. Sie schwebten über einem jungen Kontinent, der sich scheinbar grenzenlos ausdehnte.

In einem Gebiet mit sanddurchfluteten Ebenen machten die Hyperboräer zunächst Halt. Zartes Grün und seltsam anmutende Formen erhoben sich hie und da in die klare Luft. In den grüner scheinenden Zonen sahen die Reisenden, wie Gärten mit neuem Pflanzenwachstum emporgesungen wurden, deren Formen und Farben verschlungenen Mustern glichen. Es schien sich auf diese Weise immer eine Gartenfläche um einen Quell herum zu legen: eine friedvoll wachsende, ruhige Gegend. Hier entließen sie die Dunkelbraunen mit den langen Armen. „Seid willkommen in eurer Heimat, Lemurianer. Erschafft und formt in der liebenden Weisheit und macht euch die Materie zu eigen", sprachen sie und ließen die Langarmigen aussteigen.

Wieder erhob sich das Schiff, das nun die Form einer schillernden Kugel angenommen hatte, und glitt dann, von den Alten geführt, in eine funkelnde, glitzernde Ebene hinein. „Hier ist euer Heim, Rhubinihaner. Verbindet die Kräfte, erschafft das Volk, das die Ebenen durchtanzt, hütet das Wissen der Sternensaat und verhelft den Kristallen zum Wachstum. Sei willkommen, Rhubinihus*!" Sie entließen die Durchscheinenden.

Wieder erhob sich das Lichtgebilde und stieg höher und höher hinauf. Ein Gebirge mit weit aufragenden Türmen erhob sich vor Beleas und Eleas Augen. Die Hyperboräer leiteten sie sicher durch bunte,

weiche Wolkenformationen und vor ihnen erstrahlte glänzend und in
Blau, Gold und Weiß schillernd ein Nest aus leichten, durchscheinenden Gebäuden, die an den Felsspitzen zu kleben schienen.

„Hier ist die Schule der Medien von Atlantis", vernahmen sie die
vierfache Stimme. „Atlantis hat schon viel erschaffen auf Gaia, und es
ist der Wunsch des Rates, euch sogleich in die Stätte des Lernens zu
bringen, damit ihr vorbereitet werdet, um zu gegebener Zeit dem Rat
zu berichten." Die Kugel suchte Halt an einem zarten, sich in den
Raum ausstreckenden Gebilde und schien daran festzukleben. Elea
und Belea bedankten sich und betraten die leicht in der Brise schwingende, lange, luftige Brücke.

Circe stand am Eingangstor. Sie betrachtete das Manöver der Lichtkugel und ihr Geist sandte seine Grüße zu den Hyperboräern aus.
Dann wandte sie sich den Gestalten zu, die auf der Landungsbrücke

auf sie zukamen. Welche Fähigkeiten würden sie wohl aus der Weite der Sterne mitbringen? Welches geheime Wissen verbarg sich in den Speichern ihrer Bewusstseine? Oh, wie neugierig sie darauf war! Gleichzeitig spürte sie wieder den bekannten Schmerz in ihrer Brust, der sie nicht mehr verlassen hatte, seit sie diesen, so langsam, so unendlich langsam wachsenden Planeten nicht ganz freiwillig betreten hatte. Die Zeit der großen Kriege war schon lange vorbei, und der Rat der Schwestern hatte sie mit so manchem geheimen Auftrag beglückt. Spannend und abenteuerreich war die Zeit gewesen, aber auch gefährlich, wie sie leider zu spät hatte erkennen müssen. In den letzten Kämpfen hatte sie Oktaviana begleitet, die ihr fein gesponnenes Netz der Verwirrung über die dunklen Zonen des Jägers geworfen hatte. Sie selbst, Circe, Weberin aus dem Clan der Schilde*, hatte die Feinsinnigkeiten mit ersonnen, doch sie waren nicht zart genug gewesen, das Netzwerk wurde erkannt, Oktaviana gefangen gesetzt und in ihr Gefängnis auf Rigel, im Sternenfeld Orion, verbannt. Treue und Liebe zu ihrer Mutter hatten sie, ohne darüber nachzusinnen, veranlasst der Weisen zu folgen, und so hatte dieser junge Planet sie, die Freie, mit seiner Kraft und mit der Kraft ihrer Liebe zu Oktaviana gebunden. Seitdem gab es für Circe kein freies Wandeln durch die Dimensionen, kein erweitertes Verbinden mit den Kräften des Sternenstaubes mehr, was sie in ihrem selbst gewählten Exil schmerzlich vermisste.

Ein sirrender Tom riss sie aus ihren wehmütigen Gedanken heraus. Auch Elea und Belea vernahmen den Ton und schauten nach oben. Aus dem Licht der Sonne flog eine kleine, ovale, goldgelb glänzende Scheibe, auf der ein Wesen mit flatterndem, kurzem Lockenhaar in einer atemberaubenden Geschwindigkeit auf sie zuflog. Belea war geneigt, sich zu ducken, als die Scheibe nebst Lenkerin nach einer eleganten Kurve vor ihnen schwebend in scheinbare Ruhe kam.

„Gerade noch geschafft! Willkommen auf Atlantis", sprach das lachende Wesen sie an, „ich bin Awara, von der Schwesternschaft der Schilde*, Sektion Gaia. Ich bin aufgehalten worden in Rhubinihus, denn ein neuer Kristallwald ist dabei, sich zu gebären, und die Flinken* baten mich um Hilfe, das Licht der Mutter zu leiten, dass die Geburt eine sanfte sei. Als die ersten Spitzen sichtbar wurden, spürte ich eure Ankunft, doch ich konnte die Lenkung der Strahlen nicht unterbrechen. Doch wie ich sehe, habe ich es ja gerade noch rechtzeitig geschafft. Lasst euch umarmen Schwestern!" Und sie beugte sich von ihrer Scheibe herab, gab Belea ihre Hand, zog sie auf die Scheibe und presste sie an sich. Ehe Belea sich versah, wurde sie herzhaft geküsst und schon fand sich auch Elea neben ihr, die ebenso stürmisch willkommen geheißen wurde. Die Scheibe erhob sich, Belea klammerte sich an ihre Schwester. Das Fluggerät überflog einfach die Mauer und landete auf einer Art Empore, die sich etwas oberhalb eines, mit schimmerndem Marmor bedeckten, Innenhofes befand.

„Gut, da sind wir", sagte Awara, „ich werde euch in eure Räume geleiten." Sie sprang gewandt von der Scheibe, reichte den Schwestern die Hand und half ihnen hinunter.

Arkadengänge mit fein ziselierten Verzierungen umspannten den Hof. Zierliche geschwungene Treppen und Treppchen führten auf eine Balustrade hinauf, hinter der sich Wohnräume verbargen. In den schattigen Ecken waren große Gefäße aufgestellt, aus denen Wasser, durch kleine Röhren geleitet, von einem Behältnis in das andere in einem immerwährenden Kreislauf floss. Auf dem Wasser schwammen vielfarbige, sternförmige Lotusblüten.

Awara ging voraus und führte sie durch die Arkaden und zeigte ihnen die verschiedenen dahinter verborgenen Räume. Studierzimmer mit Durchgängen zu Bibliotheken, ein Gemeinschaftsraum, eine Meditationshalle, ein kugelrunder, in blauem Licht erstrahlender Raum, in dem die Ausdehnung der Sinne gelehrt wurde, Räume, in denen verschiedene Sternenfelder an die Wände gemalt waren und sie den Eindruck hatten, mitten in den Sternbildern zu schweben. Sie betraten einen weiteren Raum, in dem ein immerwährendes Gebet ertönte, in das Elea am liebsten mit eingestimmt hätte, aber Awara zog sie weiter, um ihnen nun ihre Privaträume zu zeigen.

Sie schlüpften durch einen schmalen Durchgang und benutzten

eines der Treppchen, um auf die höher gelegenen Ebenen zu gelangen. Von hier aus konnten sie weite Teile der Felsenburg einsehen. Doch Awara schritt voran und die beiden folgten ihr. Als sie bereits fast die Hälfte des Balkons umrundet hatten, öffnete Awara zwei nebeneinander liegende Türen: „Dies ist nun euer Zuhause, tretet ein. Ich wünsche euch Wohlsein an diesem Ort des Lernens!", sagte sie und war verschwunden. Und nur einen Gedanken später hörten die Schwestern den sirrenden Ton der abhebenden Flugscheibe.

Gemeinsam betraten sie den ersten Raum, doch erstaunt sahen sich die beiden an! Der Raum war leer! Wunderschön zwar in seinen Maßen, die vollkommene Harmonie spüren ließen: mit großen Fenstern in Richtung Innenhof, einem angenehm schimmernden, seltsam weichen, hellen, an Marmor erinnernden Boden, und Wänden, an denen ein sanftes Farbenspiel in Gold und Weiß und Blau tanzte – aber der Raum war leer!

„Na so etwas", sagte Belea leicht gereizt, „ich wollte, wir hätten etwas, wo wir uns bequem niederlassen könnten!" Und im Moment lösten sich Farbwehen von der Wand und alle Arten von universellen Sitzmöbeln schienen, in noch nicht ganz fester Form, in der Mitte des Raumes zu schweben. Elea lachte ihre erstaunte Schwester an: „Komm, das macht Freude, lass uns die Einrichtung erschaffen!" Und beide machten sich daran, alles, aber auch wirklich alles zu erschaffen, was ihnen einfiel, um diesen Raum zu füllen. Im Nu war der Raum zwar übervoll, dafür aber sehr gemütlich. Belea erklärte, diesen Raum bewohnen zu wollen und erschuf noch schnell eine Durchgangstür zum Zimmer ihrer Schwester. Hier spielten die beiden dasselbe Spiel aufs Neue, jetzt jedoch mit ein wenig Zurückhaltung. Beide waren zufrieden und erlaubten sich in ihren Gemächern eine schöpferische Ruhepause. Belea war so begeistert von diesen unendlichen Möglichkeiten, dass sie ihr Zimmer noch drei Mal umgestaltete. Dann war auch sie zufrieden und fand in einem leichten Schlummer Ruhe unter einer großen Mapopflanze, die sie sich hinter ihrer Bettstatt erschaffen hatte und deren duftende Blätter sie beruhigten.

Währenddessen war Awara in die Ebene von Rhubinihus zurückgeflogen, um das Wachstum des neuen Kristallwaldes zu begutachten. Sie schwebte mit ihrer Scheibe über dem Gebiet und lachte und trällerte mit den anwesenden Rhubinihanern, die wie sie, doch ohne Flugscheibe, über dem wachsenden Kristallwald schwebten. Alle waren voller Begeisterung und Fröhlichkeit und lobten jede einzelne Spitze, die sich verschlafen aus Gaias Leib erhob. Hin und wieder sammelten sie sich um eine der Spitzen, die etwas Mühe hatte, sangen ihr zu, priesen ihre Schönheit und den Glanz ihres Minerals und halfen dadurch der Spitze, sich auszudehnen. Bald erstrahlte der neue Wald in vollkommener Schönheit und in einer seinem Alter angemessenen Höhe.

Alle Rhubinihaner fanden sich bald in einem großen Reigen zusammen und umtanzten den neuen Wald. Und schneller und immer schneller flogen und schwirrten sie in ihrem Kreis und Awara, auf ihrer Scheibe in der Höhe schwebend, hielt den energetischen Fokus in der Mitte über dem Wald. Bald konnte sie keine einzelnen Körper mehr ausmachen, nur noch Farben und Strahlen. Der Höhepunkt der Verbindung war erreicht, der Farbkreis verlangsamte sich und formte einen durchscheinenden Körper, der genau die Farben des jungen Kristallwaldes hatte. Awara verband sich mit den Gestirnen und mit Vesta*, der Urmutter der Sonnen, und senkte das Licht der Erschaffung hinein in diese Gestalt. Die Formen wurden fester, wenn auch immer noch durchscheinend, es formte sich ein liebliches sehr langgezogenes Gesicht mit enorm schräg stehenden, geschlossenen Augen, dann bildeten sich zwei feine Arme und ebensolche, sehr lange Beine, und alles wurde durch einen wohlgerundeten Körper verbunden. Awara gab Sonnenlicht in den Kopf hinein und rief Lenduce*, das tanzende Sonnenkind, und aus Lenduce Freude schuf sie langes, feinst gelocktes und gekringeltes, sonnengelbes Haar. Sie war zufrieden und sprach: „Erwache, Kind des Kristallwaldes, Hüterin der Energien dieses Wunderwerkes Gottes!", und sie hauchte dem Wesen Bewusstsein ein. Langsam öffnete das Wesen seine Augen, sah sich leicht verträumt noch um, und lächelte. Ihm gefiel, was es sah und so begann es, sofort durch die Kristalle hindurchzutauchen. Bei jeder Bewegung des Kristallwesens löste dessen Entzücken über seine Schönheit und Eleganz einen zarten Ton aus, als würden tausend feine Glöckchen erklingen.

Mittlerweile hatten sich alle Rhubinihaner wieder materialisiert und betrachteten ihr gemeinsames Werk. Sie waren begeistert. „Wie schön sie geworden ist", hörte Awara sie immer wieder summen. „Sie braucht einen Namen, damit sie in die Chroniken eingetragen werden kann", mahnte Awara sanft die Durchscheinenden. „Es ist ein Glückstag, ein Glück, sie zu haben, lasst sie uns Glück nennen in der alten Sprache der lang verlorenen Heimat: Mabruka. Ja, Mabruk, das heißt Glück!" „Mabruka", erklang es aus allen anwesenden Bewusstseinen. So kam die junge Königin des jungen atlantischen Kristallwaldes zu ihrem Namen. Er gefiel ihr, und von diesem Tage an hütete sie, im Bewusstsein ihres Namens, das Wachstum ihrer Kinder.

Awara verabschiedete sich liebevoll von ihren Freunden und flog in die Wolkenburg zurück, um Circe und die Schwestern zu sehen.

Kapitel 6

Sky-Ra und Ga-El träumten von der Ankunft der Schwestern auf Gaia. Doch die Bilder ihres gemeinsamen Traumes wurden blasser und verloren sich allmählich in den ewig rollenden Wasserwellen der unendlichen Weite von Aquala Awala*, jener großen, blauen Dame, die beide schaukelte und wiegte, jenem Sternenwesen aus den Reihen eines altvorderen Sternenfahrervolkes, das Og Min* genannt wurde.

Denn an die Og Min war der Ruf ergangen, sich auf den jungen, zwölften Planeten zu begeben und das liebende Wissen der Materie dort zu verankern, auf dass er ein blauer, ein Leben gebender Planet werde. Ohne langes Zögern hatten sie sich, wie schon so oft in den Zyklen ihres Seins, auf die Reise begeben und auch den kalten, metallischen Klumpen gefunden. Sie hatten sich mit ihm verbunden und ihm ihr Bewusstsein eingehaucht, dann ihre Schwester Aquala Awala gerufen, die große, blaue Dame, die dem jungen Planeten das Wasser des Lebens – das Sein – bringen sollte. Und Aquala Awala gab sich diesem noch unbewusst schlummernden Materiebrocken, der sich aus vielen Abrissen von Sonnen, Planeten, Kometen und stellarem Staub zu einer immer dichteren Masse verbunden hatte, ganz und gar hin. Sie nahm sich seiner vollkommen an und hauchte der Materie, jedes einzelne Atom durchdringend, Leben ein.

Schon im Erwachen begannen die Atome ihren Reigen und ließen ihre zarten Klänge in die Weiten des Alls hinausströmen, bis hin zum Zentrum des Alls. Dort vernahm sie Shekinah. In der ihr innewohnenden Weisheit rief sie eine ihrer Töchter, die neugierig, und erfüllt von kosmischer Freude am Erschaffen, bereit war, ein neues Abenteuer ins Leben zu bringen. „Gaia", die Allmutter sprach ihre Tochter an, „sieh den wunderbaren Tanz des Lebens dort, weit entfernt in einem Nebenarm der Milchstraße. Hier wurde das Beste aus allen Seinsebenen verbunden und von den Og Min beseelt. Geh, und erschaffe dort die Freude des Seins, erschaffe Evolution in Liebe, denn hier ruht die Zukunft aller Universen, hier soll geschehen Heilung in

Erkenntnis, wenn die Zeit reif ist und der Puls des Lebens aller Universen sich erneut nach dem EinenSein sehnt!"

Gaia empfing den Strahl der mütterlichen Liebe und wurde weit, weiter, als sie sich jemals zuvor empfunden hatte. Freude perlte in ihr auf, gemischt mit einer unendlichen Liebe zu diesem neuen Sein, mit dem sie sich verband und eins wurde. Die Atome hießen sie willkommen und Gaia ordnete ihren Tanz, so dass Raum nehmen konnte die Vielheit, aus der Einheit entsteht. Gaia und Aquala Awala, in Vereinigung ihrer Kräfte, erschufen eine neue Verbindung aus kosmischem Sauerstoff und kosmischem Wasserstoff. Sie feierten die Dreiheit des Lebens und Wasser begann den Planeten zu bedecken.

In dieser Unendlichkeit des Wassermeeres badeten Sky-Ra und Ga-El und genossen es, von der Wärme der Sonne Ra und den Fluten des Wassers eingehüllt zu sein. Ihren Traum begleitete Ra Neomi und lenkte ihn weise, indem er sein Bewusstsein mit dem ihren verband, und er führte sie hinein in den Traum, den die zwölf Häuser Kassiopeias träumten, um die neuen Welten entstehen zu lassen. Er zeigte ihnen auch die Geschichte der elf anderen Planeten. So schulte er das Bewusstsein der beiden Reisenden und legte die Samen, die notwendig werden würden, um Gaia bei ihrer Vollendung zu unterstützen. Um die beiden Drachentöchter nicht zu belasten, senkte er den Traum und die daraus gewonnenen Erkenntnisse und das Verstehen in die tiefsten Tiefen ihres Bewusstseins, denn es war sein Wunsch, ihnen die größtmöglichste Freiheit des Geistes mit auf den Weg zu geben.

Plötzlich bemerkte er, wie sich ein kullerndes Drachenlachen in seinem Leib formte, doch er wollte die beiden nicht wecken und so hielt er seine Begeisterung zurück. Welch eine köstliche Idee war ihm da gekommen. Ja, genau das würde er tun! Er verband sich mit seiner Herkunft, tauchte ein in Shekinah, das Bewusstsein der Mutter von Allem-Was-Ist, und gab seine Idee hinein. Sie wurde für gut befunden, und das erfüllte ihn mit großer Freude. Dann formte er aus dem weit verzweigten Netzwerk seiner Gedankenbahnen einen winzigen, blauen Tropfen, den er langsam in Sky-Ras Bewusstsein gleiten ließ.

Sanft entließ er den Geist der beiden Schlafenden, streckte seine Glieder, dehnte seine Schwingen und erhob sich von Ra. Welch eine Wohltat, sich zu bewegen, die großen grüngoldenen Schwingen im gleichen Rhythmus zu heben und zu senken und dabei die Weiten des Alls zu durchmessen. Er flog und machte sich auf zu einer der vorläufigen Heimstätten seiner Spezies. Im Sternbild des Drachen begegnete er vielen seiner Art und hielt da und dort kurz an, indem er sich auf seinen mächtigen Rücken drehte, wodurch er bewegungslos im Raum verharren konnte. Dies war von Bedeutung, denn Unterhaltungen zwischen Drachen gestalteten sich meistens etwas langwierig. Allein die Begrüßung beinhaltet die Wertschätzung der gesamten Herkunftslinie. Auf diese Weise unterhielt er sich mit seinen Artgenossen und erfuhr so von einem neuen Nest, dessen Eier gerade den richtigen Reifeprozess erreicht hatten. So machte er sich auf und begegnete der Mutter des Nestes.

Nachdem er ausführlichst ihrer Herkunft gehuldigt hatte, sie gehörte zu den silberfarbenen Selene-Drachen, die den Kräften der Monde der Universen verbunden sind, trug er sein Anliegen vor. Die Mutterdrachin reagierte nervös, doch er beruhigte sie, indem er von den beiden Reisenden und ihren Charaktereigenschaften sprach und ihr glaubwürdig versicherte, dass die beiden mutige, neugierige und der Shekinah in bedingungsloser Liebe verbundene Wesen seien. Es waren keine einfachen Verhandlungen, doch schließlich gab die Drachin ihm ein Ei. Es schimmerte in türkis- und rosafarbenen Tönen, ganz anders als die übrigen, silberfarbenen Eier. „Ich wusste nie, warum dieses meiner Kinder so seltsam leuchtet, doch ich fühlte, dass es eine besondere Aufgabe haben werde, die, wie mir scheint, du, Ra Neomi, nun als Bote überbringst. So lege ich denn die Fürsorge für mein Jüngstes vertrauensvoll in deine Hände!" Damit übergab sie ihm das pulsierende Ei. Er spürte die Vibration im Inneren und wusste, dass das Schlüpfen unmittelbar bevorstand. Er dankte ihr, steckte das Ei in den sichersten Raum zwischen seinen Schuppen und flog, so schnell seine breiten Schwingen es vermochten, zurück nach Ra.

Dort angekommen, schob er das Ei sanft in die Wohnblase seiner beiden Schülerinnen. Er wusste, dass das Drachenjunge in der Wärme von Ra bald das Licht der Sonne erblicken würde, und dies sollte auch eine kleine Prüfung für seine beiden Schützlinge sein. Danach zog er sich in seine Tiefen, im Inneren Ras zurück und startete die Aufwachsequenz für Sky-Ra und Ga-El. Beide erwachten gleichzeitig, dehnten und streckten sich, und als sie sich in die Augen blickten, erkannten sie, dass sie das Gleiche erfahren hatten.

Makia war es, die sie auf das seltsam leuchtende, pulsierende und sanft rotierende Ei in ihrer Mitte aufmerksam machte: „Ein Drachenei, kurz vor der Reife. Wenngleich ich feststellen möchte, dass diese Farbkombination höchst ungewöhnlich ist. In meinem Wissensspeicher befinden sich keinerlei Vergleichsdaten, seltsam, seltsam."

„Makia! Du weißt doch sonst alles. Und was nun, um aller Sterne willen!?", fragte Sky-Ra, die sich doch etwas beunruhigte, denn noch nie war sie bei der Geburt eines Drachen anwesend gewesen.

„Beruhige dich", sagte Ga-El, „ich kenne mich aus. Wenn ein Drachenjunges schlüpft, ist es zeitlebens mit seinem Helfer verbunden, doch wir sind zu dritt, und das ist fürwahr ungewöhnlich. Mir scheint, wir sollen gemeinsam dem Drachen ins Leben helfen, was bedeutet, dass er uns auf unserer Reise begleiten wird. Dies ist eine große Ehre. Und obendrein sind junge Drachen einfach entzückend! Jedoch ist es an uns, ihn in seine Aufgaben einzuweisen, und das will wohl überlegt sein, wenn ich mich da noch an unseren gemeinsamen Traum erinnere. Das bedeutet auch, liebste Freundin, wir werden Drachenreiterinnen, alle drei!" Bei diesen letzten Worten schauten beide auf Makia, die ihre Schnurrbarthaare gesträubt hatte und überhaupt nicht erfreut aussah. Sky-Ra streichelte über Makias weiches Fell und beruhigte ihre Begleiterin, doch diese zog sich erst einmal schmollend in sich zurück. Felidae waren einfach keine Reiter, und schon gar keine Drachenreiter, da es in den Weiten des Alls doch meist so kalt war. Sie würde mit sich zu verhandeln haben, bis sie bereit wäre, diese Neuerung zu assimilieren! Erbost zog sie sich in ihre Chroniken zurück, dennoch fahndete sie in den tiefsten Tiefen ihrer Speicher bereits nach Nützlichkeiten in Verbindung mit Drachenreiten.

„Lass sie", sagte Ga-El zu Sky-Ra, „wir müssen uns auf die Geburt vorbereiten!" Sie nahm alle im Raum befindlichen Kristalle und baute diese in einem Kreis um das Drachenei auf. Gemeinsam erweckten sie die Kristalle und versetzten sie in Schwingung, bis unzählige Lichtwellen von ihnen ausgingen, die sich immer dichter um das Ei legten, das bald in einem Kokon vibrierenden Lichtes eingewoben war und dadurch seine Rotationsgeschwindigkeit noch erhöhte.

In diesem Augenblick kam Makia mit der Meldung zurück, sie habe in einem der Speicher Oktavianas einen wichtigen Text über Drachengeburten gefunden. Sofort gab sie den Text an die beiden Drachenhebammen weiter:

„Versteht in den Tiefen eures zellulären Seins, dass alles, was ist, aus der Quelle Allen Seins stammt. Schleust dieses Bewusstsein nun mit der Energie der Sonnen und in der Kraft der zwölf solaren Feuerpferde* hinein in eure Zellkerne, die Abbilder des kosmischen Ganzen sind. Lasst erstrahlen die Sonnen in euren Zellkernen und lasst sie weit werden. Erkennt, dass jedwede Materie, gleich welcher Schwingungsfrequenz, geboren wurde aus dem Schoß der Mutter, aus der liebenden Annahme dessen, was ist. Unter der Kraft der Zeugung des Vaters El Shaddai gebar die Mutter Shekinah Alles-Was-Ist, so auch die Materie. Um Materie in ihrer Evolution zu hüten, um aufrechtzuerhalten die Kommunikation mit ihrer Herkunft, das heißt mit der Quelle, gebar Shekinah das, was ihr Drachen nennt. Energieformen, die in den Weiten dieses Universums hütende und Botschaft bringende Funktionen erfüllen. Es gibt Nebenuniversen, hier allen voran das Feueruniversum, in denen diese Wesenheiten ein- und ausgehen. Immer sind sie direkte Kinder der Shekinah, das heißt, sie verbinden die liebende, annehmende Kraft der Rezeptivität direkt mit der Materie und erinnern so die Materie an ihren Ursprung."

Nachdem Sky-Ra und Ga-El aufmerksam zugehört hatten, verbanden sie alle Kristalle und auch sich selbst mit der Kraft der Shekinah und berührten das tanzende Ei mit all der liebenden Weisheit, zu der sie in der Lage waren. Sogar Makia war nun bereit und wob ihre Kräfte mit hinein in das Ereignis der Geburt.

Ra Neomi beobachtete das Geschehen feinsinnig abtastend, und er war zufrieden. Die Schale des Eis begann aufzuspringen und aus seinem Inneren drang ein helles Leuchten, das sich in den Lichtertanz mischte. Die drei ließen nicht nach in ihrer Konzentration. Kaum hatte Ra Neomi sein Bewusstsein mit dem ihren verbunden, als er auch schon begann, die Herkunftslinie des Drachen in der ihm eigenen Sprache zu singen. Ein angenehm sonores Brummen erfüllte den Raum, dabei öffnete sich das Ei immer weiter und ein kleiner, rosatürkis gefleckter Drachenkopf schob sich nach außen, der erst einmal kräftig nieste, wodurch die Schale ganz zerbarst. Das Drachenküken kam etwas wackelig auf seine Füße, versuchte aber sofort seine Flügel zu strecken, was Makia zu einem Satz nach hinten veranlasste.

Sky-Ra und Ga-El lenkten die Liebe der Mutter weiter in das Junge hinein, so dass es immer sicherer zu stehen kam und allmählich auch eine fast würdevolle Haltung einnehmen konnte. Große, türkisfarbene Augen starrten die beiden an, schienen dann blitzschnell zwischen den Anwesenden hin und her zu eilen, bis sie bei Sky-Ra innehielten und sich mit den Tiefen ihres Bewusstseins verbanden. Da sie in ihrem Handeln ein Sein waren, hatte der Drache eine tiefe Verbindung zu allen dreien hergestellt, jedoch als Ansprechpartnerin hatte er Sky-Ra erwählt.

„Wunderbar, ihr habt die Geburt mit Liebe begleitet. Ihr habt gut getan!", ließ Ra Neomi seine tiefe Stimme in ihrem Geist erklingen. „Nun, da diese Kleine die erste ihrer Art ist, obliegt es euch, einen Namen für sie zu finden. Sie wird euch nach Gaia begleiten, um dort eine neue Rasse zu gründen. Sie! Ja, ihr habt es noch nicht bemerkt, es handelt sich um ein weibliches Wesen. In ihren Träumen habe ich ihr schon von Atlantis gesungen und mit ihr die Weisheit geteilt, die sie für den neuen Planeten braucht. Sie ist nun sehr interessiert, durch die Verbindung mit Sky-Ra in das Feueruniversum zu gelangen, doch sie hat zugesagt, einen Zyklus auf Atlantis zu verbringen. Damit ihr lernt, miteinander zu reisen, wird sie es sein, die euch nach Gaia bringt. Doch nun braucht ihr alle etwas Erholung. Das Drachenjunge braucht Zeit, um seine Struktur auszuformen und zu wachsen, und ihr solltet ruhen, um das Geschehene zu verinnerlichen. Makia, du solltest dich erneut mit der Energie des Stolzes deiner Rasse auseinandersetzen und zu assimilieren lernen! Stolz ist nicht immer förderlich, denn er trennt und verhindert das EinsWerden!"

So lösten die drei ihre geistige Verbindung auf und begannen voller Bewunderung und Freude zunächst noch mit der Kleinen zu spielen. Sky-Ra war fasziniert von dem kleinen Wesen und gab immer wieder begeisterte, neckende, kosende Laute von sich, die Makia doch etwas seltsam erschienen. Alle miteinander amüsierten sie sich sehr, und durch die Bewegung und Berührungen begann der Körper der kleinen Drachin sich langsam auszubilden. Fröhlich krähte sie herum und versuchte immer wieder, Makia an ihren Schnurrbarthaaren zu erwischen. Da Makia aber jedes Mal ihren Kopf hochhob, musste die Kleine sich enorm strecken, wodurch sie ziemlich schnell eine beachtliche Größe erreichte und es in der Wohnblase eng zu werden begann. Doch die kluge Makia ging einfach durch die Wand, drehte sich ein bisschen und machte aus zwei Blasen eine, so dass die Gemeinschaft wieder genügend Raum hatte. Die Zeit des Spielens und Kennenlernens verging wie im Flug, und schon übten sie, zuerst einzeln und dann gemeinsam, auf dem Rücken der jungen Drachin Platz zu nehmen, während diese ihre ersten Flugversuche probierte.

Ra Neomi nahm die Kleine mit hinaus ins All und lehrte sie alle Tricks, die er im Laufe seiner Existenz entdeckt hatte. Ja, er versuchte sich sogar an Flugkünsten, von denen er in den Gesängen gehört hatte, und so war die Zeit des Flugunterrichts für beide eine Zeit der Erfahrung und der Freude.

Während dieser Flugstunden bastelten Sky-Ra und Ga-El an der Vervollkommnung einer Art Geschirr für Makia, denn es hatte sich gezeigt, dass die Begleiterin bei den manchmal etwas zackigen Manövern der jungen Drachin nicht genügend Halt fand. Makia beäugte den Vorgang mit höchst gemischten Gefühlen, doch sie hatte sich die Worte des weisen Lehrers zu Herzen genommen und tat ihr Möglichstes, für alles offen zu sein, auch für eine Reise durch das kalte All, hin zu diesem äußersten Zipfel der Milchstraße. Nach vielen unbefriedigenden Versuchen kamen sie auf die Idee, aus den Fasern des Mapobaumes einen großen, weichen Korb zu flechten, der Makia genügend Platz bot und dank der Eigenschaften der Mapofaser auch eine gewisse Wärme hatte. Der Korb ließ sich mit Leichtigkeit zwischen ihnen beiden auf dem Rücken der Drachin befestigen, was auch den beiden Reisenden einen angenehmeren Halt versprach.

So waren alle zufrieden – nur der Name für die kleine Drachin fehlte noch!

Kapitel 7

Ein tiefes Brummen aus dem Inneren Ras ließ alle Anwesenden aufhorchen, die Zeit der Versammlung war angebrochen.

Sky-Ra legte ihre Ale* beiseite, machte noch einen letzten kunstvollen Knoten und bewunderte zusammen mit Ga-El den weichen, geräumigen Korb für Makia. „Fertig", sagte sie, „ich hoffe, er ist bequem, bitte, probier ihn aus." Und schon hatte Makia sich in der Geräumigkeit des Korbs zusammengerollt, blinzelte, und, nach einem kurzen, aber wohligen Schnurren, mahnte: „Kommt, wir sollten uns im Raum der Gemeinschaft sammeln, es ist an der Zeit!" Und schon waren sie auf dem Weg zur Versammlung.

Ra Neomi hatte seinen Leib wieder um die Wände des Raumes geschlungen, sein Kopf lag in der Mitte der Anwesenden. Sein Ausdruck war heiter und sehr zufrieden und kleine Wölkchen dampften noch vom letzten Flug aus seinen Nüstern. Vor ihm lag die Kleine. Sie war ganz ohne Anzeichen einer Anstrengung von ihrer letzten Flugübung zurückgekehrt, doch jetzt funkelte und leuchtete sie vor Aufregung. „Wir sind heute hier versammelt, um diesem neuen Kind der Sohntöchter der Shekinah seinen Namen zu geben, und wir wollen gemeinsam für unsere Schwestern einen Reisesegen aussprechen, denn sie werden sich nun auf die Reise zum zwölften Planeten begeben, um dem Hause Kassiopeia bei seiner Wiedergeburt behilflich zu sein!", verkündete Ra Neomi den Anwesenden, woraufhin ein Gemurmel durch die Gruppe ging. „Ga-El, Sky-Ra, Makia, tretet vor", forderte er sie auf, „denn es ist jetzt eure Aufgabe, den Namen für das Drachenkind zu bestimmen." Die so Angesprochenen traten vor, nahmen ihren Platz an der Seite der jungen Drachin ein und legten ihre Hände, und Makia ihre Pfote, sanft auf den kleinen Drachenkopf. Alle im Raum Anwesenden gingen mit in die Verbindung und sangen gemeinsam den Lobpreis der Drachenwesenheiten dieses Universums. Anschließend sang Ra Neomi die Ahnenreihe der jungen Drachin.

Sodann erhob sich Ga-El, rief an ihr Heimatuniversum und verband sich mit dessen elektrischer Kraft, Sky-Ra stand auf und rief an die Kräfte von Ra und Kassiopeia. Makia tat es ihr nach und beschwor die Heilkraft von Andromeda. Die Atmosphäre im Raum schien zu knistern und alle warteten auf den Augenblick der Namensverkündung.

Gespannte Stille trat ein, als Sky-Ra anhob zu singen: „Auf Ra das Licht der Welten erblickt, daher soll dein erster Name Ra sein. Freude soll dich geleiten auf allen Wegen und in allen Universen, die du durchstreifst, daher geben wir dir Farah, die Freude, auch in deinen Namen. Mögest du und deine Kindeskinder Gaia begleiten auf ihrem Weg durch das Auge von An*, daher soll die Schwingung der Heilung des Universums ebenso in deinem Namen erklingen, und dein dritter Name sei An. Ra Farah An, wir heißen dich in unserer Mitte willkommen!"

Alle jubelten und sprachen ihre Glückwünsche aus, während die junge Drachin mit ihren Nüstern sanft an Sky-Ras Hals prustete. Das Ganze war ihr doch etwas zu viel und vor lauter Rührung und Unsicherheit verfärbten sich ihre noch zarten Schuppen in Richtung Rosenrot. „Nun lasst es gut sein", sprach der Alte und sofort verstummte es im Saal. „Sprecht nun euren Reisesegen für die Gemeinschaft, denn es ist an der Zeit, dass sie sich auf ihren Weg machen!"

Nachdem alles vorbei war, kehrte Ruhe ein. Nur die beiden Drachen und die Reisenden waren noch im Raum. „Hört mir gut zu", sprach Ra Neomi, „ihr habt eine weite Reise vor euch, und es ist wichtig, dass Ra Farah An sich mit ihrem Kollektiv verbindet, um dort Schulung zu erfahren. Sky-Ra und Ga-El, ihr bedürft noch der Unterweisung der Schwesternschaft, denn sie werden euch bei euren zahlreichen Aufgaben Unterstützung gewähren. Deshalb reist ihr nun mit Makia nach Maja* in die Plejaden, während ich Ra Farah An zurück in ihren Hort bringe. Wir werden die Wurmlöcher benützen, um die Zeit zu dehnen, so dass ihr euch in Kürze wieder vereinen könnt. Wenn die Krümmung des Raumes dann die richtige Welle erreicht hat, werdet ihr in Leichtigkeit nach Gaia reisen." Sie umarmten einander, bevor Ra Neomi durch die Wand verschwand und Farah ihm folgte.

66

Eine durchsichtige, alabasterfarbene Wesenheit betrat den Raum und gab den dreien durch Gesten zu verstehen, dass sie ihr folgen sollten. Sie wurden in den Raumhafen geleitet und zu einem kleinen, schnittigen Gefährt geführt. Ga-Els Herz hüpfte vor Freude, dachte sie doch, sie dürfe es lenken, doch die stumme, alabasterfarbene Wesenheit gebot ihnen, im Inneren Platz zu nehmen. Sanft hob das Gefährt ab, und ehe sie sich versahen, hatten sie auch schon die Sonne Ra hinter sich gelassen und schwebten in der Unendlichkeit des Raumes. Ein seltsamer, beruhigender Dreiklang wiegte sie und sie entspannten sich vollkommen.

Als der Ton langsam verklang, öffneten sie ihre Augen und fanden sich in einem Raum wieder, der augenscheinlich aus Wolken errichtet war. In den Farben sanft und fließend, schien dieser Ort in immerwährender Bewegung zu sein. Sky-Ra erhob sich und trat auf eine kreisrunde Öffnung in der wolkenartigen Wand zu. Sie schaute hinaus und erkannte, dass sie sich in einer Art Turm befanden, der mit unzähligen anderen Türmen eine Stadt in den Wolken bildete. Alles schimmerte in sanften Perlmuttfarben, im matten Licht der verschiedenen Himmelsgestirne, die die Ansammlung von Türmen beschienen.

Makia dehnte sich genüsslich und teilte den beiden mit, dass sie sich hier auf dem Hauptstern des Systems der Plejaden befänden, genannt Maja, wo die große Schule des liebenden Wissens sei. Jede wolkenartige Ausformung sei ein Wissensspeicher, und diese Wolken um sie herum seien nun ihr Lernfeld. Sie forderte die beiden auf, ihren Geist zu verbinden und in diese Lernebenen hineinzutauchen. Sky-Ra und Ga-El verbanden sich und begannen ihren Geist durch die Wolken fließen zu lassen. Die erste Botschaft, die sie erreichte, war Folgende:

„Dies ist Kalia. Dies ist das Bewusstsein des Heilen Atlantis. Mein EinesSein ist geboren aus dem Rat von Atlantis jenseits der Zeit, wissend um den Übergang. Dies ist eine Botschaft an euch, an die Zukunft eures Seins auf Gaia. Wir sind die Verbindung von Wasser und Fels. Wir sind die Felsketten in den Tiefen der Ozeane.

Zerstörung heilt. Genetischer Code heilt. Das, was zerbrochen ist, fügt sich zusammen durch bewusste Entscheidung, durch bewusste Lenkung, durch bewusstes Ablegen der Trennung und Zerstörung, durch Verbindung von Weite mit Fließen, mit Wasser, durch eine Verbindung, die alles durchdringt, die weich und hart zugleich ist, in einem Sein mit Fels eine Verbindung, die aus dem Fließen Materie formt. Sich auszurichten auf die äußere Form, den äußeren Schein, ist Begrenzung, das heißt Bewertung, und durch die Manipulation des Karon nahm Bewertung Raum in diesem Universum.

Wenn ihr die Schönheit erkennt in dem, was nach dem Zusammenbruch entstehen wird, und in dem, was Manipulation in ihrer Zerstörungskraft an Schönheit erschaffen haben wird, wenn ihr diese Schönheit ehrt und achtet, ohne Wert auf die äußere Form zu legen, dann erkennt ihr, dass hinter jedem Festen ein Fließendes ist und hinter jedem Fließen ein Festes.

Geliebte Geschwister, ihr seid an diesen Ort gekommen, um Heilung für das Heile Atlantis in euch zu verankern. Erkennt Atlantis, erweckt es in seiner wunderbaren Schönheit, in seiner Verbindung mit Allem-Was-Ist. Erkennt! Und erlaubt nicht, dass die Provokation durch Karon euer Sein zerstört und Zerstörung in euer Sein eindringt, sondern nehmt diese Provokation in Weichheit auf und lasst sie mit hineinfließen in die Verbindung eurer verschiedenen Seinszustände.

Sogar Sternentore, Bewusstseinstore, Dimensionstore sind nichts anderes als fließende Seinsformen, die sich zu einem veränderlichen Gesamtbewusstsein verbunden haben. Diese Beweglichkeit kann auch in euch Raum nehmen, wenn ihr aus der Erstarrung in weiches Fließen geht, das weiß, dass es sich jederzeit ausformen kann, in Materie, die kraftvoll und präsent ist, nicht steht, nicht liegt, nicht fließt, sondern IST. Was die Größe von Atlantis ausmacht, ist das Bewusstsein des EinenSeins in vollkommener Annahme, ist die Liebe zu den verbindenden Kräften, die immer und immer wieder die Pforten zu den Sternen und den anderen Welten geöffnet haben. Die Größe Atlantis ist das Willkommen, das ausgesandt wird für jedwede Form des Seins.

Aus diesem Willkommen für jedes Sein wird durch das Schwestervolk von Lemuria die Materie kreiert und ausgeformt, mit dem alleinigen Ziel, Schönheit sichtbar zu machen.

Wir wünschen uns und euch, dass ihr auf diese Art und Weise mit Materie umgeht, Materie, die ihr durch euer Sein und euer Bewusstsein gestaltet und kreiert. Streicht aus eurem Bewusstsein, dass es irgendetwas gibt, das nicht gut ist, das nicht schön ist. Denn wenn ihr dieses denkt, feiert ihr die Kraft der Manipulation, die Kraft der Zerstörung. Ihr seid aufgerufen, in die Heilung des Seins zu gehen und selbst Karon in seiner Kraft der Zerstörung in liebendem Bewusstsein anzunehmen und damit seiner Provokation die Härte zu nehmen. Nehmt im Bewusstsein der Veränderung der Dimensionen, die zu jeder Zeit und in allen Zeiten in euch ist, seine Provokation in euch auf, denn nur so wird HeilesEinesSein wieder Raum nehmen können. Seid in der Segnung, seid im Bewusstsein der Kraft. Dies ist Kalia.“

Beide nahmen die Schulung tief in sich auf und tauchten nach und nach in immer weitere Wattewolken hinein.

Nach einiger Zeit wurde es sehr, sehr hell um sie herum. In den Wolkenformationen wurde ein strahlender, goldener Wagen, von zwölf Feuerpferden gezogen, sichtbar. Die beiden Reisenden sahen sich an, und schon hatten sie ihren Geist verbunden und tauchten in diese Wolke, hatten sie doch instinktiv erfasst, dass hier die Botschaft war, weshalb Ra Neomi sie nach Maja geschickt hatte. „Da kommt sie, Vesta mit ihren Pferden, um euch in die Schwesternschaft einzuweihen!“, konnte Makia gerade noch in das Bewusstsein ihrer Begleiterinnen melden. „Sie werden flink wie die Wesen von Mallath*!“, nuschelte Makia in ihre Barthaare.

Mit großen Augen betrachteten Sky-Ra und Ga-El, wie sich im Inneren der Wolken vor ihnen die Farben des Sonnenaufgangs wandelten und sich in ihrer Mitte ein wunderschönes, kraftvolles Gesicht voller liebender Klarheit formte. „Taucht ein, Töchter!“, wurden sie aufgefordert und schon zog sich ihr Bewusstsein tiefer in die Wolke hinein. Dann stand sie vor ihnen, Vesta in ihrem Flammengewand, und es schien, als sprühe sie Funken.

Nachdem sie liebevoll umarmt worden waren, reisten sie zusammen mit Vestas Bewusstsein gedankenschnell durch die Geschichte der Schwesternschaft. Sie erfuhren vom kosmischen Netzwerk, das sich durch alle Ebenen des Seins zieht, und erlebten die Freude, ein Teil dieses Ganzen zu sein. Vesta führte sie durch Raum und Zeit und stellte sie dann einer bestimmten Schwester namens Awara vor. Beide nahmen wahr, wie Awara auf Gaia den neuen Kristallwald emporgesungen hatte und wie sie die beiden Sirius-Schwestern begrüßt hatte. Sie beobachteten, wie Awara, in diesem Moment des Seins auf Gaia, dabei war, Belea und Elea aus ihrem Schlummer zu wecken. Sky-Ra und Ga-El konnten Awara auf Gaia sehen, hören und fühlen.

Awara setzte sich mit untergeschlagenen Beinen auf ein weiches, reich verziertes Kissen in Beleas Raum, während die Schwestern auf einer Art Ottomane gegenüber Platz nahmen. Sie manifestierte eine Kanne mit einem warmen, duftenden Getränk, das sie Tee nannte, und reichte den Schwestern jeweils eine zarte Tasse aus hauchdünnem Material.

„Es ist nun an der Zeit, euch die Geschichte Oktavianas zu erzählen, aber nicht nur euch. Ich weiß, dass uns noch zwei weitere Schwestern zuhören, die jedoch erst in einiger Zeit auf Gaia eintreffen werden. Seid ihr bereit?" Sowohl Belea und Elea als auch Sky-Ra und Ga-El nickten, so dass Awara in sich hineinlachen musste, sich in Position setzte, um sodann ganz offiziell in den Singsang ihres Vortrags überzugehen:

„Seid gesegnet im Lichte aller Sonnen. Dies ist Awara, Schwesternschaft der Schilde. Willkommen! Glück und Freude euch allen für diese Zeit der Begegnung miteinander. Ich bin eine Sprecherin der Schwesternschaft, doch es gibt Unzählige von uns. Ich bin ein Teil des gesamten Seins und komme deshalb zu euch, durchmesse die Weiten des Raumes und der Dimensionen, um euch zu unterrichten. Auch Oktaviana ist mit ihrer Energie anwesend und wird euch in dem

Maße schulen, wie es ihr möglich ist. Hier und jetzt an dieser Stelle, damit ihr versteht, fühlend versteht im Bewusstsein eurer inneren Sonne und eures inneren Mondes, möchte ich euch erzählen die Geschichte unserer Mutter Oktaviana, denn aufgrund ihrer Initiation wurde die Schwesternschaft gegründet in den Weiten des Alls.

Es war lange vor jener Zeit, als die hohen Schüler des Deklet, mit Wissen und im Bewusstsein von Deklet, die dritte Platte nicht mehr erklingen ließen und Deklet mit seiner Schülerschaft in Transformation ging. Jedoch wusste dieser große, weise Sternenlehrer sehr genau, was dieser Transformation folgen würde, und in seiner großen Weisheit initiierte er bereits die Heilung, bevor das geschah, was ihr als Trennung bezeichnen werdet.

Versteht, Deklet, Karon, war und ist ein Forscher, er forscht, um zu teilen. Er ist neugierig auf Geschehnisse und diesem Sog der Neugier konnte er nicht widerstehen, obwohl er in den Tiefen seines Seins spürte, dass hier ein Nichtrecht Raum nehmen würde.

Um den Samen der Heilung zu legen, wählte Deklet unter seinen Schülern und den zahlreichen Sternenkindern, die auf dem noch goldenen Madokh zu Besuch waren, einige aus, die er schulte und dann hinaussandte in die Ebene der Sonnen mit dem Auftrag: „Lernt dort weiter. Lernt Heilung!" Das war der Urgrund, der Urbeginn der Bruder- und Schwesternschaft der Schilde, denn wir verließen Madokh, als er noch golden war. Wir wussten nichts von Deklets Vorhaben und gingen, je nach unserer Herkunft, zu den einzelnen Sonnen, um deren Weisheit in uns aufzunehmen. Wir wurden geschult von Vesta, von Helios*, von den Kräften der Drachen und von den Bewusstseinen der solaren Engel. Wir waren also bereits verbunden mit den Kräften der Sonne, so auch Oktaviana, als die Welle des Missbrauchs ihren Anfang nahm – und während ich euch dies berichte, dehnt sie sich weiter aus, aber es wird noch eine sehr lange Zeit dauern, bis die Welle auch die letzten Ebenen des Alls erreicht haben wird.

Oktaviana, von Maja, aus dem Sternbild der Plejaden herstammend, konnte diesen Missbrauch nicht akzeptieren, und so machte sie sich nach Orion auf, um ihr Werk der Rettung zu beginnen. Der gesamte große Wissensspeicher von Maja stand ihr dafür zur Verfügung. Jedoch wurde sie auf diese Art und Weise verstrickt in das, was wir die orionischen Kriege nennen.

Und wisset, diese Kriege tobten arg. Brüder begannen sich zu hassen, ein Wort war kein Wort mehr, der Missbrauch ging so weit, dass Vertrauen zerstört wurde und der Macht-über-Andere, vor allem über die Materie, mehr und mehr gehuldigt wurde.

Oktaviana bereitete den dunklen Herren manch schwere Stunde, denn viele konnten aus der Versklavung gerettet werden. Immer war es eine List von Oktaviana und ihrer Gefährtin Circe, die Rettung einleitete, und wir, ihre Mitschwestern, erschufen ein Feld, in das wir jene, die in der Ebene ihrer Seele gepeinigt waren, hineinschleusen konnten, um sie zur Heilung nach Andromeda zu bringen. Es dauerte jedoch nicht lange, bis die schwarzen Herren dieses Tun bemerkten und herausfanden, wer dafür verantwortlich war. So waren sie auf Oktaviana aufmerksam geworden und begannen ihr Fallen zu stellen. Über eine gewisse Zeit hinweg gelang es ihr immer wieder, aufgrund unserer Schwesternschaft, sich daraus zu befreien oder diesen Fallen sogar ganz zu entgehen. Doch eines Tages isolierten sie Oktaviana. Und um ihre Pein noch zu erhöhen, schmolzen die schwarzen Herren sie in dichtes Energiegebilde ein, aus dem sie die Geschehnisse zwar sehen, aber nicht mehr in die Auswirkung ihrer Kraft gehen konnte. So war sie gebunden an Rigel, den dunklen Stern – und wir hatten unsere Mutter, unsere Führerin verloren.

Wir wussten, dass wir zu handeln hatten, erkannten aber, dass ihr Weg nicht weiter zum Ziel führen würde und so zogen wir uns zurück. Viele von uns waren verängstigt und gingen zurück zu den Sonnen, um sich Rat zu holen, und so kam es, dass einige von uns, mit der Absicht Oktaviana zu befreien, begannen auf Gaia zu siedeln.

Seit dieser Zeit bringen wir mit das Wissen um Sonne und Mond, bringen wir mit das Bewusstsein und die Liebe zu Shekinah, zur Mutter allen Seins, aus der alles entsteht. Wir helfen dem Sternenwesen

Gaia, die Energie zu sammeln, die notwendig sein wird für die langen Jahre der Evolution, und werden ein Netzwerk errichten, um Oktaviana mit der Kraft des Mondes zu befreien und sie herabzusenken in der Nähe des heiligsten Ortes von Gaia. Allen voran ist Circe, denn sie war und ist immer in der Nähe von Oktaviana, und ihr Schmerz ist groß. Sie hat willentlich entschieden, keinen weiteren neuen Zyklus des Seins einzugehen, bis Oktaviana ihren Platz als Haupt der Schwesternschaft wieder eingenommen hat. Denn Circe hatte eine Vision von der kommenden Zeit, und diese Vision gibt ihr Kraft:

Wir werden uns mit verschiedenen Völkern verbinden, und in einer noch fernen Zeit wird es uns zusammen mit der Schwesternschaft aus dem Wadi Sharif*, den heiligen, heilenden Frauen des Volkes Enoch von Kassiopeia, gelingen, Oktaviana so weit zu befreien, dass sie wird Raum nehmen können in einem Stab aus Fluorit*, der gehütet werden wird in der Bibliothek des Wissens von Qumran*. So wird sie aus der Zone des Nichtlichtes befreit werden und eine weitere Ausdehnungsmöglichkeit erreichen.

Über unser Netzwerk wird an drei Wesen Auftrag ergehen, und sie werden ausgesandt werden Oktaviana abzuholen. Diesem Ruf werden sie über viele Lebenszyklen hinweg folgen: zunächst wird jene Priesterin des Kassiopeianischen Volkes, die Maria Magdalena genannt werden wird, in Begleitung einer Wesenheit namens Maria von Magdala, in Begleitung jener, die Sara genannt werden wird, hingehen und den Stab aufnehmen und sie werden ihn über das Wasser bringen. Diese drei Ausgesandte, auch Marien genannt, werden Oktavianas Sein in ein heiliges Haus bringen, jenseits des neu entstehenden großen Meeres. Später in der Zeit wird jener Ort nach den drei heiligen Frauen benannt werden: Les Saintes Maries de la Mer*. Denn hier werden sie wirken, die hohen, heilenden Frauen, und dann weiterziehen in andere Regionen, doch bleiben wird dort als Hüterin und Bewacherin Maria von Magdala, Kräuterkundige und Heilerin. Und sie wird heilen in der Kraft und Verbindung mit Oktaviana und wird dienstbar sein dem Volk. Inkarnationen später werden dieselben Seelenanteile in anderer

Form erneut kommen, um Oktaviana auf eine grüne Insel zu bringen, an jenen Ort der Kraft, der Old Head of Kinsale* genannt sein wird. Und dort endlich wird vollkommen befreit werden die Mutter unserer Gemeinschaft, und sie wird sich strahlend in den Himmel erheben und wird in ihrer Energie viele, an die heiligen Plätze der Erde gebundene und in den Ebenen der Sterne verteilte Wesenheiten mitnehmen und sich vereinigen, doch nicht mehr mit Maja, sondern mit der Sonne dieses Sonnensystems, um zu lenken und zu leiten und mit ihrem Wissen beizustehen unserer Gemeinschaft der Bruder- und Schwesternschaft, um Wegbereiterin zu sein, um Wagenlenkerin zu sein für die zwölf Feuerpferde, die endlich wieder in der strahlenden Kraft des Feuers der Begeisterung über die Weiten der Himmel ziehen können und Hoffnung und Freude bringen können auch in die dunkelsten Ebenen dieses Universums. Oktaviana wird frei sein, und wir werden sie und ihre Kraft preisen. Friede wird sein in den Himmeln, und Friede wird sich auch ausdehnen von diesem Universum der Heilung in die anderen Universen, in denen dieser Friede noch nicht ist.

Doch dies ist ein Weg, ein langer Weg, der noch vor uns liegt. Seid im Segen. Genießt eure Gemeinschaft. Feiert neues Zusammensein, neues Verbinden. Dies ist Awara, im Namen der Bruder- und Schwesternschaft der Schilde, mit den Grüßen von Oktaviana, von Vesta und von Helios. Seid im Segen unserer aller Mutter Shekinah. Amen."

Awara rutschte von ihrem Kissen herunter und sprang leichtfüßig auf die Beine, dehnte und streckte sich. Aufmunternd lächelte sie Belea und Elea zu, die mit offenem Mund dasaßen und ganz offensichtlich das Erfahrene erst einmal verinnerlichen mussten.

Im Hinausgehen drehte sich Awara noch einmal um: „Bald wird unser Kreis sich schließen, doch Sky-Ra und Ga-El, die ihr soeben kennengelernt habt, sind noch in den Bibliotheken von Maja. Macht es euch gemütlich und genießt euer Sein!", sagte sie und war verschwunden. Nur einen Augenblick später hörten Schwestern den hohen sirrenden Ton von Awaras Flugscheibe.

Sky-Ra und Ga-El kamen aus der Wolke zurück und schauten sich erstaunt an. „Das scheint ja spannend zu werden", sagte Sky-Ra, „dasselbe habe ich empfunden, als Deklet mich verabschiedete, nur hat es eine Weile gedauert, bis ich es verstanden hatte. Was ich jedoch nicht wusste, ist, dass wir einer Schwesternschaft angehören!" Makia erhob sich und meldete: „Schon vom Anbeginn deines Seins, vom Moment deiner Namensgebung an, wurdest du Teil dieses Kollektivs; wie auch Ga-El in ihrem Universum. Aber die Zugehörigkeit an sich ist hier nicht wichtig, denn ihr wisst, dass letztendlich alles EINE Seele ist! Es geht bei der Schwesternschaft darum, dass ihr euch willentlich eingliedert in die Gemeinschaft und die Rituale des verbundenen Seins mitfeiert, wann und wo auch immer ihr einen Mond in seinem vollen Rund seht.

Und Drachen sind die Gefährten der Schwesternschaft, sie bilden Drachenwege und -pforten auf Sternenwegen, wie auch in belebten Welten. Zwar werden sie nicht immer präsent sein können, doch im Bewusstsein der Schwesternschaft werden sie immer ihre Gefährten sein, und so werden mit der Unterstützung des Kollektivs die Drachen sich auch ihre Kraft erhalten können. Diese Kraft wird von Bedeutung sein, um in späteren Zeiten die Menschen an die Liebe der Mutter und an die Weisheit der Materie zu erinnern, und das bewusste Sein wieder in den Herzen der Menschen in Freiheit zu verankern.

Das ist ein Teil meiner Vision, nun ja, und auch der Vision von Ra Neomi. Alles dazu Notwendige bringen die Alten Ra Farah An gerade bei, denn auf Gaia wird sie ihren Kindern die Vision der Freiheit und der Liebe zur Mutter singen und damit den Samen der Drachenwege auf Gaia säen. Mit uns zusammen wird sie nach Atlantis reisen, um die Geschichte in sich aufzunehmen. Hier wird sie lernen, damit sie, so hoffen wir, ihre Prüfungen in Weisheit ablegen wird, denn sie ist noch sehr jung und es gibt so vieles zu begreifen! Das gilt auch für euch zwei jungen Sternschnuppen: geht jetzt in die Anbindung und verinnerlicht das Erfahrene, damit ihr es auch wirklich erkennt und begreift!"

Ga-El verspürte keine große Lust, schon wieder stillzusitzen. Stattdessen begann sie ihre wilden Pirouetten zu drehen, die die Wolkenwände ihres Turmzimmers durcheinander brachten. Makia und Sky-Ra wollten noch warnen, doch schon zerriss das feine Gebilde und es erschien allen dreien, als würden sie fliegen, doch der sanfte Dreiklang fing sie auf, und ehe sie sich versahen, fanden sie sich bereits in der Versammlungshalle von Ra wieder. Etwas Rosa-Türkisfarbenes glitt an der Außenwand vorbei und mit einem nicht unerheblichen Gepolter und ausgestreckten Krallen rutschte Farah zu ihnen hin, wobei es ihr gerade noch gelang, ihren für Drachenverhältnisse nun mittelgroßen Körper vor den dreien zum Stehen zu bringen.

„Puh", sie atmete Wölkchen aus, während sie sprach, und auch ihre Stimme war tiefer geworden, „ich habe mich mit der Anziehungskraft doch leicht verschätzt!" Sie grinste und stupste alle drei freundlich mit ihren Nüstern an. „Da bin ich wieder, und von mir aus kann es nun losgehen. Seid ihr soweit? Habt ihr das notwendige Wissen gespeichert?"

„Langsam, langsam mit den jungen Drachen", bemerkte Makia, die sich noch von dem freundschaftlichen Stupser erholte, der sie um einige Meter von ihrem Platz verschoben hatte, und zu dem sie nun zurückkehrte. „Wenn du immer so landest, und das dann womöglich noch mit uns auf deinem Rücken, möchte ich dir vorschlagen, doch erst noch zu üben, wir haben schließlich eine gemeinsame Aufgabe!"

Ga-El trat Farah hilfreich zur Seite und beruhigte Makia, indem sie ihr versicherte, dass sie der jungen Drachin durchaus vertraue und sie sich schon aneinander gewöhnen würden.

„Gut, dann sind wir bereit, steigt auf, befestigt den Korb!", drängte Farah, doch im selben Moment schob sich der enorme Kopf von Ra Neomi herein. „Langsam! Ich möchte mit euch allen noch ein Wissen teilen, das ihr in den kommenden Zeiten noch benötigen werdet, mögen sie auch noch fern sein! Beruhigt und sammelt euch, geht in eure Verbindung und hört meine Worte:

Seid gesegnet im Feuer der Drachen dieses Universums. Erkennt: alles bewusste Leben auf diesem Sternenbewusstsein Gaia hat sich entwickelt aus dem hyperboräischen Fokus, jenes Urwasser, Urmeer, in das gespeist wurden die Kräfte der Sterne, das heißt das Bewusstsein, die Liebe, die Gedanken- und Manifestationskräfte der verschiedenen Sternenemanationen.

Menschsein wird entstehen auf Gaia, es wird ein Produkt aus den Gaben aller Ebenen dieses Universums sein, gesammelt und gehütet im hyperboräischen Sein. Auch die Bewusstseinsformen von Atlantis, Lemuria und Rhubinihus konnten nur aus der Ursuppe des hyperboräischen Bewusstseins entstehen. Hyperboräa ist das Sammelbecken der Energie im heilenden Fokus des HeilenEinenSeins, und diese Energie ist immer auf der Erde, war immer dort und wird immer dort sein.

Erlaubt nicht, dass Karon mit seiner Manipulation der Illusion in euch Raum nimmt. Karon ist ein wunderbares Sternenwesen, ein wunderbarer Lehrer, der das Wissen der Sternenvölker sammelte und in die Erfüllung brachte in dem, was ihr die zwölf Platten nennt. Er entschied sich, den anderen Weg zu gehen, damit in einem Universum des Gleichklangs Spannung erzeugt wird. Karons einziges Vergehen, wenn ihr es als solches bezeichnen wollt, ist, dass ihm langweilig war – und in der Ebene der Sterne ist Langeweile ein Problem. Deshalb werden Energiewellen in die Existenz gebracht, damit Bewegung Raum nehmen kann. Denn das Bewusstsein von Bewegung wird immer weiter eingeschleust in dieses Universum. Durch die Sternentore fließt, tropft, strömt, sprudelt immer wieder neues Bewusstsein aus den Nebenuniversen herein, und alle Kräfte des Universums formen miteinander Bewegung – eine Bewegung, die Raum nimmt, und diese Bewegung heißt und bewirkt EinSein. Auch Karon weiß das.

Nun geht es darum, Vorurteile über persönliche Macht aufzulösen, denn sie war und ist immer eine Illusion. Macht ist Sein im Bewusstsein der Gotteskraft, und Gotteskraft ist ohne Anfang, ohne Ende, ist alles durchwirkendes, alles durchdringendes Sein. Gotteskraft ist Liebe. Wo Liebe ist, ist niemals individuelle, persönliche Macht, auch nicht die Macht eines Volkes, auch nicht die Macht einer Gruppe. Heilerinnen, die ihr seid, werdet euch gewahr, dass es die Liebe Gottes in euch ist, die erfüllt, die heilt, weil sie annimmt. Niemals heilt die persönliche Macht, auch nicht die Macht eines Volkes, auch nicht die Macht einer Kraftlenkung. Gottesmacht ist jenseits jeder Kraftlenkung, ist Liebe, ist Sein. Hier und jetzt seid ihr verbunden in eurem Sternenherzen, verbunden und eins mit euren Ahnen und den Völkern eurer Geschichte, hier und jetzt seid Heiler, seid pure Gottesliebe.

Wir sind präsent und begleiten euch auf eurer Reise. So lebt denn wohl und reist mit dem Mut und der Kraft dieser Drachin nach Gaia. Dort werdet ihr euch verbinden mit den Schwestern eurer Gruppe und eine Ausbildung erhalten, die euch hilft, die Energien der Unendlichkeit des Seins und des Bewusstseins der Liebe der Sterne auf und in Gaia zu verankern. Ich segne euch, ihr Drachentöchter, reiset wohl! Segen ist!"

Mit seinem Segen hüllte er sie in eine Wolke grüngoldenen ATPs, das sie in die Tiefen ihres Seins vordringen ließen, wo es sich verankerte und einen enormen Vorrat an Energie erschuf.

Sie dankten Ra Neomi, verabschiedeten sich, befestigten den Korb endgültig auf Farahs Rücken und nahmen ihre Plätze ein: zuvorderst Sky-Ra, dann kam Makia in ihrem Korb und dahinter saß Ga-El. Sky-Ra gab das Zeichen zum Aufbruch und Farah setzte sich in Bewegung, dehnte ihre Schwingen aus und schoss hinaus in die Weiten des Alls. Samtschwarze Nacht umgab sie, erhellt von Abermillionen funkelnder Sterne und Ra verlor sich nach und nach in der Ferne hinter den Reisenden.

Kapitel 8

Ra Farah An hatte viel gelernt, während der Zeit, die sie bei ihren Artgenossen verbracht hatte, und so war es ihr ein Leichtes, mit gleichmäßigen Flügelschlägen in einem angenehmen Rhythmus durch das All zu gleiten. Sie empfand es als höchst angenehm, mit den beiden Reisenden auf ihrem breiten Rücken, ja sogar mit dem weichen Korb, in dem Makia schlummerte, die Flügel weit auszudehnen und kraftvoll sie im Flug zu heben und zu senken, während alle miteinander ihre Erkenntnisse der jüngst vergangenen Zeit austauschten. Da Ra Neomi in seiner Weisheit einen Zeitpunkt errechnet hatte, an dem die Krümmung des Raumes günstig sein würde, würden sie in absehbarer Zeit in die Nähe Gaias gelangen. Sky-Ra und Ga-El nahmen die Kühle des Raumes um sie herum gar nicht wahr, denn das ATP in ihrem Inneren hatte sie genügend aufgewärmt, und so genossen die beiden geradezu den Wind, der von Farahs breit gespannten Flügeln von Zeit zu Zeit zu ihnen aufstieg und mit ihren Haaren spielte.

Eine ganze Weile erschien es ihnen, als seien sie alleine unterwegs, doch nach und nach nahmen sie immer mehr Energien wahr, die auf demselben Weg waren wie sie. In einiger Entfernung machten sie sogar andere Drachenwesenheiten aus, die Farah jedes Mal zu gewagten Flugmanövern veranlassten, doch keiner der Drachen kam ihnen so nahe, dass eine Begegnung hätte stattfinden können.

Makia bemerkte mit ihrem wachen vorauseilenden Geist als erste, dass sie sich Gaia näherten. Alle schauten gespannt nach vorne, und nach und nach wurde eine wunderschöne, blaue, jedoch winzige Kugel vor ihnen sichtbar. Sie schien sich mit jedem Flügelschlag Farahs zu vergrößern und schon konnten sie das enorme Energiekonstrukt erkennen, das von den Atlantern um Gaia herum errichtet worden war. Es lag wie ein Schutzschild um den Planeten, fein, filigran und durchlässig, und sie sahen auch die zarten Verbindungswege dieses Schildes zu weit entfernten Sternensystemen. In Gaias Nähe befand sich ein besonders strahlender, ebenso blauer Planet, und Makia vermeldete, es sei Venus, und sie sei so etwas wie eine der Mütter Gaias. Auf der gegenüberliegenden Seite erkannten sie einen roten Planeten, auf dem sie sogar enorme Flussläufe und mehrere pyramidale Konstrukte ausmachen konnten. Makia erläuterte ihnen die Geschichte von Mars und dass er bei der Entwicklung Gaias eine Art Vaterstelle vertreten hatte.

Je näher sie kamen, desto deutlicher sahen sie eine riesige Pyramide, deren Spitze sich über das Schutzschild der Erde hinaus erhob, und sie erkannten im Orbit* eine Station, die genau auf dem höchsten Punkt dieser riesigen Pyramide saß. Diesen Ort steuerte Farah an. Es war eine riesige, eiförmige Blase, ähnlich den Räumen, die sie bereits kannten, mit den durchscheinenden, hautartigen Abtrennungen der verschiedenen Segmente. Die Drachin und ihre Begleiterinnen beobachteten, wie die Station sich für jeden Neuankömmling verformte, um das Anlegen so angenehm wie möglich zu machen. Farah umkreiste das Dock einige Male und wartete ab, bis sie sicher war, dass ihre Zeit der Landung gekommen war, denn die Station schuf eine Art Brücke für die Ankömmlinge, die sich ihnen im Raum entgegenstreckte. Als wäre sie schon Hunderte von Malen hier gelandet, brachte Farah ihre Reisenden sicher zum Raumhafen.

Sofort schloss sich die Hülle über ihnen und transportierte sie in das Innere des Konstruktes. Alle spürten, wie ihre Bewusstseine abgetastet und sie willkommen geheißen wurden, was sie ebenso freundlich erwiderten. Sie fanden sich in einem angenehm temperierten Raum wieder. Farah legte ihren Kopf auf den Boden und machte sich so klein wie möglich, um ihnen den Abstieg zu erleichtern. Sie ist schon wieder gewachsen, dachten sich die beiden Reisenden und nickten sich zu, denn im Gleichklang ihrer Bewusstseine hatten sie denselben Gedanken. Makia sprang aus ihrem Korb auf den Boden und alle drei begannen sich zu dehnen und zu strecken.

Ein silberblaues Wesen betrat den Raum und reichte ihnen einen Krug mit Wasser, so dass sie sich erfrischen konnten.

„Ich bin Ni-An von der Raumflotte, und ich heiße euch im Namen der der Liebe zu Allem-Was-Ist auf Gaia willkommen. Ihr bedürft nun einer Phase der Anpassung an die Gravitation, das ist eine besondere Anziehungskraft, die auf Gaia bereits erschaffen wurde. Bitte macht es euch bequem und erlaubt mir, euch und euer Bewusstsein auf die Materie Gaias einzustimmen. In diesem Bereich unserer Raumstation werden alle neu angekommenen Kräfte und Wesenheiten so weit in eine körperliche Ausformung gebracht, wie dies auf Gaia nötig ist." Kaum hatten sie es sich bequem gemacht, berührte Ni-An auch schon ihre dritten Augen und sie fielen in eine tiefe Entspannung, während sie der angenehmen, schmeichelnden Stimme der Silberblauen folgten, die sie einzeln anzusprechen schien:

„Spüre dich und deinen wunderbaren Körper, wie du hier liegst. Spüre die Erde, den Boden tief unter dir, der dich zuverlässig trägt. Nun erlaube deinem Bewusstsein sich auszudehnen und Gaia ganzheitlich wahrzunehmen: die Kraft der Kristalle, die Kraft der verschiedenen Regionen, die Konstrukte auf Gaia, die Elemente dieses Planeten, den Liebe in die Existenz brachte. Dehne dich weiter aus und spüre die Kräfte der gerade entstehenden Natur und fühle die Verbindungen. Sammle nun all diese Energien in dir und forme daraus einen Fokus der Kraft in deiner Lebensmitte. Dann nimm diese Energie und verbinde dich auf deine eigene Art und Weise mit der göttlichen Präsenz deines gesamten Seins. Tritt hinein in deine überpersönliche, deine göttliche Ebene.

Ich, Ni-An, rufe an unsere Verbindung durch alle Zeit hindurch zur Schwesternschaft. Teilt eure Weisheit, eure Kraft und eure Liebe zu Allem-Was-Ist mit uns. Verbindet euch mit uns.

Nimm wahr die energetische Präsenz der Schwesternschaft, deren Teil du bist, und erlaube dir, dich in diesem Getragensein tiefer sinken zu lassen. Stelle dir einfach vor, du sinkst in den Boden von Gaia, mühelos dringt dein Sein durch den Transponder* und kommt tief unter diesem Platz in einer Kristallhöhle an. Du fühlst dich warm, sicher und geborgen. Begrüße die Kinder des Hauses Rhubinihus, die hier sind, um dich willkommen zu heißen. Dann sieh den Pfad, der weiter abwärts in das Innere der Erde führt, folge diesem Pfad. Er ist schwach beleuchtet, doch du kannst immer gerade so viel sehen, wie es für dich erforderlich ist, während du durch Raum und Zeit voran-schreitest. An der Luft spürst du, dass eine Veränderung naht, der Gang verbreitert sich, und du nimmst wahr, dass du an der Pforte zu einem Höhlenraum stehst.

Es ist eine große, alte, heilige Stätte, du bist angekommen im Tem-pel der Erdenmutter. Feuer lodern auf in einem Kreis, zwölf an der Zahl, und werfen ihre zuckenden Flammen über die Bilder an den Wänden. Erkenne die Darstellungen der Mutter in all ihren Formen, in all ihrer Kraft. Hinter den Feuern nimmst du Gänge wahr und du kannst ein Singen vernehmen, das aus diesen Gängen zu kommen scheint. Sieh, wie aus diesen Gängen hinter den Feuern Gruppen von Wesenheiten der verschiedenen Sternenkulturen hervorkommen. Er-kenne deine Geschwister. Und in deinem Erkennen treten die jewei-ligen Gruppen in die vor ihnen liegenden Feuer und werden jetzt für deine Wahrnehmung klarer und präsenter in ihrer Kraft.

Verbinde dich mit diesen Feuern der Weisheit, der Liebe und des Mitgefühls über deine Ebene des Solarplexus, so dass du zur Nabe eines Rades mit zwölf Speichen wirst. Du bist der Mittelpunkt, und nach und nach verbindet sich Gruppe um Gruppe mit dir und deinem Sein. Spüre, wie die Kräfte dich nähren, dich erhöhen, dich vorbereiten, dich weit machen, und nimm wahr, dass auch du deinen Geschwistern etwas gibst, denn, indem du dich verbindest, öffnest du dich, dein Wissen, deine Erfahrung und deine Liebe für die ganze Gruppe um dich herum.

Ein Rad entsteht, dessen Mittelpunkt du bist. Das Feuer, das weder kalt und noch warm ist, denn es ist ein geistiges Feuer, steigt in dem Maße empor, wie deine Verbindung wächst und zunimmt. Und immer deutlicher entsteht eine Säule aus Feuer, in deren Mittelpunkt du vollkommen sicher bist. Und die Säule wächst, höher und höher. Sie durchstößt, durchbricht die Höhlendecke. Es ist, als löse sich die Materie auf, die Säule steigt weiter hoch, hoch in den Himmel, durchdringt die junge, feine Hülle Gaias und dehnt sich in die Weiten des Alls aus, doch du bist und bleibst der Mittelpunkt. Kraft, Weite und das Gefühl der Freude erfüllen dich, du dehnst dich mit dem Feuer aus und streckst dich der Weite des Kosmos entgegen. Und da! Du nimmst sie sie wahr, hörst, spürst und siehst sie: Vesta im goldenen Wagen aus kosmischem Feuer der Erneuerung, gezogen von den zwölf kosmischen Sonnenfeuerpferden, rollt heran, und mit ihm kommt die galaktische Schwesternschaft. Und Vesta erstrahlt als Muttersonne pur und du fühlst die große Liebe, die dir von Vesta entgegengebracht wird und dich in die Weiten des Alls emporhebt, während du offen und frei von jeder Begrenzung in deiner Feuersäule stehst.

„Und dies ist Vesta. Seid willkommen im Namen der Muttersonne dieses Planetensystems. Seid im Segen der Freude zu Allem-Was-Ist. Erlaubt, dass meine Freude an dieser Begegnung euch berührt, öffnet die Ebene eures Solarplexus und eures Herzens. Lasst das Zentrum eurer Kraft berührt sein von meiner Kraft der Erschaffung, der Erneuerung, und der Freude an Bewegung und am Sein. Die Sonnen dieses Universums sind im beständigen Prozess der Evolution, der Erneuerung aus der Kraft der Begeisterung. Und wir, Vesta, verbinden jetzt diese Kräfte mit euch und euren Systemen. Ihr seid Teile des Volkes, entstanden aus allen Sternenebenen dieses Universums, geschaffen aus der Liebe aller Materie dieses Universums.

Erhoben in der Säule des Feuers ist euer Bewusstsein nun verbunden mit allen Sonnen, die sind. Durch die Kraft der solaren und stellaren Konstrukte und auch durch die Kraft eurer Ahnen seid ihr jetzt in einer anderen Dimension angekommen – in der Dimension Gaias, auf der die Hoffnung aller Sternengeschwister ruht. Erkennt eure Schönheit ebenso wie die Schönheit Gaias.

Erkennt, ihr Sternenkinder, eure Kraft, euch zu erheben über jede Trennung. Dies ist das Bewusstsein der Sonnenkräfte in diesem Universum. Dies ist das Bewusstsein Shekinahs, unser aller Mutter, die die Fülle ist. Sie, die Sonnen repräsentiert, und für die die Drachen und die Bruder- und Schwesternschaft im Einsatz sind, damit Fülle, Fülle der Freiheit im EinenSein Raum nehmen kann im gesamten Universum und damit Kassiopeia, die Goldene, wieder ersteht und HeilesEinesSein sich von diesem Universum der Heilung ausdehnt in alle Parallelwelten, so dass sich Matrix für Matrix erlöst im EinenSein, welches die Quelle ist, die Quelle war und die Quelle immer sein wird. Dies ist Vesta, und im Namen der Mutter Shekinah, im Namen der Mutter Oktaviana, im Namen der Kräfte der galaktischen Bruder- und Schwesternschaft heiße ich euch willkommen auf Gaia!"

Vesta hatte gesprochen und sie alle verspürten ein Absenken ihrer Kugel. Fein und zart floss der Raum, in dem sie sich befanden, durch die wolkenähnlichen Schichten des Schutzschildes hindurch, und sie konnten einen strahlend blauen Himmel ausmachen, der sich zwischen Erdoberfläche und jenem Schild ausdehnte. Da die Außenhaut vollkommen durchsichtig war, konnten sie auch durch den Boden schauen, und sie erkannten zwölf kreisförmige Bezirke, die sich um die große Pyramide legten. Die Pyramide selbst glitzerte und leuchtete in Sternenweiß und sehr hellem Gold. Die Außenhaut war mit prachtvollen fremden Zeichen verziert. Sie erkannten mehrere Ebenen in diesem Gebäude und sahen, dass jede Ebene durch eine Art Aufzug mit der Station verbunden war. Ihre Gondel bewegte sich direkt auf die Pyramidenspitze zu, da öffnete sich die Spitze und sie wurden in das Innere des riesigen Bauwerks aufgenommen. Wesen auf Flugscheiben kamen an ihnen vorbei, sie sahen Brücken und Arkadengänge, auf denen andere Wesen wandelten, und ein sanft glühendes Licht erhellte das Innere.

Je tiefer sie in die Pyramide hineinsanken, desto deutlicher bemerkten sie die Gravitation, und ihre Körper begannen sich dichter anzufühlen. Makia meldete beruhigend in ihrer Geistsprache, dass dieser Vorgang vollkommen normal sei und ihnen bei der Anpassung an die Erdoberfläche behilflich sein würde.

Sanft setzte ihre Kugel am Boden auf und die Außenhaut verschwand. Ni-An bat sie, sich zu erheben und einige Schritte zu wagen. Farahs erste Gehversuche erschienen etwas tapsig, Makia stelzte ihre ersten Schritte, Sky-Ra und Ga-El fühlten sich beide etwas unsicher, hatten jedoch die wenigsten Schwierigkeiten.

Ni-An führte sie zu einer im Boden eingelassenen kristallinen Scheibe, und sprach: „Richtet euch auf. Atmet, atmet ein und atmet aus. Verlängert euer Bewusstsein erneut in die Tiefen der Erde hinein, durchdringt mit eurem Atem die Schichten und nehmt ihre Weisheiten auf. Atmet euch tief und tiefer, bis zum solaren Kern der Erde und bindet euch hier an. Fühlt die Erdensonne, spürt ihre Kraft, Liebe und Weisheit, und nehmt die Energie mit, die ihr jetzt braucht, um euch vollkommen im Hier und Jetzt zu zentrieren. Lasst die Energien in euch wie einen Springbrunnen aufsteigen, lasst sie wie einen Quell des Lebens durch euch nach oben fließen, hoch hinauf in die Weiten des Alls bis zur Sonne hinter den Sonnen, der schwarzen Scheibe, der Mutter allen Seins: Shekinah. Und die Kraft der Mutter speist euch, erfüllt euch, flutet euch.

So verbindet ihr Himmelsmutter mit Erdenmutter, und Geist und Materie treten in Verbindung in eurem Sein. Lasst ihre Energien sich treffen im Bereich eures Solarplexus. Nehmt die Erdensonne und die

Himmelssonne und speist eure innere Sonne. Füllt sie an, füllt sie auf. Lasst eure Sonne weit werden, sich immer weiter ausdehnen, strahlen und leuchten in der Gewissheit der erfüllten Fülle, die uns die Mutter allen Seins alle Zeit in Liebe schenkt. Sonne, Prinzip des Leben Spendens, des Wachstums, Sonnenstrahlen, die auf die Materie fallen und den Pflanzen den Impuls geben, in die Ausdehnung, ins Wachsen zu gehen. Lasst eure Sonnen in euren Universen strahlen und lasst wachsen, worauf auch immer du deine Sonne lenkst.

Und nun nehmt von der Mitte eures Seins aus wieder Kontakt auf mit dem Gläsernen Meer*, das ganz Atlantis durchwebt. Nehmt an und fühlt die Möglichkeit, mit allem und jedem in Communio*, in die Einheit zu gehen und lasst die ätherische Kraft dieses Meeres wie einen Quell in euch aufsteigen: einen Quell unendlich liebender Weisheit, einen Quell vollkommener Bereitschaft, allem und jedem zu begegnen. Lasst die Energie in euren Körpern weiter aufsteigen und erlaubt, dass diese Fontäne des Lichtes und der liebenden Weisheit sich ausdehnt hin zu Kassiopeia. Spürt die fließende, bewusste Kraft der Verbindung der Sonnen Orh und Ghon, die Kraft von Kassiopeia, die HeilesEinesSein ist, und erlaubt ihr herabzufließen in den Kelch eures Herzens. Das Gläserne Meer sprudelt hoch in euch und füllt den Kelch eures Herzens mit liebender Weisheit. Kassiopeia fließt im goldenen Sternenstaub zu euch herab in den Kelch eures Herzens mit HeilemEinenSein. Und im Quell des Kelches erkennt ihr, dass entsteht die Sichel des Mondes, die sich über der Scheibe der Sonne in eurem Solarplexus erhebt. Und sie gehen sich entgegen, bis in euch das Symbol der Verbindung von Sonne und Mond in vollkommener Empfänglichkeit entsteht. So ist in euch das Symbol von An, das Au-

ge von An. Und immer stärker verschmelzen Sonne und Mond in dir. Hingabe, vollkommene Annahme, mit Leben spendender, wachstumsfördernder Kraft. Erlaubt Sonne und Mond sich weiter auszudehnen in euch und seht, wohin die Fäden des Lichtes, die Wellen der Kraft fließen.

Nehmt wahr eure Verbindungen und fließt mit ihnen in der Kraft der Kommunikation und in der nährenden Kraft der Sonne. Fühlt die Kraft und die Energien, die aus euren Verbindungen zu euch fließen, und nehmt wahr die in euch erwachsenden Energien, die in eure Verbindungen und Begegnungen hineinströmen.

Ihr seid verbundene Wesen aus Geist und Materie. Gottespräsenz ist in euch und alles ist möglich. Die Kraft des Mondes in euch gibt euch die Kraft, euch anzunehmen, so wie ihr seid, und die Kraft der Sonne in euch gibt euch die Kraft zu transformieren, was immer ihr auch transformieren möchtet. Ihr seid ein Kraftwerk aus Geist und Materie.

Möge die ewig fließende Liebe der Mutter uns alle allezeit segnen. Jetzt seid ihr bereit, auf der Oberfläche des Planeten zu wandeln, geht in Frieden, macht Glück erfahrbar und heiligt eure Gemeinschaft.

Seht her, diese Flugscheibe, auf der ihr steht, wird euch direkt in die Schule der Medien hoch in den Bergen bringen. Und du, Ra Farah An, fliege du ihnen nach. Ich verabschiede mich hier von euch. Ihr werdet erwartet.“

Ni-An grüßte sie, wendete sich um und wurde zu Licht, und schwebte als kleine Lichtkugel nach oben. Der Gemeinschaft blieb jedoch nicht viel Zeit zum Staunen, denn die kristalline Scheibe unter ihnen begann zu brummen, erhob sich vom Boden und nahm langsam ihren Flug auf. Vor ihnen öffnete sich ein breites Tor in der Pyramide und sie schwebten hinaus, gefolgt von Farah, die nur knapp durch das Tor schlüpfen konnte, und jetzt erst war es ihr möglich, ihre Flügel zu öffnen.

Kapitel 9

Sie atmeten die klare, erfrischende Luft, während sie voranschwebten. Sie bemerkten, dass sie mit jedem Bewusstsein auf dem Planeten verbunden waren, denn sie fühlten die Berührung und das sanfte Willkommen zahlloser Wesenheiten und Energien, die sie nicht zu bestimmen wussten. Und je weiter sie sich von der Pyramide entfernten, desto dichter wurde die Materie und desto häufiger konnten sie manifeste Formen ausmachen. Im ersten Bezirk, unmittelbar in der Nähe der Pyramide, wo sie lediglich Töne und Farben wahrnehmen konnten, war es ihnen vorgekommen, als tauchten sie in reines Geistbewusstsein, doch nun befanden sie sich bereits in einem der äußersten Bezirke, in dem offensichtlich mit den Erdkräften und Pflanzenwesen gearbeitet wurde.

Sie nahmen Wesen mit brauner Haut und langen Armen wahr, die in leicht gebückter Haltung um Pflanzen herum saßen und vor sich hin brummten. Während sie dieses taten, begannen die Keimlinge zu wachsen und es entstanden Blumen, Büsche und Bäume; manche Bäume wuchsen so schnell, dass ihre Flugscheibe und auch Farah einen Zickzackkurs fliegen mussten, um Zusammenstöße zu vermeiden. Dadurch erkannten sie, dass sie mit ihrem Geist die Scheibe lenken konnten und so zogen sie auf diese Weise ihr Fluggerät langsam höher hinauf.

Sie überquerten eine Savannenlandschaft und flogen direkt auf hohe Berge zu, deren Gipfel mit bunten Wolken verhangen waren. Farah, die brav hinter ihnen flog, prustete etwas, um die Flugscheibe anzufeuern höher zu steigen, und lachend zogen sie ihre Scheibe hinauf und tauchten in die Wolken ein. Hier war die Luft noch klarer, und sie bemerkten, dass sie sich auch alle leichter fühlten, als dies in den tieferen Schichten der Atmosphäre der Fall gewesen war. Sie durchdrangen die Wolkenschicht und eine klare, sonnendurchflutete Berglandschaft eröffnete sich ihnen. An den hohen Bergspitzen schienen zierliche

Gebäude aus hellem Gestein zu kleben und ihre Scheibe flog auf eine dieser Wolkenstädte zu.

Circe befand sich in tiefer Meditation und suchte die Verbindung zu Oktaviana. Oktavianas Geistbewusstsein war festgebunden durch ein kompliziertes Konstrukt der schwarzen Herren von Rigel. Doch Circe hatte Wege gefunden, ihr Bewusstsein spinnenfädenfein auszudehnen und durch die diversen Schutzblockaden hindurchzutauchen, um ihrer geliebten Freundin und Mutter nahe zu sein.

Bei ihren täglichen Kontaktaufnahmen musste sie sehr vorsichtig sein, denn das Überwachungsnetzwerk wurde immer feiner, und sie, Circe, musste sich immer neue Listen einfallen lassen, um die Blockaden zu überwinden. Die Dunkelgesinnten wurden immer schlauer, ihre Fallen immer ausgefeilter, und mit der Zeit war Circe dazu übergegangen, sie mit genau denselben Trugbildern zu täuschen, und neben ihrer Sorge um die Geliebte, machte es ihr langsam sogar Spaß, sich der unterschiedlichsten Manipulationen zu bedienen. Was sie nicht bemerkte, war, dass sie dadurch aber auch immer misstrauischer geworden war, denn sie war es nun gewohnt, bei allem Neuen und hinter jedem Unbekannten eine Falle oder einen Feind zu vermuten.

Oktaviana ging es nicht sehr gut in ihrem Gefängnis. Sie war froh, den Kontakt mit ihrer Getreuen zu haben, doch wuchs auch ihre Angst um ihre liebste Gefährtin. Sie bemerkte die schleichende Veränderung in Circes Geist, jedoch sah sie keine Möglichkeit, die Freundin darauf hinzuweisen, denn wenn sie den Kontakt geknüpft hatten, musste der Austausch sehr schnell, sehr zart, sehr unauffällig vonstatten gehen, sonst würde man ihn bemerken, und so konnte Oktaviana es nicht wagen, etwas derart Kritisches anzusprechen.

In den dunklen Stunden ihrer Einsamkeit sann Oktaviana nach und betete um Hilfe. Doch ein jedes Mal, wenn sie sich in ihre Sorgen hineinfallen ließ, wurde ihr Bedürfnis nach Verbindung so stark, dass ihr göttlicher Kern zu leuchten begann, was zur Folge hatte, dass ihr Gefängnis anfing zu leuchten und zu strahlen. Und das bemerkten natürlich ihre Bewacher, die sich dann aufgefordert fühlten, den Kokon, den sie um sie gesponnen hatten, noch stärker zu verdichten und noch undurchlässiger zu gestalten. So wurde Angst ihr schlimmster Feind und ihre Furcht vor der totalen Trennung wuchs. Doch wenn sie dieses Circe übermitteln würde, würde die Gefährtin versuchen, noch tiefer in die Ebenen des nichtlichtvollen Orions hinabzutauchen, und Oktaviana wusste, diese Gefahr wäre zu groß für Circe, denn sie war ja bereits von Misstrauen infiziert. Es blieb Oktaviana also nichts anderes übrig, als in der Ruhe zu bleiben und die kleine Flamme des Vertrauens in das Kollektiv der Schwesternschaft am Brennen zu halten. Jene Flamme im Inneren ihres Seins, die ihr Wärme spendete, sie mit Zuversicht erfüllte und die Hoffnung in ihr am Leben hielt.

Unendlich fein verspürte sie die Geistberührung ihrer Getreuen. Circe hatte es geschafft, mit Oktaviana Kontakt aufzunehmen. Sie teilte Oktaviana mit, dass man ihr vom Rat von Atlantis Nachricht gegeben habe, dass sie bald in eine neue Fünfheit eingegliedert werden würde, eine neue Gruppe der Schwesternschaft, die miteinander zu Medien ausgebildet werden sollten. Sie, Circe, befand dieses für befremdlich, denn ihr Geist war geschult genug, um mit den Weiten Kontakt aufzunehmen, und sie hatte bis jetzt auch nur drei der Schwestern gesehen, zwei davon von Sirius und so verspielt wie Sirianer eben waren, und dann diese Awara, die sich in ihren zahllosen Aufgaben so wichtig nahm und mit ihrer Flugscheibe durch Gaia raste, als gäbe es nichts anderes zu schulen als körperliche Fertigkeiten. Circe war nicht im Frieden mit der Botschaft, die sie erhalten hatte, ja, sie war sogar ziemlich ärgerlich und fühlte sich in ihrem Sein nicht anerkannt. Oktaviana, die um Circes Fähigkeiten wusste, erkannte den verletzten Stolz ihrer Getreuen. Sie musste sich eingestehen, dass Circe nun durch all die Geschehnisse um die orionischen Kriege und durch ihre Gefangennahme zu einer Kriegerin geworden war, dass Stolz und Hochmut in ihr wuchsen und ihr den Blick für das Wohl des Kollektivs verwehrten. Oktaviana erlaubte sich keine Trauer, erlaubte sich keine nutzlose Kritik und keinerlei belehrende Hinweise, sie gab Circe einen Samen: „Vielleicht", so sprach sie, „könnt ihr über eure Gemeinsamkeit und euer Lernen etwas herausfinden, das helfen könnte, mich aus Rigel zu befreien!" Diese Idee beflügelte Circe und machte sie bereit, sich auf die anderen einzulassen, doch tief in sich beschloss sie, der Gemeinschaft nur aus diesem Grunde und aus keinem anderen beizutreten! Oktaviana ließ es dabei bewenden und teilte ihr Vertrauen in die Schwesternschaft mit der Gefährtin.

Schon war der Kontakt abgebrochen und Circe fand sich im Meditationsraum wieder. Das Sternbild des Orion verblasste gerade an der Wand, doch sie erkannte noch, dass man Sucher auf ihre Fährte gesetzt hatte. Also zentrierte sie sich erneut, rief an die Kräfte des Feueruniversums und die Kräfte des Äthers, denn die Kraft der Leere und der Zwischenräume war und ist in allen Welten und Universen beheimatet, und verwischte damit ihre Spur. Nun konnte kein Bewusstsein ihre Phalanx* mehr verfolgen.

Sie erhob sich und begab sich nach draußen in den Garten, einer jener Orte, wo sie am liebsten nachdachte. Die Schönheit der Blütenfülle berührte und beruhigte sie jedes Mal, wenn sie von ihren Ausflügen in die Kälte zurückkam. Es musste einfach einen Weg geben, und die Gemeinschaft würde ihr dabei behilflich sein, wenn sie nur schlau genug vorginge. Sie durfte ihr Anliegen jedoch nicht gleich mitteilen, sie musste die Gemeinschaft erst prüfen und sich ein Bild von den einzelnen Wesenheiten und ihren Charakteren machen. Sie würde ihr Wissen vor den anderen verschließen, damit niemand davon Kenntnis erhalten würde, worum es ihr eigentlich ging. Das müsste sie schlau anstellen, denn sie wusste, dass bei einer neuen Fünfheit der Geist der Gemeinschaft verwoben werden würde, so dass sie zu EinemSein werden würden. Aber sie war in der Schulung ihres Geistes weit genug vorangeschritten und würde es geheim halten können. Ja, sie würde gegen Regeln verstoßen, aber während der Kriege und Oktavianas Gefangenschaft hatte sie gelernt, dass gegen Regeln zu verstoßen oft zum Erfolg geführt hatte. Also war sie nicht gewillt, sich hier weitere Gedanken zu machen. So würde sie es tun, es war für sie eine beschlossene Sache.

Sie vertiefte sich in einen prachtvoll blühenden Strauch und die Aromen besänftigten ihr Gemüt. Spielerisch zauberte sie etwas mit den Farben der Blütenblätter herum und gestaltete einige Knospen in strahlendem, glitzerndem Weiß und gab außerdem die tiefrote Farbe der Erden der Ebenen hinzu, wieder und wieder mischte sie die Farben, bis sie rotweißgefleckte, große, runde, gefüllte Blüten vor sich hatte. Sie doppelte die Essenz von fünf dieser Blüten und hielt einen Blütenstrauß in ihren Händen. Damit machte sie sich auf den Weg und begab sich zu den Privaträumen auf der Suche nach Elea und Belea.

Die beiden Schwestern hatten ihre Erfahrungen der Übertragung ausgetauscht und Elea war gerade dabei, das Erkannte in einen Rahmen hineinzusingen, denn sie liebte es, mit den aus Tönen erschaffenen Bildnissen ihrer Erfahrungen die Wände ihrer Räume zu schmücken, als es an der Tür klopfte. Belea stand auf und öffnete. Circe mit ihrem Blumenstrauß wurde von beiden Schwestern freundlich hereingebeten.

Circe stellte sich den beiden Schwestern vor und sie begannen einander von ihrer Herkunft zu berichten. Circe hatte Sirius schon bereist, doch sie gab sich interessiert und forderte die beiden durch Nachfragen auf, mehr von ihrer Heimatwelt zu erzählen. So konnte sie auch allzu ausführliche Berichte um ihre Beteiligung an den orionischen Kriegen verhindern und die Stimmung zwischen den dreien blieb in einem entspannten Plauderton.

Währenddessen näherte sich die Flugscheibe mit Sky-Ra, Ga-El und Makia, gefolgt von Ra Farah An, der Wolkenstadt. Etliche Flugscheiben, besetzt mit einzelnen und mehreren Wesen, begleiteten sie mittlerweile und fröhliche Begrüßungen wechselten zwischen den einzelnen Scheiben hin und her. Auch Awara hatte sich zu der Gruppe der Begrüßenden hinzugesellt und geleitete die Neuankömmlinge sicher in den großen zentralen Innenhof, wo sie landeten. Ra Farah An kreiste noch einige Male über dem Hof, bis sie mit ausgefahrenen Klauen ein bisschen schwankend auf dem äußeren Geländer landete. Awara führte die drei Reisenden zu den Wohnräumen auf die obere Balustrade, wies ihnen ihre Räumlichkeiten zu und bat sie, es sich gemütlich zu machen, denn sie wollte Farah noch den Weg zum Drachenhort zeigen und sie mit den anwesenden Drachen bekannt machen.

Sie ging zurück, pfiff ihre Scheibe zu sich, sprang auf und flog mit Farah zum Wohnhorst der atlantischen Drachen. Dieser befand sich im Inneren der Bergkette, wo sich ein mächtiger Vulkan erhoben hatte. An den Hängen eines erloschenen Kegels hatten sich die Drachen ihre Höhlen tief in das Gestein gegraben, und Ra Farah An war glücklich, hier viele Gefährten zu finden. Awara wusste, dass die Begrüßungszeremonien entsprechend der vielen Anwesenden lange dauern würden und verabschiedete sich rasch von Farah. Sie flog zurück zur Wolkenstadt, um nach Sky-Ra und ihren Begleiterinnen zu sehen.

Als Awara sich wieder zu ihnen gesellte, hatten diese ihre Räume schon ihrem persönlichen Geschmack gemäß eingerichtet. „Ihr könnt später weiter einrichten“, wandte sie sich an die drei, „jetzt möchte ich euch zuerst die Stadt zeigen. Kommt, wir nehmen meine Scheibe, ihr seid es ja schon gewohnt.“ „Danke sehr“, meldete Makia, „ich würde gerne allein auf Erkundung gehen, ich habe schon genug Zeit auf diesen sirrenden Dingern verbracht!“

„Wir kommen mit“, sagten Sky-Ra und Ga-El wie aus einem Munde, und mit einem Sprung standen alle drei auf der Flugscheibe. Awara flog zuerst über die Gärten und zeigte ihnen die Blumenpracht. In einem inneren Hof fanden sie in Ornamenten angelegte Kräuterbeete, und Awara erklärte ihnen, dass dies der Garten der Heilpflanzen sei, denn jedes Medium erlerne auch die Kunst der Heilung. Sie zeigte ihnen gläserne Kuppelbauten, in denen besondere Pflanzen gehütet und auch deren Essenzen gewonnen und konserviert wurden. Sie flogen über Wohngebäude, kreisten über weiträumigen Gebäuden der Lehrerwesenheiten und den Bereich der Weisheit, dort waren die verschiedenen Orte der Schulung zusammengelegt worden. Die Stadt schien sich in Spiralen um die Felsspitze zu legen, und je höher sie kamen, desto feiner wurden die Wohnstätten, und auch die Schwingung im Äther erhöhte sich. Von der Spitze des Berges ging ein pulsierendes Leuchten aus, welches so hell war, dass es ihnen nicht gelang, die Form

96

des Gebäudes auszumachen. „Was ist das?", fragten sie und Awara erläuterte ihnen, hier sei das Oberste ihrer Medien in ständiger Kontemplation und in Verbindung mit Kassiopeia versunken. Von hier gingen die Weisungen an die Lehrer aus, die sie wiederum den Schülern weitergaben. Der Puls des Lichtes wurde schneller und plötzlich begann die ganze Bergspitze zu strahlen. „Jetzt könnt ihr sehen, wie die Informationen weitergegeben werden!" Der Lichtradius dehnte sich bis zu den Wohnstätten der Lehrer aus. Sie sahen, wie aus einzelnen Gebäuden Lichtwellen in die tieferen Ebenen der Stadt ausgesandt wurden und wie sich daraufhin Gruppen von jeweils fünf, zum Teil ganz unterschiedlicher Wesen zusammenfanden, eine Scheibe bestiegen und die Stadt verließen und in die Wolken hineinflogen. „Das sind ausgebildete Medien, sie bringen jetzt die Botschaft hinab in die tieferen Ebenen, entweder zu den atlantischen Wesenheiten oder zu den Rhubinihanern und Lemuriern, und sie nehmen auch deren Botschaften mit zurück. Das oberste Medium steht jedoch auch in beständigem Kontakt mit dem Rat von Atlantis, seht hin." In diesem Moment schien das Licht sich zu teilen und eine zielgerichtete Welle floss hinab ins Tal direkt zu der großen Pyramide hin. „Schaut, da drüben kommt gerade eine Fünfheit an!" Die Scheibe zog ihre Bahn hinauf zur Lehrerstadt. Dort dockte die Scheibe an der Spitze eines Gebäudes mit einer großen blauen Kuppel an, und es schien ihnen, als würde die Scheibe samt Besatzung mit der Kuppel verschmelzen. „Das ist die Halle der Kommunikation, hier werden die mitgebrachten Informationen ins Kollektiv übermittelt, die Lehrer bearbeiten sie und geben die Energien weiter." Das starke Leuchten der Bergspitze hatte so weit abgenommen, dass sie nun eine leuchtend blaue Kugel ausmachen konnten, die auf der Bergspitze thronte. „Ja, sie erfühlt die Erde und die Wege zu den Sternen mit ihrem Sein, dies ist der Ort unseres obersten Mediums Mari-An, sie wirkt in immerwährender Hingabe an Alles-Was-Lebt!", und sie hörten die liebende Bewunderung in Awaras Stimme. „Doch kommt, es gibt bald ein Festspiel, denn viele sind neu hier angekommen und die Gemeinschaft möchte das feiern. Dort werdet ihr auch die anderen kennen lernen, denn ich habe gehört, dass wir zu einer Fünfheit berufen wurden und gemeinsam ausgebildet werden sollen. Das freut mich sehr, denn auf diese Schulung habe ich schon lange gewartet. Ich weiß nicht mit Sicherheit, wer noch zu unserer Gruppe gehört, aber ich habe eine Vermutung. Jedenfalls habe ich eure Räume neben die der anderen beiden gelegt, die vor kurzem von Sirius gekommen sind, und wir werden sehen, ob meine Intuition mich richtig geführt hat! Kommt, wir gehen hin, dann kann ich euch Belea und Elea vorstellen. Doch bitte haltet an euch, wenn ihr ihre Räume betretet, ihr wisst ja um die große Freude, die Sirianer am Manifestieren haben, und dementsprechend haben sie sich ihre Zimmer gestaltet. Also, sagt bitte nichts dazu! Sie haben solch eine Freude daran!" Kichernd zog Awara die Scheibe in Richtung ihrer Wohnungen, und genau vor Beleas Eingang sprangen sie von der Scheibe herunter.

Awara klopfte an, die Tür öffnete sich und Sky-Ra und Ga-El mussten schwer an sich halten, um wegen des übervollen Raumes nicht zu kichern, und es gelang ihnen die Anwesenden freudig zu begrüßen. Nun waren Sky-Ra und Ga-El an der Reihe, von ihrer Reise zu berichten. Ga-El bemerkte ein hauchfeines Knistern, das zwischen der Wesenheit, die sich Circe nannte, und Awara hin und her blitzte. Sie konnte es sich nicht erklären, beschloss jedoch, darauf ihr Augenmerk zu halten. Davon abgesehen fühlten sich alle miteinander sehr wohl, sie begannen ihre Erfahrungen zu teilen und entdeckten viele Gemeinsamkeiten. Alle waren sie von der Schwesternschaft auf unterschiedlichen Wegen nach Gaia geführt worden, und die Zugehörigkeit zur Schwesternschaft verband sie. Im Laufe ihres Austausches begannen sie ein immer tiefer gehendes Band der Freundschaft zwischen sich zu weben, indem sie die jeweilige Andersartigkeit anerkannten und wertschätzend zu verbinden suchten.

Kapitel 10

Eine zarte Melodie erfüllte die Wolkenstadt und erreichte auch die Quartiere der Reisenden. Circe erhob sich aus ihrem ziselierten Sessel und forderte die anderen auf, ihr zu folgen. „Dies ist die Zeit der Zusammenkunft, alle Neuankömmlinge sollen begrüßt werden, und die neuen Gruppen, die miteinander geschult werden, sollen jetzt auch zusammengestellt werden. Je mehr die Bevölkerung wächst, desto mehr Medien werden benötigt, und das ist auch der Grund, warum ihr hierher geführt wurdet. Ich bitte euch, mir in die Halle der Gemeinschaft zu folgen!"

Mit diesen Worten brach sie auf und die anderen folgten ihr auf dem Weg in die höhere Stadt. Sie bewunderten die graziöse, elegante Architektur der Gebäude, errichtet aus einem hellem Stein, der feine goldene Einschlüsse vorwies, und es fiel Sky-Ra auf, dass, je höher sie die Stadt auf ihrem Pfad erklommen, desto stärker kamen diese goldenen Einschlüsse zum Vorschein. Vertieft in die Muster der feinen Goldadern, hatte sie zunächst gar nicht bemerkt, dass Makia sich an ihre Seite gesellt hatte.

„Folge dem Lauf der Muster und erkenne die Zeichen der Wissenschaften", meldete Makia ihrem Bewusstsein. Tatsächlich gelang es ihr, einzelne Glyphen zu erkennen und Makia erklärte ihr jedes einzelne Zeichen. So erfuhr sie, dass sie sich gerade durch ein Viertel bewegten, in der die Kunst der Mathematik und der Musik gepflegt wurde, und im daran sich anschließenden Viertel war Gegenstand von Lehre und Forschung die Formung des Geistes, der die Materie durchdringt, und damit verbunden die Architektur. Dann betraten sie einen kreisrunden Platz, in dessen Mitte sich eine wunderschöne, runde, kristallene Halle erhob. Um den Platz herum standen zwölf Häuser. Nein, das sind ja Paläste, dachte Sky-Ra, und jeder in einer anderen Farbschwingung. Über jedem Eingang prangte ein Symbol, doch Sky-Ra wusste diese Zeichen nicht zu deuten und selbst Makia war still.

Circe nahm ihre Frage auf und erklärte: „Dies sind die Vertretungen der zwölf kosmischen Häuser der Heimatwelt von Kassiopeia:

Zuerst das Haus NOR; seine Aufgabe ist es, die Verbindung in Kontemplation aufrechtzuerhalten und die Lebensmitten aller Wesen auf Gaia zu formen und in Bewusstheit zu stärken.

Dann das Haus DAN, hier wird Verschmelzung in und mit allen Ebenen gelehrt.

Daneben ist das Haus ENOCH, Bewusstsein der Göttlichkeit, die in allem ist.

Dies hier, in der silberblauen Schwingung, ist das Haus der Kraft und Erschaffung, TOBITH genannt.

Haus RATO hat es sich zur Aufgabe gemacht, alle im Universum Versprengten wieder in die Einheit zu führen.

Haus KIRH hält das Bewusstsein der Heilung der Dualität und begibt sich doch niemals in duale Zustände. Hier wohnen auch die Botschafter von An.

100

Und dort, dieser prächtige Bau in der Schwingung der erdenen Farben, das ist die Vertretung des Hauses DORH. Hier gehen viele Sternenfahrer aus den Echsenvölkern ein und aus. Sie sind große Philosophen, die sich mit den Formen des Anführens auseinandersetzen, denn sie wollen einen Weg zurück in das liebende EineSein finden.

Dieser wasserfarbene Palast ist die Vertretung des Hauses RHU-BEN, das Haus der Verbindung und die Botschaft der Rhubinihaner und Hyperboräer.

Der blaue Palast ist das Haus ELYAH, hier wird Harmonie, Einheit, Frieden und Ausgleich erschaffen.

Daneben ist das Haus NEXH, es forscht und sucht Wege, den Frevel durch Verinnerlichung in die Heilung zu bringen.

Jenes goldene Gebäude an dieser Seite ist das Haus HATHOR, das Haus der Schönheit allen Lebens. Die Hathoren sind die Entsender der kosmischen Gemeinschaft, denn sie vermitteln die Bereitschaft und den Mut, auf andere Ebenen zu gehen.

Und daneben in diesem Rund liegt das Haus OREAH, es hütet das Leben und seine Geheimnisse und befruchtet die Lemurianer mit seiner Weisheit."

Circe setzte ihren Weg fort, gefolgt von den anderen, und begab sich auf den großen Platz. Aus den Häusern, wie auch aus den dazwischen liegenden Verbindungswegen, strömten nun weitere Wesenheiten auf die große Halle zu. Hier und da fielen sich manche, die sich von anderen Reisen kannten, in die Arme, und auch Sky-Ra freute sich, Geschwister aus ihrer Zeit auf dem goldenen Madokh wieder zu treffen. Makia war vertieft in einen Austausch mit drei anderen Felidae; Ga-El hatte einen alten Bekannten aus der Raumbruderschaft wiedererkannt, als er gerade aus dem Haus Nexh getreten war, und eilte auf ihn zu, ihn zu begrüßen; Elea und Belea hatten eine Gruppe von Sirianern ausgemacht und sie unterhielten sich in den hohen Tonfolgen ihrer Heimatwelt, nur Circe stand allein in der Menge der sich Begrüßenden und betrachtete das Geschehen. Sie verspüre keine Lust auf diese Vertraulichkeiten, sagte sie sich im Stillen. In Wirklichkeit jedoch schob sie damit ihre Wahrnehmung zur Seite, die sie zu beunruhigen begann, und so schritt sie zügig aus und betrat die große Halle.

„Du bist nicht bereit zu begegnen!?", ertönte eine tiefe Stimme aus der Mitte des Raumes, als Circe das scheinbar leere Rund betrat. Sie erschrak. Wer war das? War das eine Frage oder eine Feststellung? Wurde sie gemaßregelt oder war es eine Aufforderung? All das ging Circe gedankenschnell durch ihr Bewusstsein und sie war sofort bereit, sich zu verteidigen. „Lass das, hier brauchst du nicht zu kämpfen. Komm her zu mir, ich bitte dich, Circe, du Tochter der großen Mutter, die schon so viel Grauenhaftes erfahren musste in ihren Zyklen", sprach die Stimme, die aus der Mitte des Raumes erklang, nun etwas sanfter. Circe ging auf die Mitte zu und sah, wie sich eine langgezogene Form zu manifestieren begann. Zuerst bildete sich ein Haupt mit einer Art Haube, die Haube erschien in der Schwingung des safrangelben Lichtes, dann formte sich ein Gesicht, nicht jung, nicht alt, Augen in der Farbe der Bergseen sahen sie liebevoll an, Körper und Hände formten sich, gehüllt in einen nachtblauen Mantel, der mit vielen Symbolen bestickt schien, wobei einzelne Stellen so funkelten, als seien kleine Sterne auf den Umhang genäht. Das Wesen streckte Circe begrüßend seine feinen, fast durchscheinenden, schlanken Hände zum Willkommen entgegen, und Circe konnte nicht anders, und ehe sie sich versah, hatte sie ihre Hände in die des Wesens gelegt. Ein Strom warmer, pulsender Energie durchfloss sie machtvoll und erreichte ihr sorgsam gehütetes Inneres. Sie spürte den Schmerz ihres isolierten Seins, sie spürte, wie sie in Ganzheit angenommen wurde, das Weh sich zu lösen begann, und schon lag sie in den Armen des Wesens, Erlösung und Befreiung durchflutete sie und endlich, endlich konnte sie sich erlauben sich zu entspannen. Doch Halt! Da war ihr selbstgewählter Auftrag, sie durfte ihn nicht vergessen, Oktaviana musste befreit werden, und so ging ein Ruck durch sie und sie verschloss sich wieder.

„Nun, ich danke dir, dass du einen Anfang erlaubt hast!", sprach das Wesen. „Ich bin An Nu Ba, Gesandte aus dem Hause Oreah und Mitglied des atlantischen Rates. Sei ohne Sorge. In der Kraft des Wir-

Sind, mit Hilfe der Schwesternschaft und des Hauses Enoch werden wir deine geliebte Lehrerin befreien und sie zur Heilung nach Gaia bringen, denn dies ist der Ort der Heilung für alle Wesen, die durch den Blitz Karons ihre Leichtigkeit und ihre Reinheit verloren haben. Deshalb bist du hier, denn auch du hast deine Reinheit verloren, hast eingebüßt auf den dunklen Wegen der orionischen Kriege deine Weitsicht und die Kraft dich zu verbinden. Stolz und Hochmut sind die Geschwister der Angst; Angst ist es, was Karon sät, um alles, was lebt, unter sein Joch zu zwingen, auf dass keine Verbindung mehr Raum nehmen kann zwischen den Ausdrucksformen der großen Einen-Seele, die dieses Universum in die Tat setzte. Du bist hier, um heil zu werden, nimm die Heilung an, wir bitten dich!" Die Bergseeaugen schienen sich in Circes Innerstes hineinzubrennen, doch Circe war nicht gewillt, ihr Schutzschild loszulassen. „Nun gut, so gehe deinen Weg, es möge es ein Weg des Friedens für dich sein!", sprach An Nu Ba und ließ Circe los.

Mittlerweile hatte sich der Saal gefüllt und die unterschiedlichsten Wesen standen in Gruppen zusammen. An Nu Ba erhob sich und verband alle im Raum Anwesenden miteinander. Sofort wurde es still und alle Energien bündelten sich mit ihr. Sie hieß die Anwesenden willkommen und teilte ihnen die Grüße des Rates und der Häuser mit. Dann manifestierte sie eine Schriftrolle in ihren Händen und erklärte: „Dies ist eine Botschaft, die wir aus der Ebene der Sonnen erhalten haben, um eure Gemüter zu erfreuen und um euch in die Gemeinschaft von Atlantis einzuführen. Bitte geht in Verbindung und hört die Worte der Weisheit." Bei ihren Worten schienen Tonwellen von der Schriftrolle auszugehen, und jeder der Anwesenden hörte in seinem Inneren die Botschaft in seiner eigenen Sprache:

„Und dies ist Djwal Kuhl*. Willkommen. Ich sende euch den Segen meiner Heimat Shamballa* und komme heute in dieser Stunde, euch zu unterweisen, um die Wissensspeicher in eurem Sein weiter zu öffnen und weiter in den Fluss zu bringen, um euch mit Atlantis, mit dem goldenen Zeitalter der Erschaffung, der Hoffnung und des Glaubens zu verbinden. Wisset, dies ist eine Zeit, in der es keine Grenzen gibt. Auch wenn es verschiedene Völker, verschiedene Sternenfahrer, verschiedene Seinszustände und verschiedene Körper gibt, so ist dies eine Zeit, in der allen Wesen auf Gaia die Vielschichtigkeit des Bewusstseins und der verschiedenen Formen vollkommen präsent ist, und sie alle Freude an dieser Vielschichtigkeit empfinden. Das ist der Wunsch der Sonnen wie auch der Wunsch des Rates: Jede Wesenheit, die auf Gaia ankommt, wird freundlichst willkommen geheißen und begrüßt von allen, die da sind, obwohl das Volk ein Großes ist. Nicht immer können alle anwesend sein, wenn Sternenfahrer zur Landung kommen. Jedoch über das Gläserne Meer ist jede Neuankunft gleichzeitig auch im Bewusstsein aller auf Gaia anwesenden Bewusstseinsformen vorhanden. So habt ihr auch unser aller Willkommensgrüße bei eurer Initiation der Erdung schon empfangen. Über die gläsernen Wellen der Verbindung wissen auch alle Bewusstseine auf Gaia, welche Form, welche Neuerung, welche Energie ihr von den Sternen mitgebracht habt, um sie in das kollektive EineSein einzuspeisen.

Wir möchten euch in dieser Stunde gerne verbinden mit dem heiligen See, der um die Pyramide von Poseidonis in immerwährender Erneuerung entsteht."

In diesem Moment entstand in der Mitte des Raumes ein durchscheinendes Bild der großen Pyramide von Poseidonis mit ihrem Konstrukt im Orbit der Erde. Sky-Ra beobachtete, wie das Bild sich immer präziser formte, sie sah die durchscheinenden Wände der Pyramide, die Kraftlinien, die zur Raumstation führten, ebenso wie den sich beständig erneuernden See, der aus der Grundfläche der Pyramide hervorzuquellen schien. Ein gemeinschaftlich gehauchter Laut des Erstaunens sagte ihr, dass auch alle anderen Anwesenden dieses lichtdurchlässige, sich ständig drehende Hologramm wahrnahmen.

Doch die angenehme sonore Stimme, die aus der Schriftrolle hervorzusingen schien, sprach weiter:

„Dieser See, dieses Wasser, die Uressenz des Seins, geboren aus dem pyramidalen Konstrukt und der Kraft der Elemente, die hier in die

Ausformung gehen, ist das hyperboräische Wasser. Bitte nehmt euren wunderbaren Atem und bringt ihn an jene Orte eurer Körperlichkeit, die der Erde am nächsten sind, und atmet nun bewusst auf alle Energiezentren und öffnet sie. Ihr seid bereits weit geöffnet, ihr seid bereits im Schwingungsfeld der atlantischen Kraft, denn ihr befindet euch in der Halle der Gemeinschaft, und so fällt es euch leicht, wenn ihr dieses wollt, mit mir in die Öffnung zu gehen." Das Hologramm dehnte sich aus und Sky-Ra schien über dem See zu schweben.

„Seht die große, weit gespannte Brücke über dem See der Entstehung des Lebens und erlaubt euch nun im Zustand eures Seins, sie zu betreten. Die Brücke ist aus Sternenmaterial. Sie scheint feingolden zu schimmern und doch ist sie durchsichtig. Sie ist in sich nicht fest, sie schwingt leicht, aber ihr fühlt euch vollkommen sicher, denn ihr wisst, das Material, aus dem die Brücke gebaut ist, ist dasselbe Material, aus dem eure beginnende Physikalität sich verdichtet. Das heißt, ihr und die Brücke könnt jederzeit EinSein bilden. Und je weiter ihr über diese Brücke geht, desto deutlicher und stärker erfahrt in euch die Freude, eure Physikalität zu erschaffen. Hier und jetzt und in dieser Stunde habt ihr die Möglichkeit, habt ihr das Bewusstsein und die Kraft, eure Körper zu verändern und dem Leben auf Gaia anzupassen. Ich arbeite unter dem grünen Strahl, der Heilung durch Wissen ist, und in all euren Bewusstseinen und in jeder Zelle eurer Physikalität ist das Wissen um die Veränderung, um das HeileEineSein der göttlichen Materie beinhaltet. Deshalb nutzt jetzt die Brücke, während ihr auf die Mitte zugeht, und verändert eure Physikalität Ändert diese jetzt, und während ihr Schritt für Schritt weiter über diese große, weite Brücke geht, nehmt diese göttliche Materie, baut euch einen wunderbaren Körper, der euch gefällt und eurem Leben hier auf Urkraton* zuträglich ist."

Sky-Ras Bewusstsein verband sich fragend und suchend mit dem von Ga-El. Denn Ga-El hatte sich bereits einen passenden Körper gebaut, den sie für ihren Auftrag auf Gaia für passend und nützlich hielt. Sky-Ra sandte sanfte, fragende Wellen an ihre Freundin, die sie einfach anlächelte, ihre schönen langen Hände ausstreckte und Sky-Ras Beine etwas länger zog, ihre Knöchel ein bisschen verdichtete und die Länge ihrer Zehen, Arme und Finger dem Gesamtbild anpasste. „So ist es gut!", kam die Bewusstseinswelle ihrer Gefährtin. Sky-Ra nickte ihr dankbar zu, als die Stimme auch bereits weiter erklang:

„Und nun habt ihr einen Körper erschaffen, der euch Freude bereitet. Erlaubt, dass diese Freude auch Raum nimmt in eurem körperlichen Sein. Wie ist es, diesen Körper zu bewegen? Ist es nicht eine Freude, Bewegung in der Materie zu spüren und mitzubekommen? Denn im reinen Zustand des Bewusstseins erfahrt ihr Bewegung nicht. Ist es nicht eine Freude, die Brücke der lebenden Materie zu berühren? Und wenn ihr wollt, sinken eure Hände durch das Geländer, werden eins mit dem Geländer, und wenn ihr es wünscht, könnt ihr eure Hände auf dem Geländer ablegen. Und macht es nicht Freude, sich selbst mit der Hand zu berühren? Als reines Bewusstsein könnt ihr dieses nicht. Freut euch, freut euch über die Physikalität, die ihr durch euer Sternenbewusstsein und eure Bewusstseinskraft so ausgeformt habt! Ein erster Körper auf Gaia, ein Körper noch fein, noch nicht fest in der Materie und doch gebildet und gebaut aus Freude, aus eurer Begeisterung für materielles Sein.

Doch langsam kommt ihr in der Mitte der Brücke an und ihr stellt fest, dass sich hier ein kreisrunder Raum befindet, in dem kein Boden zu existieren scheint. Es gibt Bänke rundherum. Wesenheiten sitzen auf diesen Bänken um das Rund des Raumes. Lasst auch ihr euch nieder. Erlaubt, dass das, was ihr ausgeformt habt als Füße und Beine, nun in diesen leeren Raum hineinragt. Ihr sitzt fest und sicher. Fühlt unterhalb eurer Fußsohlen die prickelnde Essenz des Lebens, die Elektrizität dieser Urform des Wassers, und beginnt bewusst, die geöffneten Zentren eurer Füße noch weiter zu öffnen und die Essenz, die Schwingung dieses reinen HeilenEinenSeins in eure Physikalität einzusaugen, so als wären eure Füße Saugnäpfe, als könntet ihr wie mit Millionen von Strohhalmen die Essenz aus dem heiligen EinenSein des Wassers heraufziehen und in eure Physikalität leiten. Tut dies jetzt.

Erfüllt euch, erfüllt euch und eure Physikalität mit dem Bewusstsein des HeilenEinenSeins, aus dem Alles-Was-Ist in die Materie gekommen ist. Flutet den Ansatz eurer Physikalität und lasst die Energie fließen bis in die letzte Zelle eurer Fingerspitzen, bis in die letzte Zelle eurer Ohrenspitzen, bis in eure Nasenspitze und bis in jede Zelle eines jeden Haares, das ihr an eurem Körper bereits erschaffen habt. Flutet euer gesamtes Sein. Lasst dieses Bewusstsein des HeilenEinen-Seins des Lebens in jeden Zellkern eures Seins hineinfließen, begrüßt mit der Energie gleichsam liebevoll küssend jeden Zellkern in eurer beginnenden Physikalität und bemerkt, wie die Energie hineinfließt in eure Zellkerne, und euren Sternencode im Inneren einer jeden Zelle umflutet, und wie das Bewusstsein des HeilenEinenSeins hineinströmt und es Licht wird in der Sternensaat, die ihr seid, die euer Erbgut ist. Und hier angekommen, in der Tiefe eures Seins im genetischen Baumaterial, aus dem ihr geboren seid, erkennt, ihr werdenden Erdensternenwesen, was ihr seid. Ihr seid die gesammelte Schönheit aus den Weiten des gesamten Universums. Sternensamen um Sternensamen haben sich verbunden zu Bewusstsein, zu Liebe, zu Fülle, zu Freude und zu neugieriger Lust am Erschaffen. Sternensamen aus allen Ebenen des Universums haben ihren Teil gegeben, damit ihr entstehen könnt, damit ihr in eine Form gehen könnt. Dies ist euer göttliches Erbe, ihr seid Sternenstaub, aus den Weiten des Alls nach Gaia gekommen, um Freude in Materie zu erfahren, um euer Sein zu entwickeln, um Einheit zu erkennen in Allem-Was-Ist. In den späteren Zeiten Gaias wird aus euch ein neues Kollektiv geboren werden. Dieses Kollektiv der Menschheit, so wird es genannt werden, wird die dritte Platte des Wissens wieder zum Klingen bringen, auf dass Kassiopeia neu entsteht. Erlaubt euch nun, dieses Erbe in euch zu fühlen, und ich möchte euch bitten, seid euch dieses Erbes wohl bewusst.

Urteilt niemals schlecht über eure Körper, denn ihr wisst, sie sind geboren und erschaffen aus Sternensaat. Urteilt nicht schlecht über eure Emotionen, denn sie werden entstehen über den Ablauf eurer Erfahrungen auf Gaia und den Sternen. Die Wellen eurer Emotionen, die oft wie ein aufgepeitschter Ozean durch euer Sein toben werden, wollen euch Wege aufzeigen, wie ihr neu erschaffen könnt, wonach ihr euch am meisten sehnt – und das ist die Einheit, die aus der Vielheit entsteht. Urteilt auch nicht wertend über eure Gedanken, denn eure Gedanken sind die mentale Kraft aus euren Inkarnationen als Sternenfahrer, bevor ihr zur Erde kamt. Verbindende Kräfte fließen euch zu, diese zu initiieren müsst ihr aber wollen. Die verbindenden Kräfte des hellen violetten Lichtes aus allen Ebenen um euch herum strömen hinein in eure mentalen Felder. Und in Verbindung mit der Kraft des HeilenEinenSeins erkennt nun, wie verbunden ihr seid. Ihr seid verbunden mit Kassiopeia, mit Orion, mit der Jungfrau, mit den Kräften wo immer auch ihr wart, und verbunden seid ihr auch hier, in dieser Welt, in Atlantis. Ihr existiert nicht isoliert. Es sind Wesenheiten um euch herum, es sind Energien um euch herum, es sind die Elemente um euch herum. Und es sind Pflanzen und Tiere um euch herum, und es werden derer immer mehr werden. Erkennt, wie verbunden ihr seid und erlaubt dem Meister der Manipulation nicht, euch in die Getrenntheit zu führen, denn der Tag wird kommen, an dem er versuchen wird, euch weiszumachen, dass ihr isoliert, verlassen und einsam seid. Dies ist die größte Gefahr für das Kollektiv von Atlantis. Erlaubt es nicht! Richtet euren Fokus auf das VerbundenSein. So wie ihr mit den Kräften der Erde verbunden seid, seid ihr durch euer stellares Erbe mit den Kräften der Sternenfelder verbunden: Mögen die Kräfte der Sterne eure Systeme stärken und speisen, möge Herkules seine Kraft und seinen Mut in euch strömen lassen, möge Virgo ihre Reinheit des Bewusstseins in euch senken und möge Regulus* im Löwen euer Bewusstsein für fünfdimensionales Sein erhöhen. Das Haus Elyah, die Drachenkräfte, der Rat von Atlantis und die Kräfte der Solaren und der Sternenbruderschaft arbeiten an eurem genetischen Material.

Beginnt von nun an jeden Tag mit dem Bewusstsein des Verbundenseins. So wird wachsen in einem jeden von euch die Erfahrung der erfüllten Fülle des EinenSeins. Seid im Segen, wir wünschen eine freudvolle Zusammenkunft und ein verbindendes Sein im goldenen Atlantis. Dies ist Djwal Kuhl in Verbindung mit der zentralen Sonne. Möge die Kraft der Shekinah euch führen. Amen."

An Nu Ba erhob wiederum ihre Stimme, und alle Anwesenden erkannten, dass sich in ihnen eine Wahrnehmung von Angekommensein ausdehnte. Einige hatten tatsächlich ihre Körperhaftigkeit ausgeformt, und Einzelne hatten begonnen ihre Körper zu bewegen, um sie in Bewegungen auszuprobieren. „Nun möchte ich euch, die ihr als Medien geschult werden sollt, die Weisung des hohen Rates mitteilen. Der Rat hat in seiner Weisheit und aufgrund der Fürsprache eurer Sternenlehrer Gruppen zusammengestellt, die miteinander in die Fünfheit eintreten sollen, da eure Energien sich gegenseitig unterstützen. Wir wissen, dass einige von euch Begleiter mitgebracht haben, diese Begleiter werden gesondert geschult werden, je nach ihrer Herkunft und ihrem Wissensstand. Ihr werdet euch nach den jeweiligen Schulungstreffen immer wieder zusammenfinden. Auch heiße ich nun willkommen die Sohntöchter der Shekinah, die geehrten Drachenwesen, die zu uns nach Urkraton gekommen sind! Ihr seid die Gefährten der Medien, ihr werdet parallel zu ihnen geschult werden, um sie zu unterstützen und zu geleiten auf ihren Reisen in unserer neu entstehenden Welt und auch auf den Reisen zu den Sternen."

Ein lautes Rauschen war zu vernehmen und die Anwesenden sahen etwa zwölf Drachen unterschiedlichster Farben, die im Landeanflug auf das Kuppeldach waren. Sky-Ra und Ga-El winkten Farah zu, die an der Seite eines hellblauen Drachen soeben auf der obersten Plattform des Kuppelbaus landete und nach den Gefährtinnen Ausschau hielt.

Nun gab An Nu Ba die Zusammenstellung der neuen Gruppen bekannt, und Sky-Ra war sehr froh, zusammen mit Ga-El, Belea, Elea und Awara in derselben Gruppe zu sein. Circe schaute misstrauisch um sich, alle Gruppen waren zusammengestellt, nur sie war übrig, wieder einmal allein. Wie konnte das sein? Sie hatte doch die Botschaft erhalten, wie sollte sie nun ihrem Anliegen nachkommen können? Da hörte sie, wie An Nu Ba sich ihr zuwandte. „Dich, Circe, bitten wir, dich der Gruppe um Awara anzuschließen. Die so entstehende Sechsheit ist ein Novum, wir haben lange beraten, sind jedoch zu dem Schluss gekommen, dass ihr für eure Aufgaben gut gerüstet seid in einer Gemeinschaft von sechs. Und da ihr die Drachin Ra Farah An mitgebracht habt, soll sie euch auch weiterhin auf euren Reisen geleiten. Dich, Makia, Begleiterin aus dem Reich der Felidae, bitten wir, mit deiner Weisheit auf die Einheit der Gruppe einzuwirken und sie in den Weisheitslehren von Andromeda zu unterrichten. Doch nun genug gesprochen, feiert eure Gemeinschaft und genießt eure Gemeinsamkeit. Morgen beginnt die Zeit der Schulung! Seid in Einheit und gesegnet!“

Aus der Kuppel begannen die Drachen kaum hörbar zu singen und bald verbreitete sich die frohe Laune des gelungenen Austausches unter den Anwesenden. An Nu Ba hatte sich wieder entmanifestiert.

Circe begab sich zu der Gruppe um Awara. Alle Gruppen versuchten die Besonderheit ihres Auftrages zu ergründen, so natürlich auch die Fünf, zu denen sich nun auch Circe gesellte. Sie redeten hin und her, ohne der Aufgabe näher zu kommen, so wurde es ihnen dann doch zu langwierig und sie beschlossen, zusammen in ihre Wohnräume zu gehen. Mit fröhlichen, guten Wünschen zogen sie sich in ihre Räume zurück. Sky-Ra ging zusammen mit Makia, und die beiden streckten sich auf dem kuscheligen Bett aus, das Sky-Ra nach ihrem Muschelbett auf Madokh geformt hatte. Noch einmal verband sie sich mit ihren Gefährtinnen und schon tauchte sie sanft in das Reich der Träume ein.

Kapitel 11

Sky-Ra träumte, dass sie an einem langen Strand mit feinem, weißen Sand spazieren ging. Der Wind wehte in ihren Haaren und die Sonnenstrahlen streichelten ihre Haut, die einen satten Kupferton angenommen hatte. Einladend spülten sanfte, kleine Wellen wohlig warmen Wassers über ihre Füße. Sie fühlte zunehmende Freude an ihrem Sein und eine immer größer werdende Lust, ins Wasser zu springen. Die Sonne bewegte sich dem Horizont entgegen und schien auf der Wasseroberfläche einen blaugoldenen Weg zu bahnen, dem Sky-Ra folgte. Immer tiefer ging sie in das Meer hinein und vollkommen selbstverständlich begann sie zu schwimmen, und schwamm der Sonne entgegen, die sie zu führen schien.

Sie hatte Lust, unter die Oberfläche des Wassers zu schauen und entdeckte die farbige Vielfalt eines Korallenriffs mit all seinen Bewohnern. Sie tauchte tiefer und betrachtete die bunten Fische, die neugierig um sie herum schwammen, bewunderte in all ihrer Vielzahl die farbigen Korallen und auch die Meeresschnecken, die mit ihren zarten Schwimmhautbändern engelgleich durch das Wasser glitten. Sie stellte fest, dass sie in dieser Realität mühelos unter Wasser atmen konnte und so ließ sie sich am Riff entlang immer tiefer gleiten.

Zuerst hörte sie ein klickendes Geräusch, dann sah sie einen Delphin, der auf sie zuschwamm und sie neugierig umrundete. In seinem Maul trug er einige Wasserpflanzen, die er ihr als Willkommensgruß reichte. Sky-Ra nahm sie an und lächelte dem Delphin zu, der von ihrer Freude über sein Geschenk ganz begeistert war. Der Delphin gab ihr zu verstehen, dass er sie gerne mitnehmen wolle und drehte sich so, dass sie sich an seiner Rückenfinne* festhalten konnte.

In langsam schraubenden Kreisen brachte er sie tiefer und tiefer. Das Dämmerlicht des Meeres wurde immer dunkler, doch als sie nach unten schaute, erkannte sie immer deutlicher ein violettes Leuchten. Näher und immer näher schwamm der Delphin mit ihr an diese violette Zone heran, und sie spürte, wie ihr ganzes Sein dieses violette Licht begrüßte, wie sie sich darauf freute, in dieses Violett einzutauchen.

Sie glitt hinein und eine ganz neue, eine ganz eigene, Welt eröffnete sich ihr. Es schien, als würden die Membranen ihrer Zellen in Wohlgefühl schwingen, als würde das Violett ungehindert durch ihren Körper strömen. Der Delphin forderte sie auf: „Trinke, Kind der Sterne und der Erde, trinke die Essenz allen Lebens, das Geschenk der Mutter von Allem-Was-Ist. Trinke das Glück deiner Anwesenheit in der

Urform aller Materie, die fließendes Wasser ist, trinke den Ausdruck allen Seins, der Licht ist, Licht war und immer Licht sein wird."

Prickelnd flutete das Violett durch alle ihre Körper und sie fühlte sich belebt und erfrischt.

„Hab' keine Angst", sagte der Delphin, „es ist wichtig, dass du etwas erfährst. Ebenso von Bedeutung ist es, dass du mit der violetten Mutteressenz verbunden bleibst, während ich dir die nichtlichtvolle Seite der Macht zeige, damit du erkennst und begreifst. Ich bleibe bei dir und führe dich! Bist du einverstanden?" Sky-Ra bejahte und suchte sicheren Halt an der Finne des Delphins, der mit zunehmender Geschwindigkeit in die Tiefen vorstieß. Es kam ihr vor, als schwömmen sie durch einen dunklen Tunnel und schon nahm sie die Weite des Alls wahr, doch die Welle, auf der die beiden unterwegs waren, war jenseits jeglicher Harmonie. Unbeirrt zog der Delphin seine Bahn und steuerte Madokh an, doch Madokh war nicht mehr strahlend und golden, er bewegte sich nicht mehr auf seiner angestammten Bahn um die drei Sonnen herum; er trudelte und bewegte sich in Richtung der kalten Sonne Rigel. Die Welle, auf der sie schwammen, hatte ihren Ausgang in Madokh, doch sie verbreitete sich konzentrisch und schwappte unharmonisch auf und ab, und es wurde immer kälter. Sky-Ra hielt ihr Bewusstsein mit der violetten Mutteressenz verbunden, doch ihr Geist wurde überflutet von Bildern, Gefühlen und Gedanken, die sich daran ergötzten, andere Wesen in Abhängigkeit zu bringen und sie somit ihrer göttlichen Freiheit zu berauben. Feinste Stimmen zerrten lockend an ihrem Geist und gaukelten ihr einen kalten Genuss vor, versprachen ihr eine Existenz in Macht, zeigten ihr Bilder der Herrschaft über andere und ließen sie bis hinein in ihre Körperlichkeit die unbändige Lust spüren, machtvoller zu sein als das Gegenüber und sie diese Lust an der Macht in allen erdenklichen Arten auch spüren zu lassen. Sie sah Bilder machtvoller Wesen von unglaublich strahlender Schönheit, doch dieser Anblick erfüllte sie nicht, berührte ihren Herzkelch nicht, und es gelang ihr, sich nicht hineinziehen zu lassen. Sie nahm alles auf, was sie erfuhr, sie ließ es zu. Dank der violetten Kraft in ihr gelang es ihr, nicht in Widerstand zu gehen, und Bilder, Gefühle und Gedanken wehten wie Trugbilder ohne jede Anhaftung durch sie hindurch.

Doch dann trug die schaukelnde Welle sie nach Rigel, die Kälte nahm schlagartig zu, und sowohl Sky-Ra als auch der Delphin spürten einen tiefen Schmerz. Roboterartige Wesen zeigten sich, die nichts anderes als Kerkermeister waren und gefangene Bewusstseine in Kanopen* banden und sie vollständig isolierten. Sky-Ra spürte das Leid und die Schmerzen der so Getrennten und sie erfuhr und begriff, zum ersten Mal in ihrem Sein, was Hoffnungslosigkeit und Dunkelheit ist! Pure Isolation, die die Abwesenheit jeglicher Verbindung ist. Inmitten der Schmerzen nahmen sie einen Kokon wahr, dicht, fest und von großem Ausmaß und dennoch ging ein warmer Strahl von seinem Inneren aus. „Hilf ihr, hilf meiner Getreuen, sie hat so lange gekämpft, sie ist voll der Schwären* der dunklen Seite, sie ist voller Misstrauen. Sky-Ra, Schwester, höre mein Rufen, hilf Circe, auf den Weg des Lichts zurückzufinden. Ich bin Oktaviana!"

Kaum hatte sie die Worte in sich aufgenommen, wendete der Delphin und brachte sie in einer unglaublichen Geschwindigkeit durch den Tunnel zurück in die Ebene des tiefen Meeres, in der die violette Mutteressenz alles nährte. Sky-Ra und ihr Begleiter ließen sich durchfluten und die Schrecken fielen von ihnen ab, jedoch nicht die Erkenntnis und auch nicht die Botschaft von Oktaviana.

„Wach auf, komm zurück, bitte komm zurück!" Sky-Ra hörte in ihrem Geist die Stimme Makias, die mehr als beunruhigt war. Mit einem Ruck setzte sie sich auf und schaute um sich. Makia saß vor ihr, gespannt bis ins letzte Barthaar, und Sky-Ra befand sich in ihrem Raum. „Du hast geträumt, doch du warst so schnell, dass ich dir fast nicht folgen konnte. Wie bist du nur auf die Idee gekommen, nach Rigel zu reisen, mitten hinein ins Zentrum der Nichtlichtkräfte!", sagte Makia vorwurfsvoll, wobei sie aber ihren Kopf in Sky-Ras Handflächen rieb, um ihrer Freude über die Rückkehr Sky-Ras Ausdruck zu verleihen.

Sky-Ra übermittelte ihr die Anfangsbilder des Traumes und berichtete von der Botschaft Oktavianas. „Ich habe es gespürt", sagte Makia, „mit Circe stimmt etwas nicht, sie trägt ein Geheimnis, sie ist nicht offen. Ich habe bereits in den Chroniken geforscht und mir die Wege Circes abgerufen. Sie wurde auf den Plejaden geschult und war dort bereits Oktavianas Vertraute. Als der Missbrauch sich ausdehnte, zog eine Gruppe um Oktaviana aus, um möglichst viele Wesen auf Orion und den umliegenden Planeten über die Auswirkungen des Nichtanschlagens der dritten Platte zu unterrichten. Zuerst versuchten sie es aus dem Fokus der Weisheitsschulen von Maja, doch viele wollten ihnen nicht glauben, und das Gift Karons verbreitete sich schleichend, so dass immer mehr von der Einheit abfielen und begannen, Lust daran zu empfinden, andere zu manipulieren, um ihre eigene Macht zu stärken. Je mehr sie andere dazu brachten, das zu tun, was sie wollten, desto mehr nahm ihre persönliche Macht zu und desto stärker fühlten sie sich. Es kam zu Streit und Auseinandersetzungen, denn bald erschuf sich die Hierarchie der Macht von selbst und jeder wollte stärker sein als sein Nächster. So entwickelten sich die Kriege auf Orion und Oktaviana und ihre Gruppe gingen in den Untergrund, um die versklavten Bewusstseine zu evakuieren. Ihr Handeln blieb jedoch nicht unerkannt und bald fiel die Gruppe auseinander, denn auch hier gelang es den schwarzen Herren mit ihren Trugbildern einige zu beeinflussen. Das schwächte die Verbindungen und vor allen Dingen das Vertrauen innerhalb der Gruppe, so dass Circe herausgefordert war, immer feinere Netze zu spinnen, was ihr lange Zeit auch gelang. Doch in dieser Zeit wurde Angst ihre Begleiterin und es war ihr nur noch möglich, das ihre zur Rettung beizutragen, indem sie sich über die anderen erhob. So begann der Same des Stolzes und des Hochmutes in ihr zu keimen, bald hielt sie sich für schlauer als ihre Gegenspieler. Das wiederum machte sie unvorsichtig und so ging Oktaviana den Dunklen in die Falle. Circe befand, dass sie schuldig war! Die Schuld führte zu einem Bruch in ihrem Sein, ein Teil ihres Bewusstseins hielt fest an der Einheit der Schwesternschaft, doch der andere an ihrer Erfahrung, besser zu sein als die anderen. Der Schmerz zerstörte sie nahezu. Sie wurde nach Andromeda gebracht, um sich heilen zu können und sich neu mit der Schwesternschaft zu verbinden. Dort gab man ihr die Weisung, zur Ausheilung nach Gaia zu gehen. Ich nehme an, die Schuld gärt immer noch in ihr und ihr ganzes Streben ist auf Oktavianas Befreiung ausgerichtet. Dies versteckt sie vor uns, weil sie meint, wir würden uns von ihr abwenden, wenn wir alles von ihr wüssten. Fazit: sie ist noch nicht geheilt. Sie hat kein Vertrauen mehr in die Kräfte des Kollektivs!"

Sky-Ra hatte zugehört und bewegte die Weisheit ihrer Freundin in ihrem Herzen. „Und wie soll ich ihr da helfen?" „Nun, indem du genauso verfährst, wie du es eben im Traum getan hast: schau dir alles an, erlaube alles, aber hafte nicht daran. Das ist die Schulung für dich. Erlaube dir größtmöglichste Rezeptivität, ohne dich in das Spiel hineinziehen zu lassen, und sei dennoch präsent! Wenn das gelingt, wird aus deiner Aufnahmefähigkeit eine rezeptive Dynamik entstehen, die eine Handlung der Heilung erst möglich machen wird, eine Heilung in Sanftheit und vollkommener Annahme des anderen, in diesem Falle von Circe. Verstehe, dass die Kräfte des Universums, Rezeptivität und Dynamik, ins Ungleichgewicht gekommen sind, und dies geschieht auch in jedem Universum, das jeder für sich ist, so auch in dem, das Circe für sich ist. Erinnere dich an die Schulung Andromedas: es ist die bedingungslose, alles annehmende Kraft, die Liebe, die alles heilt, weil sie im Einverstandensein ganzheitlich ist. Betrachte diese Aufgabe als Schulung deines Bewusstseins, das mag es dir ein bisschen leichter machen. Auf jeden Fall, sei achtsam! Doch die Nacht ist noch nicht zu Ende, ruhe deinen Geist aus, zu grübeln bringt dir nichts, alles entwickelt sich beständig." Mit diesen Worten kuschelte sich Makia am Fußende des Bettes zusammen und die Unterhaltung war beendet. Sky-Ra legte sich zurück und brachte ihre Gedanken zur Ruhe. Als sie wieder bei dem violetten Licht angelangt war, glitt sie in einen sanften Schlummer.

Oktaviana in ihrem Gefängnis zog sich in sich zurück. Doch dann wurde ihr klar, dass sie ein Wagnis eingehen musste, um die kleine neue Gruppe auf Gaia zu stärken. Fein wie ein Lufthauch dehnte sie ihr Sein aus, suchte die Schlafenden und verband ihr Bewusstsein, so dass sie ihre Botschaft allen vermitteln konnte:

„Dies ist Oktaviana. Die gesamte Schwesternschaft der Schilde, das gesamte Bewusstsein der Plejaden grüßt und segnet und umhüllt euch mit liebender Kraft, mit Mut und Präsenz. Bittet das liebende Licht der Plejaden, euch in euren Herzen zu berühren, und in der Verbindung mit der kosmischen Liebe von Andromeda, in der kein Missbrauch möglich ist, flutet den Kelch eures Herzens und werdet weit. Ein Teil eurer gemeinsamen Schulung in der Halle der Medien wird sein, euch den Mut und die Liebe zu vermitteln, eure alten Geschichten loszulassen und euch und eure Systeme weich zu machen, sie zu öffnen, damit ihr die kosmische Begegnung feiern könnt. Erlaubt die Verbindung zur Schwesternschaft, ruft sie an. Lasst die Kraft der zwölf solaren Pferde Raum nehmen auf eurer Scheibe und erfüllt euch mit dieser wunderbaren Kraft der Vesta. Erlaubt euch, eure Systeme in dieser Gemeinschaft zu weiten. Feiert euer kosmisches Sein im MiteinanderSein und habt den Mut, den alten Ballast aus eurer Sternenreisezeit loszulassen. Werdet weit, erlaubt euch mit Freude und Mut die Einheit zu feiern. Das Licht der Plejaden in Verbindung mit dem Licht aller Sonnen und der hütenden Liebe von Andromeda ist mit euch. Seid gesegnet. Dies ist Oktaviana. Wir sind immer in Verbindung mit Allem-Was-Ist, und so auch mit euch. Werdet EINS!"

Mehr konnte sie nicht wagen mitzuteilen, doch sie wusste, dass die Gemeinschaft genügende Hinweise erhalten hatte. Für sie galt es nun zu vertrauen und abzuwarten.

Sky-Ras Bewusstsein badete in unendlich scheinenden, violetten Wellen. Die Weite beruhigte sie zunehmend, als plötzlich Ra Farah An neben ihr aufzutauchen schien. „Komm, lass uns spielen!", flüsterte die Drachin in ihren Geist hinein, flog direkt unter Sky-Ras

Körper und schon träumte die Reisende, wie sie ihre Beine an den Leib der Drachin presste.

Sie flogen über Gaia, das war eindeutig, doch von Umrundung zu Umrundung verwandelte sich die Landschaft. Aus dem einen, schönen, großen atlantischen Kontinent wurden plötzlich mehrere Kontinente, auch die Sonne schien ihr Licht zu verändern, und als Farah mit ihr hinauf in die hohen Himmel flog, war da eine undurchlässige Dichtigkeit, die Sky-Ra nicht begreifen konnte. Es schien ihr, als sei der Zugang zu den Himmeln versperrt. Auch Farah wollte diese Mauer nicht akzeptieren, immer wieder versuchte sie gegen die Wand zu fliegen, um sie zu durchdringen. Farah schien Anlauf zu nehmen, ihr ganzes Sein spannte sich an und mit großer Kraft flog sie gegen diese Undurchdringlichkeit. Sky-Ra verlor ihren Halt, stürzte vom Körper der Drachin, und fiel. Sie fiel und fiel, tief und immer tiefer, unendlich tief, abgrundtief.

Im Fall hörte Sky-Ra einen hohen Ton, dessen Wellen sich in das Bewusstsein ihrer neu gewonnenen Schwesternschaft ausdehnten. Elea, Belea, Ga-El und Awara lagen allesamt in tiefem Schlaf. Nur Circe saß am Fenster ihres Zimmers und starrte in die Nacht hinaus, hinauf zu den Sternen. Alle hörten Sky-Ras Schrei, nur Circe nicht! Alle, außer Circe, träumten sich auf der citrinfarbenen Scheibe zu befinden, die sie gedankenschnell in Richtung Sky-Ras fallendem Körper lenkten.

Kaum hatten sie sie gefunden, landete Sky-Ra auch bereits auf der fliegenden Scheibe, die ihren Kurs hinauf zur Dichtigkeit nahm. Hier versuchte Farah immer noch gegen die Wand zu fliegen. Die Fünf positionierten sich hinter Farah und beruhigten die nervöse Drachin, bis diese in der Lage war, ihr Bewusstsein mit dem der Fünfheit zu verbinden. Und, plötzlich, die Dichtigkeit öffnete sich, und in völliger Leichtigkeit schwebten Drachin und Medien hinaus in die Weiten des Alls. Das samtene Nachtschwarz gab ihnen allen tiefe Ruhe und jedes Bewusstsein nahm wieder seine eigene Reise durch die Nacht auf!

Kapitel 12

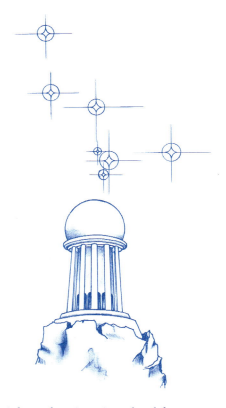

Das sternenblaue Licht pulste in seiner hochfrequenten Schwingung aus der Kuppel, in der Mari-An in ewiger Kommunion mit Kassiopeia saß. Das oberste Medium lenkte die Bewusstseinswellen hinauf in die Weiten des Alls, und ebenso hinab in die Ebenen, Täler, Berge, Sümpfe und Savannen der jungen atlantischen Welt. Alle ihre Botschafterinnen ruhten, sogar Circe, die ihre feinen Energiewellen immer wieder in den nichtlichten Bereich des Universums ausdehnte, hatte Ruhe gefunden.

Mari-An verband sich mit den Strahlen der grünen und der goldenen Sonne auf Andorh. Dies war das Zeichen der Vereinigung, und

sie lenkte den nicht hörbaren, und nur auf dem dritten Auge emp-
findbaren Ton hinab in die Stadt der Medien.

Alle Medien erwachten gleichzeitig, genauso wie ihre Begleiter.
Makia war sofort auf ihren langen Beinen und streckte sich genüsslich, einen Katzenbuckel machend. „Zeit des Lernens!", übermittelte
sie in den Geist ihrer Gefährtin. Sky-Ra war mit großer Vorfreude
erfüllt, nun endlich würde sie die Schulung im Kollektiv erfahren.
Gemeinsam mit Makia verließ sie ihren Wohnraum und traf auf Ga-
El, die bereits an ihrer Tür angekommen war. Sie begrüßten sich und
machten sich auf den Weg zu Belea und Elea. Die beiden Schwestern
waren jedoch schon hinunter in den Hof gelaufen und Circe stand an
ihrer Seite. Alle drei winkten den beiden zu. Der Hof war überfüllt
mit Medien der verschiedenen Ausbildungsstadien. Die Ältesten
bewegten sich in Richtung auf die weit aus dem Felsplateau herausra-
genden Brücken, riefen ihre Flugscheiben, positionierten sich und flogen davon. Eine andere Gruppe machte sich auf den Weg hinauf in die
Halle der Kommunikation. Zurück blieben zahlreiche Neuankömmlinge, die alle in den ihnen zugewiesenen Gruppierungen zusammen-
standen, doch nicht überall waren es fünf.

Von einem sirrenden Ton begleitet, kam Awara auf ihrer Flugscheibe angeschossen und gesellte sich zu den Gefährtinnen. Mit ihr kamen
etliche andere Wesen unterschiedlichster Körperlichkeit, die sich ebenfalls zu ihren Gruppen begaben.

„Heute geht es zum See der Medien, das wird Spaß machen!",
sprach Awara und hieß die Freundinnen, auf ihre Scheibe zu steigen.
„Eng! Einfach zu eng", befanden Ga-El und Sky-Ra, als alle sechs zusammen auf der Scheibe standen.

Makia sandte ihren Gruß an Sky-Ra und begab sich zu einer Gruppe zurückbleibender Begleiter der jungen Medien.

„Haltet euch aneinander, die Enge wird sich bald ändern." Awara
ließ aus ihrem dritten Auge jene feinen Tonwellen hinausströmen, die
die Scheibe in Bewegung setzten. Sehr achtsam flog sie die Gruppe in
ein benachbartes Bergtal, auf dessen Grund sich ein enorm großer, tief

dunkelblauer See befand. Awara landete die Scheibe sanft auf dem Wasser, was ein erstauntes „Huch" von Elea zur Folge hatte, so dass die Scheibe bedenklich schwappte. „Haltet das Gleichgewicht, Schwestern!"

Weitere Flugscheiben ließen sich auf der Wasseroberfläche nieder, wobei die jeweiligen Gruppen alle Mühe hatten, ihre Scheiben in Balance zu halten.

Nach und nach kehrte kontemplative Stille ein, alle Anwesenden waren ruhig und gelassen, doch auch sehr achtsam. Das tiefe Blau schien vom Grunde des Sees aus in Bewegung zu geraten, das Wasser begann sich zu verfärben und zeigte feinste, aufsteigende Wasserbläschen, in allen erdenklichen Farben, die sich zu einem ringförmigen Regenbogen ausbildeten. In der Mitte all dieser Kreise bildete sich eine feine Fontäne aus farbigem Wasser, die sich in Abermillionen bunter Tautropfen verwandelte. In unbeschreiblicher Eleganz schwangen die Tautropfen wie Blütenblätter auseinander und gaben die Sicht frei auf ein feines, längliches, fast immaterielles Wesen, das milde in die erstaunten Gesichter lächelte.

„Segen, Liebe, Frieden und Schutz bringen wir, ihr seid Sternenwesen. Seid gegrüßt, ihr Medien. Wir sind der Ausdruck von Allem-Was-Fließt! Wir sind Meriem*, Abgesandte der Mutter der Ozeane und des Rates von Atlantis! Nun ist die Zeit des Lernens! Lenkt euer Bewusstsein hinein in die Verbindung zu eurer Scheibe, durchdringt die kristalline Form und senkt eure Achtsamkeit in die Heiligkeit der Wasser dieses Sees."

Sky-Ra fühlte die Schwingung der Atome ihrer Flugscheibe, ließ ihr Bewusstsein hindurchsinken und verband sich mit dem Wasser. Es erschien ihr, als sei dieses Wasser bodenlos, denn ein unbekanntes Sehnen zog sie immer tiefer hinab. Sie fühlte, wie sich aus dem sandigen Grunde des Sees etwas erhob. Etwas von unendlicher Feinheit, lichtdurchflutet, im Sternenton summend, schien ihnen entgegen zu wachsen. Gleich würde Bewusstsein einem viel weiteren Bewusstsein begegnen, und im Augenblick der Berührung verschmolz sie, wurde unendlich weit und licht, und es kam ihr vor, als würde sie in den warmen Wellen ihrer Heimatsonne Ra baden. Orangegoldenes Licht in allen Schattierungen floss durch ihren Geist und neigte sich ihr entgegen. Ein leichtes Schwanken der Flugscheibe brachte sie aus der Weite wieder in den Fokus. Der See war nicht mehr blau, er war citringelb geworden, es schien, als würden die Flugscheiben auf einer Citrinschicht liegen, und kleinste blaue Wasserpfützen flossen ab.

Erstaunt sah sie in die Augen ihrer Gefährtinnen, Elea und Belea machten große, runde Augen und waren mindestens so erstaunt wie sie selbst, Awara grinste wissend und Ga-Els Augen spiegelten noch den Genuss der Verschmelzung, nur Circes Augen waren ruhig und irgendwie unberührt, kühl. Doch bei all ihren Schwestern spiegelte sich das kristalline Licht in der Mitte ihrer Stirn wider.

Erneut ließ Meriem ihre Stimme im Geist der Anwesenden erklingen: „Atmet und trinkt das Licht der Sterne, das sich ausgeformt hat in den Ebenen von Rhubinihus und uns zur Verfügung gestellt wird aus den Tiefen des heiligen Sees. Erlaubt dem Licht des geheiligten Citrins eure dritten Augen zu weiten und zu aktivieren."

Lichtwellen aus der Citrinebene erhoben sich und umfluteten ihre dritten Augen, die zu pulsieren begannen und sich mit dem Rhythmus des Atems zu bewegen schienen, bis die Lichtwelle und das dritte Auge jedes Anwesenden in der gleichen Frequenz schwangen. Sky-Ra verspürte einen sanften Druck, als das Licht des Citrins sich mit ihr verband, und auf einmal konnte sie all die feinen Schwingungen verfolgen, die sich wie Wellenmuster zwischen ihnen bewegten. Sie erweiterte ihren Fokus und bemerkte erstaunt, dass sie unzählige, unterschiedlich geformte Lichtwellenbögen sah, die sich über den See hinaus ausdehnten. Sie schaute empor zu den Gipfeln und auch hier zogen die Lichtwellenformationen ihre Bahnen.

„Nun seid ihr verbunden mit dem geistigen Meer von Atlantis, einer der vielen Quellen der Kommunikation auf diesem jungen Planeten. Verbindet euch mit dem Netz mentaler Energie, über das sich jede Information ausbreitet und damit allen Bewusstseinen zur Verfügung steht, die sich hier verbinden möchten. Diese Frequenzen sind die Wellen der Medien von Atlantis, die ihre Botschaften vom Höchsten der Medien zu den verschiedenen Orten, Wesen und Völkern von Atlantis bringen. Jedes der Völker entwickelt etwas, was ihr später Sprache nennen werdet, doch wird jedes Volk diese Form der Kommunikation aufgrund seiner speziellen Bedürfnisse erfinden, wodurch es zu verschiedenen „Sprachen" kommen wird. Ihr seid die Überbringer der Botschaften von einem Volk zum anderen und vom obersten Medium zu den einzelnen Orten und Völkern, und, wenn ihr die Initiation durchlaufen habt, bringt ihr die Botschaften der atlantischen Völker sogar hinauf zu den Sternen. Das webende Feld der Lichtfrequenzen ist der Kommunikationsbereich der Medien, und ihr seid nun damit verbunden. Lernt das Licht zu weben!"

Und sehr vorsichtig begannen die Medien, neue Wellenformen in den dritten Augen zu gestalten und diese zu versenden. Sie bemerkten, dass sich dabei sehr hohe Töne entwickelten, und Belea hielt sich bald darauf die Ohren zu. „Hört ihr das denn nicht? Das ist ja unglaublich laut und durcheinander!" Auch Elea verzog ihr Gesicht. Awara formte eine lange Welle und legte sie um die Gefährtinnen herum, worauf Elea und Belea beruhigt ausatmeten und ihr dankend zunickten. Nun begannen sie untereinander mit den Wellen zu spielen und sich die Informationen ihrer Heimatwelten und ihrer Reise hierher zuzuspielen. Elea kicherte und Belea schnaubte ein wenig, als die Erfahrung ihrer Landung auf Atlantis den anderen übermittelt wurde. Alle hatten Freude miteinander und keiner der Schwestern fiel auf, denn so viel Neues gab es zu entdecken und zu erkunden, dass sich Circe wenig beteiligte.

Nun begannen die Gruppen untereinander ihre Geschichten auszutauschen und Wellentäler aus Licht und Ton kreuzten sich mit Wellenbergen, und das Summen um den See wurde immer kräftiger. Sie verbanden sich miteinander und erkannten die einzelnen Schwingungssignaturen jeder Scheibe, denn jede Gruppe hatte ihr unverkennbares Gemeinschaftsmuster entwickelt, fast so, als hätte jede Scheibe ihren eigenen Ton und ihre eigene Frequenz. Belea lächelte glücklich, sie,

die Spezialistin der Töne, Sängerin ihrer Heimatwelt Sirius, war zufrieden und alle wussten: Es ist gut, wie es ist!

Ein Dreiklang ertönte und eine funkelnde Lichtkugel senkte sich aus den Höhen herab auf den sich beruhigenden Klangteppich über dem See. Alle schauten nach oben und jeder Gruppe schien es, als würde sich der Lichtball genau in der Mitte über ihrer Gemeinschaft befinden. Die Kugel schien zu explodieren und jede Einzelne sah eine kleinere, blaue, sich drehende Lichtmurmel auf ihr drittes Auge zuschweben: „Segen, Liebe, Frieden und Schutz bringen wir, ihr seid Sternenwesen. Mari-An entbietet euch den Gruß der ewig Goldenen! Willkommen, ihr seid das Licht von Atlantis!

Es ist an der Zeit, die Scheibe eurer Gemeinschaft zu formen und die Kinder der kristallinen Wälder haben gestattet, dass ihr aus der Einheit der Citrinschicht euch nehmen möget, wessen ihr bedürft. Verbindet euch in Gemeinschaft mit dem Kristall und formt eure Scheibe nach der Größe eurer Gruppe. Tochter Sky-Ra, höre meine Worte, es erging Weisung von deinem Mentor Ra Neomi, dass du kein immerwährender Gefährte eurer Scheibe sein wirst. Die Zeit wird kommen, da du mit Ra Farah An die Scheibe begleitest, um die zunehmende Macht der Trennung zu durchfliegen. Doch nun erweitere dein Bewusstsein zusammen mit deinen Schwestern, denn auf der Einheit, die ihr zu formen beginnt, ruht die Hoffnung meines Thrones!"

Gemeinschaftlich bewegte sich der Fokus ihrer Aufmerksamkeit zur Mitte des Sees, wo Meriem ihre Lichtarme ausbreitete und die Handflächen nach unten öffnete. Aus ihren Händen schien Licht zu fließen, das den Citrin um sie herum erhob. Die Schwesternschaft tat es der Lehrerin gleich, ein Ruck schien durch den Boden zu gehen, und schon begann sich eine Scheibe aus Citrin aus der Masse zu lösen. Awara lachte, denn unter einem ihrer Füße befand sich noch ihre, nun winzig erscheinende, goldene Flugscheibe, die sie sofort mit einer eleganten Bewegung in die Mitte des Kreises schob. Awara ließ allen ein „Jetzt" zukommen, und durch den verbundenen Geist der Schwesternschaft erhob sich in die Lüfte diese strahlende, durchscheinende

Scheibe aus Citrin, auf der sie alle standen. Es kam ihnen vor, als seien ihre Füße mit den Kristallen verschmolzen, und tatsächlich konnte keine von ihnen eine Trennung ihres Körpers von der Scheibe wahrnehmen. Sie alle waren in einer Einheit mit ihrer Scheibe. Sie fühlten dieses Bewusstsein in sich, und tiefe Liebe und Achtung erfüllte den Kreis und verband sie immer stärker und deutlicher zu einer Einheit. Sogar Circe war berührt, denn ihre tief verborgene Sehnsucht nach Gemeinschaft ging hier ein wenig in Erfüllung, und so weitete sie ihr Herz in der Empfindung der Liebe und Achtung, die zwischen den Gefährtinnen hin und her wog. „Nun macht euch auf nach Rhubinihus und erlernt die Kunst der Tiefe! Segen, oh Licht von Atlantis!" Mit dem Verklingen ihrer letzten Töne ließ Meriem ihre durchscheinende Körpergestalt in sich zusammensinken und wurde wieder eins mit den Regenbogenfarben des Sees, der über der sich hinabsenkenden Citrinschicht nun wieder sichtbar wurde. Viele Citrinscheiben erhoben sich über den See, stiegen an den Berghängen empor und verteilten sich über den Gipfelkämmen. Der Wind, der über die Gipfel strich, schien über die neuen Spielgefährten durchaus erfreut.

Kapitel 13

Die Schwestern hielten ihre Gesichter dem sanften Wind entgegen, und ihre vernetzten Stirnaugen* entwarfen die Flugbahn ihrer Scheibe. Doch das war nicht ganz so einfach, einige Male wackelte die Scheibe bedenklich und einmal überschlugen sie sich sogar, da sie sich über ihre Flugbahn nicht einig waren. Sie waren mit der Scheibe verschmolzen, so dass sie nicht stürzen konnten, jedoch führte der Überschlag zu überraschenden Tönen seitens Belea und Elea, Ga-El hingegen jauchzte vor Freude, denn es war ihr fast so, als würde sie, was sie so sehr liebte, in rasender Schnelligkeit die Einflugschneise zum Orionnebel nehmen! Sky-Ra war bereits so eingebunden in die Gemeinschaft, dass sie alle Wahrnehmungen der Gruppe teilte. Circe schien weiterhin in sich gekehrt und wenig beteiligt, und Awara, die die Höhen und Ebenen des Kontinents kannte, fungierte als Führerin. Atemzug für Atemzug lernten sie, ihre persönlichen Kräfte der Gruppe anzupassen, und je ruhiger sie atmeten, desto gleichmäßiger wurde ihr Flug. Bald hatten sie einen langsam vor sich hin wellenden Rhythmus gefunden und so steuerten sie gemeinschaftlich ihre kristalline Scheibe über die Bergwelten.

Nun hatten sie auch Zeit, die Landschaft unter ihnen zu betrachten. Bergrücken an Bergrücken hatten sich aus den Tiefen des Meeres gehoben, und wurden sofort durch die Bewegung des jungen Planeten geformt, der seine Landmasse auf den weiten Wassern hin und her schwimmen ließ. Hier, aus dieser Höhe, wurde ihnen klar, dass der atlantische Kontinent sich in immerwährender, schwimmender Bewegung befand und somit die Bahn Gaias durch die Sternenfelder nachvollzog. Die Materie des Kontinentes war noch jung, weich und formbar. Immer wieder entstanden neue Faltungen, Berge erhoben sich, Ebenen dehnten sich weiter aus, vergrößerten sich und zogen sich im Rhythmus der Bewegung des Meeres, auf dem der einzige große Kontinent Gaias schwamm, wieder zusammen.

In den Weiten des lichtblauen Himmels sahen sie andere Gemeinschaften ihre Bahnen ziehen und ihre Energien koordinieren, und in der Ferne nahmen sie auch eine ältere Scheibengemeinschaft wahr, die sich auf den Weg durch jene Wolkendecke machte, die die höchsten Gipfel bedeckte.

„Das sind die Älteren", ließ Awara sie wissen, „jene Gemeinschaften haben die Stufen der Ausbildung bereits durchlaufen und Zugang zur Halle der Medien, die sich hoch in den Lüften befindet, wo es kalt ist und der Atem sehr langsam geht. Sie haben auch Zugang zum heiligen Tempelbezirk, weil sie gelernt haben, Kälte, Höhe, Tiefe und überhelles Licht genauso wie die unendliche Dunkelheit des interstellaren Raumes als gleichgültig zu erachten. Wollen wir nun die Ebenen erkunden? Seid ihr soweit?"

Alle waren einverstanden, veränderten den Rhythmus ihrer Atmung und senkten die Flugscheibe hinab in Richtung der weiten Ebenen am Fuß der Bergketten. Sie flogen über weite Savannenlandschaften, verfolgten große Herden von Tieren und erspürten das kollektive Bewusstsein tierischen Lebens. Sie lernten den Geruch der Tierherden zu unterscheiden und sie rochen die Tiefe der Buschwälder und jene großen Flecken wundersam bunter Gebilde, die von den Gesängen der Lemurianer geformt und permanent verändert wurden. „Blumen, Blüten!", senkte Awara in ihrer aller Bewusstsein hinein. „Das ist das Spiel des Volkes von Lemuria, Schönheit aus Materie zu formen zum Wohlgefallen und Ruhme der Allmutter." Von den Bergketten stürzten Kaskaden von Wasserfällen herab. All dieses Nass wurde sorgsam in Becken aufgefangen und feine Wassergräben durchzogen den Boden, um das Wachstum der Pflanzenwelt zu unterstützen. Immer wieder sahen sie langarmige, braune Wesen in Meditation bei den Quellen sitzen und in hohen Frequenzen vor sich hin summen. „Das sind die so genannten Former: Sie verbinden sich mit dem nährenden und formenden Bewusstsein der Bergwässer, sie sprechen mit den Quellen und geben ihnen Anweisung, in immer neue Formationen zu gehen, und so erschaffen sie, zusammen mit der Erde, neues Leben. Je weiter sie vorankamen, desto dichter schienen die Pflanzenansammlungen zu werden. Die Schwingungen veränderten sich, sie wurden merklich feiner, und es waren keine großen Tierherden mehr zu sehen, vielmehr flogen winzige und winzigste, geflügelte Lichtwesen zwischen den kräftigen Pflanzen hin und her. Bald waren die Pflanzen so dicht, dass die Schwestern den Boden nicht mehr sehen konnten.

Sie segelten über ein, in allen Grüntönen schillerndes, Meer aus Baumkronen, während sie sich an der Vielfalt der Farben und Formen erfreuten. An manchen Stellen befanden sich in den Wipfeln der Bäume luftige, hüttenartige Konstrukte, die mit unzähligen feinen, in der Luft schwebenden Brücken verbunden waren. Durchscheinende Wesen liefen geschmeidig zwischen den einzelnen Ansammlungen hin und her. Mit glockengleichem Trällern begrüßten die, welche die Ankömmlinge gesehen hatten, die Schwestern auf ihrer Flugscheibe. Langsam erkannten die Gefährtinnen auch den Aufbau der Ansammlungen. Ausgehend von einem freien Platz, verankert zwischen großen Bäumen, reihten sich die Hütten spiralförmig aneinander, und wie die Sternenarme einer Galaxie streckten sich die grünlich schimmernden, schwebenden Pfade hinaus in die Wälder, um sich dort mit neuen Dorfgemeinschaften zu verbinden. Die Hütten an den Rändern der Ansammlungen schimmerten ebenso grünlich wie die von ihnen ausgehenden Brücken, die zum Teil schwindelerregend weit gespannt waren. Ein friedlicher, hoher Singsang lag in der Luft über den Hütten. „Das ist das Heim der Baum-Rhubinihaner!", wusste Awara zu berichten. „Sie sind das Volk des Verbindens von Kräften. Sie bilden einen Gürtel um das Zentrum des Kontinents und vernetzen das klare Sternenbewusstsein der Völker der Sternenfahrer und des Rates von Atlantis mit den Lemurianern, die ihrerseits die Erde mit Liebe hegen und pflegen, und ständig neue Formen erschaffen. Die Rhubinihaner haben eine Vielzahl von Spezialisierungen entwickelt, so gibt es zum Beispiel neben vielen anderen Spezialisierungen auch Wasser- und Kristall-Rhubinihaner. Doch schaut voraus, ist das nicht wunderschön?"

In der Ferne konnten sie bereits das tiefe Blau des Meeres erkennen. Fliegende Tiere mit unterschiedlichsten Flügelspannen begleiteten sie und sangen ihnen erfrischende Melodien zu, in die Belea sofort einstimmte, was nun wieder ein leichtes Wackeln der Scheibe zur Folge hatte, doch schon befanden sie sich in der Mitte eines Vogelschwarmes. Die Vögel sangen ihnen das Lied der unendlichen Weite des Meeres, sie sangen vom Reichtum des Wassers und von der Freude, durch die schaumbedeckten Wellenberge hindurchzufliegen. Dann drehte der Vogelschwarm ab und gab den Blick frei auf eine von vielen verschiedenen Meeresarmen aufgelockerte Küste. An hellen Stränden rollten sanfte, kleine Wellen auf, an den Buchten befanden sich zwischen Felsen errichtete Stätten, die in grünem Licht leuchteten. Netze zogen sich von diesen Orten hinaus ins Wasser, und Boote bewegten sich zwischen ihnen hin und her. Mancherorts schwammen Plattformen mitten im Meer, auf denen sich turmartige Hütten befanden. Boote legten hier an und ab. Da sie sehr tief nun an der Küstenlinie entlang flogen, wurden auch sie wahrgenommen und immer wieder winkten ihnen Wesen freundlich zu. Sie flogen jetzt so nahe über der Wasseroberfläche, dass sie den Duft des Meeres rochen. Seltsamerweise verdichtete sich der Duft in der Nähe der Hütten. Hier zogen die Bewohner ein grün schillerndes Zeug aus feinmaschigen Netzen, das dann auf riesigen Fasertabletts, die in übereinander gestapelten Stellagen der Meeresbrise ausgesetzt waren, getrocknet wurde. „Das ist Plankton*!", vermittelte ihnen Awara. „Es wird aus den Tiefen des Meeres gezogen und dient allen Bewohnern von Atlantis in vielfältiger Weise. Wenn es dunkler wird, werdet ihr es leuchten sehen, denn es fluoresziert in der Nacht. Die Meeresbewohner verarbeiten diese winzigen Materieformen, dieses wachsende Leben aus den atlantischen Wassern. Daraus wird für den gesamten Kontinent und all die Wesen, die die Erfahrung der Nahrungsaufnahme machen möchten, eine grobstoffliche Nahrung produziert. Vor allem die Lemurianer benützen die Erfahrung des stofflichen Ernährens für ihre Versuche mit Materie. Dann wird aus Plankton aber auch eine Art Anstrich hergestellt, der nachts leuchtet und dadurch auch in der Nacht markante Orte sichtbar macht, was uns bei unseren Ausflügen in der Dunkelheit eine große Hilfe sein wird. Ihr konntet das in den Wipfelstädten schon ein bisschen erahnen.

Weiterhin wird diese Gabe der Meeresmutter auch energetisch aufbereitet, um sodann in die Ebenen von Rhubinihus geleitet zu werden, wo die Energie für das Wachstum der Kristalle und den Aufbau der großen Baumdörfer verwendet wird. Doch nun lasst uns weiter nach Bam* fliegen, eine Schulungsstätte weiter unten an der Küste!"

Sie flogen am Meeressaum entlang und erkannten vor sich eine Landspitze, die sich weit ins Meer hinauszog. Ein sehr helles, feingoldenes Licht ging von der Landspitze aus und je näher sie kamen, desto besser erkannten sie sandfarbene, strahlende Gebäude, die sich wie kleine Würfel aneinander duckten. Auf den Dachterrassen herrschte ein reges Treiben und zahllose, bunte Tücher wehten wie Fahnen im Meereswind. Die hier ansässigen Wesenheiten waren eindeutig Rhubinihaner, aber sie waren viel größer als ihre Geschwister in den Wäldern. Sie hatten feine, sehr langgezogene Körper, die von ihrem langen Haar, das oftmals fast bis zu den Knöcheln reichte, wie von Wellen umflossen wurden, wenn der Wind wehte und mit diesem Ausdruck ungebändigter Lebenskraft spielte. Sky-Ra fiel auf, dass diese Wesen extrem große Füße und Hände hatten und Finger und Zehen nicht einzeln aus dem Körperteil herausragten, sondern durch Schwimmhäute verbunden waren.

Awara ließ die Scheibe langsamer und noch tiefer fliegen. Als die Wesen von Bam die Flugscheibe kommen sahen, jubelten sie ihnen zu, sammelten sich und liefen zu einer Mauerbrücke, die zu einem hoch aufragenden Turm führte und ihn mit der Stadt verband. Der Turm hatte dieselbe Erdfarbe wie alle Gebäude von Bam, lag aber so weit draußen, dass er sich wie aus den Fluten des Meeres zu erheben schien. Hierhin lenkte die Gemeinschaft ihren Flug. Je näher sie dem Turm kamen, desto höher erschien er ihnen. Sie konnten schillernde Seile ausmachen, die von der Turmspitze zeltartig gespannt ins Meer reichten und den Turm offenbar irgendwo in den Tiefen verankerten. Das Bauwerk war einzigartig. Über und über war es mit Mustern bedeckt, die durch das Aufeinanderstapeln von Lehmziegeln geformt wurden. Mäandrierende Bänder liefen um den Turm, gaben kleine, spitzbögige Fenster frei, und schufen Balkone und Vorsprünge. Im unteren Drittel des Turmes bildete eine umlaufende Terrasse genügend Raum für eine Landung und die Schwestern sahen, dass bereits mehrere Scheibengemeinschaften hier gelandet waren.

Awara lenkte die Scheibe über die Terrasse, bis sie einen jener kristallinen Sockel fand, der als Landeplatz für die Scheibe diente. Sie verlangsamten ihren Flug, bis die Scheibe fast in der Luft stand, dann setzte sie die Scheibe sanft auf dem Sockel auf. Ein saugendes Geräusch signalisierte ihnen, dass die citrinene Scheibe sich mit dem Kristallsockel verbunden hatte. Awara forderte nun die Aufmerksamkeit der Schwestern und zeigte ihnen, wie sie ihre Energie vom Zentrum der Stirn in das Zentrum der Füße bewegen konnten. Sie schien ihren Energiefluss durch die Scheibe hindurchzulenken und mit dem Kristallsockel zu verbinden. Klare, weiße Lichtwellen stiegen aus dem Kristall auf, die Awara zwischen ihre Fußsohlen und die Scheibe lenkte. Das weiße Licht des Kristalls breitete sich auf der Energiebahn aus, die die Mitte ihrer Körperlichkeit durchzog. Dann verbreitete Awara den Energiefluss in den Bereich ihrer Beine und ihres Beckens und mit einem sanften, blubbernden Geräusch lösten sich ihre Füße von der Gemeinschaft der Scheibe. Elegant sprang sie vom Sockel herab. Die Schwestern taten es ihr nach und gesellten sich zu Awara.

Ein Kribbeln an den Fußsohlen veranlasste sie, mit mehr als ihrer üblichen Achtsamkeit auf ein reich verziertes Tor in der Lehmziegelwand des Turmes zuzugehen. Hier wurden sie von zwei überschlanken Rhubinihanern erwartet. Langes, fließendes, braungoldenes Haar umfloss einen vollkommen glatten, silbergrünblau schillernden Körper. Es gelang Sky-Ra nicht zu erkennen, ob es sich um einen Anzug handelte oder ob dies die Außenhaut der Wesenheiten war. Die Körper erschienen ihr durchlässig und fein, und doch ausreichend materiell, um sich deutlich von der Umgebung abzugrenzen. Aus jedem Gesicht leuchteten ihnen drei meergrüne Augen entgegen. Fast wäre Sky-Ra erstaunt zurückgewichen, denn hier sah sie in den Spiegel ihrer eigenen Augenfarbe, wenn auch die Form der Augen eine gänzlich andere war als die ihre. Die beiden schmal und lang hinausgezogenen Augen saßen fast seitlich am Kopf, während das dritte Auge mittig über den beiden saß und nahezu die Form eines Ovals hatte.

„Seid willkommen, ihr Kinder des Sternenlichts. Wir sind geehrt, euch weiterzuführen in eurem Verständnis der Neuen Erde. Bitte folgt uns!" Einer ihrer Führer ging voran und der andere schloss sich, als die Gruppe in den Turm hineinging, am Ende der Gruppe an. Sogleich erschien es Sky-Ra, als befänden sie sich im Inneren eines enormen Schneckenhauses, denn eine sandfarbene, gewendelte Treppe führte hinab, in die Tiefen des Turmes, und gegenläufig dazu führte eine alabasterfarbene Wendeltreppe hinauf, in Richtung der Spitze des Turmes. Doch tiefer und tiefer stiegen sie hinab, bis ihr Führer sich nach rechts wandte und sie durch einen ziemlich niedrigen Gewölbegang in eine Halle führte. Sie konnten das Geräusch der Wellen hören, die an die Außenhaut des Turmes schlugen, doch es erschien ihnen, als käme der Ton von oberhalb.

„Das ist richtig", sagte ihr Führer, „ihr befindet euch hier bereits unter dem Wasserspiegel. Kommt her und seht!" In der Mitte des Raumes leuchtete ein großes, kreisrundes Wasserbecken, eingefasst von aquamarinfarbenen Kristallen und Amethysten. Ihr zweiter Führer vollführte eine Mudra* in Richtung des Ganges, aus dem sie gekommen waren, und aus dem Nichts heraus materialisierte sich ein Tor, welches den Raum wie eine Membrane verschloss.

„Bitte geht in eure Verbindung und erlernt die Kraft der Tiefe! Legt euch um das Becken, mit den Füßen zum Becken weisend." Sie taten, wie ihnen geheißen war. Awara ließ allen die Information zukommen, dass sie hier eine für Medien wichtige Fertigkeit erlernen würden. Kaum hatten sie sich auf den erstaunlich warmen Boden gelegt, ertönte wieder die Stimme des Führers: „Geht in die Verbindung!" Und alle sechs

Schwestern begannen ihren Atemrhythmus dem der anderen anzupassen und kleine Ton- und Lichtwellen zu ihrer Nachbarin, nach links und rechts zu weben, so dass sie bald einen gleichmäßigen Schwingkreis gebildet hatten, der sie über ihre dritten Augen verband. Kaum war dieser Kreis vollendet, setzte sich der Boden unter ihnen in Bewegung und senkte sich nach unten ab. Unabhängig vom Grad des Absenkens des Bodens, das Wasserrund blieb stehen, so dass sie bald von einer scheinbar festen Säule aus Wasser überragt wurden.

Der Laut der Wellen an der Oberfläche war nun nicht mehr zu hören, doch erfassten sie jetzt die Töne des Sonars der sirianischen Sternengeschwister, die sich in den Tiefen der Meere aufhielten und sie lachend in ihren Gefilden willkommen hießen. Während sie tiefer sanken, nahmen sie Bewegungen in der Wassersäule wahr, sie schien ihren Radius auszudehnen und hatte bereits begonnen über ihre Füße zu wachsen.

„Ihr werdet nun die Tiefe und Kälte des Raumes kennen lernen, denn wie oben so unten! Bleibt in der Verbindung und achtet auf die weitere Verlangsamung eurer Atmung." Sky-Ra konnte nicht ausmachen, woher diese Ansprache kam, doch sie verspürte eine Beunruhigung im Kreis ihrer Schwestern. Sie sandte ihren Geist aus zu Makia und bat sie um Hilfe.

Makia übermittelte ihr: „Sei ganz ruhig, atme langsam und tief, erinnere dich an die Verlangsamung deiner Atmung auf unserer Reise nach Gaia, doch dieses Mal lernst du, es bewusst zu tun. Du weißt, deine Sternenherkunft erlaubt es dir, in jedem Medium zu atmen. Wichtig ist jetzt, dass du den Übergang von der Luft- zur Wasseratmung in größter Gelassenheit vollziehst. Du kannst das, ich weiß es, gib diese Gelassenheit hinein in deinen Kreis, denn Elea und Belea sind auch etwas ängstlich und Awara als Kind der Sonne hat Scheu vor der Kälte. Halte dich an Circe, denn sie weiß, wie es ist!"

Circe war vollkommen ruhig, sie kannte die Transmutation bereits von so vielen ihrer Reisen durch den endlos scheinenden Raum. Sie dehnte ihre Ruhe auf den Kreis aus und war fast überrascht, als Sky-

Ra sich energetisch an ihre Seite stellte. Ein kleiner Tropfen Freude ernährte ihr verschlossenes Sein. Elea und Belea empfanden die Gewissheit der beiden Schwestern als beruhigend, sie konnten vertrauen, und so fanden sie zu einem immer ausgedehnteren Rhythmus ihrer Atmung. Awara war das Ganze nicht geheuer, so tief unten, das mochte sie nicht, sie bewegte sich doch lieber hoch in den Lüften und in der schmeichelnden Wärme der Sonne. Jedoch auch sie wusste, denn man hatte sie unterrichtet, dass, im Laufe ihrer Ausbildung, auch ihr Prüfungen bevorstehen würden, wenn sie auch diejenige der Gruppe war, die die meisten Zyklen auf der jungen Erde verbracht hatte. Sie griff zu einem Behelfskonstrukt: sie stellte sich vor, auf ihrer goldenen Scheibe über das weite Meer zu fliegen und ließ es dabei langsam dunkel werden. Sie lenkte ihre Flugscheibe im Geist direkt auf die Wasseroberfläche und trieb die Scheibe auf dem Wasser voran. Sie fühlte das Wasser um sie herum und erlaubte dem Nass sie immer mehr zu umhüllen, während sie vorwärts glitt. Nun fand sie zur Ruhe und konnte sich in den gleichmäßigen, langwelligen Rhythmus der Schwestern einreihen. Die Wassersäule hatte sich so weit ausgedehnt, dass sie nun über ihrer aller Brust stand.

„Ruhig jetzt!", ließ Circe sich vernehmen, „atmet ruhig ein, und aus." Und sie atmete den Schwestern vor. Lange ausatmend, lange einatmend, band sie den Fokus der Achtsamkeit der Gemeinschaft.

Sie alle schwebten im Wasser nach unten, zusammengehalten von der energetischen Verbindung ihrer dritten Augen, ausgependelt in der Tiefe durch die Ruhe ihrer Atmung.

Je tiefer sie kamen, desto dunkler wurde es. Aus Ga-Els Körper schienen verbindende Blitze die Dunkelheit zu erhellen. Awara begann leicht unruhig zu werden, ihr war kalt! „Denk an deine Sonnenreisen", kam es sofort von Circe, „du bist diejenige von uns, die die meiste Sonnenkraft hat, wärme uns!" Nichts leichter als das, dachte Awara, die Sonnenseglerin. Sie ließ Bilder in ihrem Bewusstsein aufsteigen und vermittelte den Schwestern die in ihrem Geist gespeicherten Eindrücke ihrer Sonnenkindschaft: Wärme, sattes Orange und

Gold, Schöpferkraft, Neugier auf Leben! Sky-Ra fühlte sich erinnert an Ra und ihr Wohlbefinden dort und lenkte ihre Gefühle in den Kreis. Elea und Belea nahmen die Energien auf, und es schien, als würde Belea ihren Speicher öffnen, sie tanzte lachend im Licht der Sonnen, immer neue Bewegungen erfindend und sich an der Farbigkeit und Weite des Lichtes erfreuend. Ga-El, begeistert von der Bewegung, fügte ihrerseits den Bildern gekonnte Pirouetten hinzu. Circe hielt den Fokus auf dem Rhythmus der Atmung der Gruppe. Miteinander, denn eine jede steuerte etwas dazu bei, sanken sie in die nächtene Schwärze der großen, kalten Tiefe. Ihre Atmungswellen wurden langsamer und ruhiger und sie schienen fast in eine Art Schlaf zu fallen. Die Übermittlung der Bilder verlangsamte sich, ruhig und gelassen war ihr gemeinschaftliches Sein.

Makia saß in tiefer Meditation auf einem sonnenbeschienenen Balkon in der Stadt der Medien. Sie überwachte Sky-Ra und damit die gesamte Gruppe, deren Geist mittlerweile unendlich weit geworden war. Makia ankerte Sky-Ra und das Kollektiv und verband die Schwestern immer wieder sanft mit den sonnenwarmen Steinen, auf denen sie in aufgerichteter Position saß. Aus ihrer Körpermitte reichte ein energetischer Kanal durch Luft und Fels hindurch bis in den solaren Kern des Planeten. Makia tat, was ihre Aufgabe war, denn sie war die Erdhalterin ihrer Schutzbefohlenen.

Nur ein Tropfen Zeit schien verflossen zu sein, als der Kranz der Amethyste, der sich nun im Inneren der Wassersäule befand, zu glühen begann. Das Leuchten nahm ständig zu und intensivierte seine Strahlkraft noch in Richtung Tiefe. Violettes Licht berührte sanft den weiten Geist der Medien. „Trinkt die Mutteressenz allen Lebens, Kinder des Lichtes von Atlantis!", hörten sie eine sanfte Stimme in ihre unendlichen Weiten dringen. Violettes Licht begann sie zu durchströmen, zu nähren und zu wärmen, und Atemzug um Atemzug wurden sie sich ihrer selbst wieder bewusst und begannen ihren Rhythmus sanft zu erhöhen, um in der Wassersäule aufzusteigen. Der violette Lichtschacht trug sie langsam empor, höher und höher, und alle außer Circe hatten ein Gefühl der unendlichen Schwere ihrer Körper. Ga-El empfand diese Schwere als besonders unangenehm, sie fühlte sich steif und hart, doch der Geist Awaras eilte ihr zu Hilfe. „Sonnenlicht durchstrahle dich, Sonnenwind initiiere dich, Sonnenwärme belebe dich!"

Als der Kreis der Medien im Wasser schwebend auf der Höhe des Fußbodens der Kammer angekommen war, vollführten die beiden Wächter wiederum eine Mudra, die Wassersäule zog sich zurück und nun schwammen die sechs Körper auf der Wasseroberfläche, eingebettet in ein violettes Strahlen. Eine weitere, heilige Bewegung erleuchtete die Aquamarine und ein Lichtschacht aus durchlässigem Grünblau mischte sich mit den violetten Strahlen der Amethyste. Aus den Körpern der beiden Rhubinihaner erklang ein Singsang, und der Kreis der Medien schwebte auf Tonwellen in der Lichtsäule empor, der Spitze des Turms entgegen. Benommen, und sich ihrer eigenen Körperlichkeit noch nicht bewusst, durchdrang die Gruppe in vollkommener Selbstverständlichkeit die Turmdecke und fand sich wieder – auf einer Sonnenterasse hoch oben über dem Meer.

Sonnenlichtfunken belebten ihre Körper, trockneten und erwärmten sie. Doch die Schwestern lagen ruhig und bewegungslos. Nach einiger Zeit kamen die beiden Wächter und errichteten ein feingesponnenes Sonnendach über die Gemeinschaft, die in einen tiefen, erholsamen Schlaf gefallen war.

Kapitel 14

Immer noch waren die sechs miteinander verbunden und träumten einen gemeinsamen Traum, während ihre Körper sich langsam wieder erwärmten. Im Kreis ihrer Scheibeneinheit schwebten sie schwerelos durch die Weiten des Sommerhimmels, begleitet von sechs Drachenwesenheiten unterschiedlicher Couleur, die sie auf einer unbekannten Bahn hielten.

„Wir bringen die Botschaft der Allmutter in jeden Winkel dieses Universums. Wir durchmessen die Tiefe und die Kälte des Raumes, weil wir in uns das Feuer der Sonne hinter den Sonnen tragen. Die Liebe der Mutter lässt uns alles durchdringen, jedweden Raum, jedwede Weite, jedwede Tiefe, jedwede Kälte. Wir sind die Sohntöchter der Shekinah. Ihr seid werdende Medien und unsere Verbündeten auf der jungen Gaia. Ihr werdet geschult, um Botschafterinnen für Gaia zu werden, so wie wir Botschafter des Universums sind. Lasst uns euch begleiten, erlaubt uns euch zu schulen." Der Singsang der Drachen begleitete sie durch die Lüfte.

„Nun werden wir euch in die hohen Lichtfrequenzen begleiten, wo das Licht hell und strahlend ist, auf dass ihr lernt den Weg aus dem Licht nach Gaia zu finden!"

Die Drachen breiteten ihre Flügel aus, als würde sich ein Blütenkelch um die schwebenden Medien entfalten, und für kurze Zeit schien es, als verberge sich die Sonne hinter den riesigen Flügeln. Ein einheitlicher, hoher Ton erklang und sie fanden sich schwebend in einem Meer von Licht, das so hell war, dass jede von ihnen das Gefühl hatte, dass nichts mehr, außer dieser gleißenden Helligkeit zu existieren schien. Die Augen der Schlafenden begannen zu tränen und ihre Körper wurden unruhig.

„Atmet, haltet den Fokus, eure irdischen Augen können nicht alles schauen, schützt eure Physis, schließt eure Augen und seht mit dem heiligen Auge, das euch gegeben ist!" Vorsichtig und zunächst noch zaghaft begann eine jede mit ihrem Stirnauge in das Lichtmeer hinein-zuschauen. Awara sah feinste Sonnenfäden, die die Helligkeit durch-zogen und entdeckte nach und nach ein Muster und, wie es schien, einen Weg. Sky-Ra hingegen erkannte sofort die Wellenbewegung des Lichtes und den sich daraus formenden Weg. Ga-El wiederum, durch ihre Kenntnisse über den Austausch von Atomen, erfasste in diesem enorm hellen Lichtmeer tanzende Atome, die vor ihrem dritten Auge einen Pfad formten. Belea und Elea kämpften mit ihren Ängsten, in ihrem Bewusstsein war diese Helligkeit als Gefahr gespeichert, denn manch einer ihrer Heimatplaneten war in einer solchen Lichtkraft schon implodiert. Sie hatten Angst, doch die Schwestern sandten ihnen die Kraft der Geborgenheit der Gemeinschaft, und Atemzug um Atemzug ließen die beiden los und entspannten sich. Elea erfasste mit einem win-zigen Zipfel ihres Bewusstseins die Melodie dieses Lichtermeeres und ließ sich auf die Tonfolge ein, und Belea erkannte die Formgebung der Musikwellen; beide konnten sehen, wie der Pfad sich formte.

Circe aber fühlte sich einfach nur unendlich weit, unendlich wohl, und endlich Zuhause. All ihre Mauern lösten sich auf in diesem Licht, endlich fühlte sie sich frei, so unendlich frei, dass sie sich und ihr Be-wusstsein treiben ließ. Sie genoss die Unendlichkeit des Lichtes, es gab keinen Halt mehr. Halt, Weg, Pfad, oder die anderen – nichts war wirklich wichtig! Sie verlor sich.

Während Belea und Elea von Ga-El, Sky-Ra und Awara beruhigt wurden, und die fünf sich dann durch das sanfte Hin- und Herspielen ihrer Wahrnehmungen wieder auf eine gemeinsame Ebene begaben, versank Circe in der Weite. „Habt Acht! Habt Acht", warnten die Drachen, „ihr verliert eure Schwester!" Und tatsächlich, es schien, als würde sich Circes Körper aus der gemeinschaftlichen Ebene lösen und absinken. Der ihr nahe stehende Drache flog unter sie und ver-suchte sie auf der Ebene der Gruppe zu halten. Alle fünf tasteten mit ihrem Geist nach Circe, doch sie schien unberührbar, abgetaucht, ent-fernt. Eine jede von ihnen versuchte es auf ihre Weise, umsonst, lang-sam kamen sie in Not, ja sogar die Drachen wurden unruhig. Die rhubinihanischen Wächter, die die sich in Trance befindende Gruppe behüteten, waren alarmiert. Makia fauchte auf ihrer sonnenbeschienen Terrasse und sandte an Sky-Ra: „Wach auf! Gefahr! Komm zurück, erde dich!"

Die Wächter begannen mit tiefen Tönen die jungen Medien zurückzusingen, doch Sky-Ra war schon wieder bei Bewusstsein und versuchte die anderen zurück auf die Erde zu ziehen. Von den Drachenwesen kamen beunruhigte Schwingungen, auch sie sangen: „Aufwachen, erden, Gefahr, Gefahr!"

Außer Sky-Ra landeten alle ziemlich unsanft in ihren Körpern auf der Terrasse hoch über Bam. Sie stöhnten, setzten sich auf und rieben ihre Gliedmaßen. Alle, bis auf Sky-Ra, die, dank Makia, genügend Zeit für das Zurückkommen gehabt hatte, hatten sie bei diesem abrupten Auftauchen aus der Trance körperlich schmerzhafte Erfahrungen machen müssen. Die Wächter reichten ihnen Schalen mit einer grüngoldenen Flüssigkeit und mahnten sie zu trinken.

Dann, wie verabredet und wie auf einen Schlag, schauten alle auf Circe. Ihr Körper lag steif, unbeweglich und kalt auf der Sonnenterrasse. Ihr Bewusstsein war nicht anwesend! Sie schauten sich entsetzt an. Was ist zu tun, war ihre unausgesprochene Frage. Sky-Ra verband sich mit ihrer Erdhalterin und versuchte bei der Freundin Halt zu finden. Doch Makias Geist war angespannt, und es wurde Sky-Ra klar, dass die Felidae alle ihr zur Verfügung stehenden Kräfte einsetzen musste, um Circes verschwindendes Bewusstsein zu ankern. Hier konnte sie also im Moment keine Unterstützung finden.

Die beiden Wächter drehten sich abrupt um und schauten ins Landesinnere, in Richtung der hohen Bergketten. Sie begannen hochfrequente Töne zu brummen, und Awara wusste, dass sie dabei waren, die Drachen zu rufen. Nur wenige Augenblicke später erkannten die fünf eine dunkle, sich schnell auf sie zubewegende Energieformation. Bald erkannten sie einen mittelgroßen, rotgoldenen Drachen, der sich im nächsten Moment elegant auf dem viel zu schmalen Geländer balancierend niederließ.

„Ich bin A-Araan, ich werde Circes Körper mitnehmen, denn sie steckt fest in der Endlosigkeit, und wir werden ihr die Lieder ihrer Ahnen singen, so dass sie den Lichtpfad zurück ins Sein finden kann, wenn sie…, ja, wenn sie es denn will!"

„Los, Schwestern, wir fliegen mit!" Sky-Ra kletterte auf den Rücken von A-Araan und die Wächter hoben den scheinbar leblosen Körper Circes auf den Drachenrücken und legten ihn in Sky-Ras Arme. Die anderen eilten zur Flugscheibe, und in dem Moment, als der Drache sich von der Brüstung abstieß, erhob sich auch die Scheibe, etwas unrund schlingernd, denn nun waren sie nur zu viert verbunden, die Scheibe zu lenken.

Der Drache flog voraus, die Gruppe folgte. A-Araan hob und senkte gleichmäßig ihre weiten Flügel und steuerte den Drachenhort hoch in den Bergen an. Sky-Ra pfiff der Wind nur so um die Nase, aber es interessierte sie nicht. Der Körper Circes schien immer kälter zu werden, und sie tat das ihr Mögliche, die Schwester zu wärmen. Sie bat ebenfalls Makia im geistigen Kontakt, ihr Wärme zu übermitteln, vernahm aber als Antwort nur die extreme Angespanntheit ihrer Freundin.

Der Drache senkte seine Flugbahn und steuerte einen runden Talkessel inmitten spitzer, hoher Berge an. Hier schien alles bedeckt von unendlichem, tiefem Grün, das von kleinen Blattpflanzen gebildet wurde, die das Gestein, wie auch die Berghänge bedeckten. In der Mitte des Talkessels befand sich ein kreisrunder Platz, von großen, schlanken, hellrindigen Bäumen umgeben, deren kleine goldene Blätter im Licht erglänzten.

„Das ist der Heilungstempel der Drachen. Mit Hilfe der Lichtbringerbäume, die aus der Sternensaat Kassiopeias entstanden sind, werden wir der Träumerin zwischen den Welten einen Heilraum schaffen." A-Araan legte ihre Flügel an, und die vier Schwestern eilten herbei, um Sky-Ra Circes Körper abzunehmen. Sie betteten sie genau in den Mittelpunkt des von Birken umstandenen Rundes. A-Araan stieß einen hohen langen Ton aus. Von den Bergspitzen und aus den versteckten Tälern kamen verschiedenfarbige Drachen herbeigeflogen. Sie bildeten zusammen einen Kreis um das Rund der Bäume, senkten ihre Köpfe und begannen ein tiefen Singsang von sich zu geben. Indem sie einen Tonteppich woben, sponnen sie Circes Sein in einen Kokon aus beruhigender, formender Schwingung, und versuchten auf diese Weise, sie in der unendlichen Weite zu bergen.

Die Bäume schienen sich den Sternen entgegenzustrecken, und als Sky-Ra mit ihrem dritten Auge das ganze Bild betrachtete, erkannte sie, dass die Blätter der Bäume Sternenstaub aus dem Himmel zu saugen schienen und mit diesem Sternenlicht eine Umhüllung um den Drachenkokon bildeten. In die Wurzeln der Birken tropfte das Sternenlicht und ermöglichte den Wurzeln sich fein und immer feiner zu verweben, so dass sie einen Korb flechteten und formten, in dem Circes Körper gehalten wurde.

Circes Sein schwebte in der unendlichen Weite des Lichtes, von Ferne hörte sie das Rufen ihrer Schwestern, und auch den verlockenden Ton der Drachen, doch sie sah Oktaviana vor sich und es schien ihr, als wären sie beide wieder gemeinsam auf dem Weg, Licht zu verankern in jenen fernen Regionen des Universums.

Makia meldete sich in Sky-Ras Geist: „Ich kann sie fast nicht mehr halten, die Silberschnur wird dünner und dünner; ihr Sein ist voller Freude, wieder mit ihrer großen Schwester verbunden zu sein, sie hört die Drachen, sie spürt das Licht, doch es gibt nichts, was sie hier auf der jungen Gaia hält. Ihr fünf könntet Circe die Schwesternschaft anbieten, das wäre jetzt das einzig Richtige, damit sie sich erneut ankern kann, um ihre Aufgabe auf Gaia zu erfüllen. Sprich mit den anderen, noch kann ich sie ein bisschen halten!"

Sky-Ra wandte sich den Schwestern zu und erläuterte ihnen Makias Botschaft. Alle waren bereit, dachten nach, doch wie nur sollten sie das bewerkstelligen?

Sie spürten einen Flügelschlag hinter ihnen und als sie sich umwandten, erkannten sie Farah An, die gerade versuchte genau hinter ihnen zu landen, sich jedoch etwas verschätzt hatte und nun mit ihren

wieder größer gewordenen Flügeln rückwärts ruderte, um die Fünfheit nicht über den Haufen zu rennen.

„Puh", mit einem langgezogenen Ausatmen kam sie viel zu nah an
Sky-Ras Fuß zu stehen. „Ich habe den Ruf gehört und eure Aufregung
gespürt und daher die Bibliothek und ihre viel zu langen Ahnenlisten
verlassen. Wie kann ich euch helfen?"

Sie erzählten der jungen Drachin schnell, was geschehen war und
was Makia berichtet hatte.

„Aber, das ist doch ganz einfach!" Ga-El musste kichern, denn es
schien, als zöge die Drachin ihre nicht vorhandenen Augenbrauen
nach oben, wodurch die Schuppen über ihrem rechten Auge sich aufrecht stellten, was ihr einen sehr komischen Gesichtausdruck verlieh.
„Na, dann sag schon!", forderte Sky-Ra sie auf.

„Gut, erinnert euch an den Tropfen Herzblut von Ra Neomi! Der
Mut der Drachen fließt in euren Adern, und ich bin jetzt auch da. Zusammen mit mir muss eine von euch, Sky-Ra oder Ga-El, in Trance
gehen und ihr hinterher fliegen, um ihr zu sagen, dass sie umkehren
soll!" „Ja, und du meinst, das macht sie dann so einfach?" „Nun ja,
völlig sicher bin ich mir nicht, aber soweit ich es einschätzen kann,
hat sie hier in Atlantis keine besondere Erfahrung, die für sie von
Bedeutung wäre, hier zu bleiben, und wenn sie sieht, dass ihre
Schwestern ihr nachreisen, berührt sie das möglicherweise und sie
kommt zurück!"

Alle bewegten die Worte der Drachin in sich, und schließlich sagte
Sky-Ra: „Gut, ich werde es tun. Da ich Makia als Erdhalterin habe,
kann ich mich an ihren Gedankenfäden entlang hangeln und so hier
verankert bleiben. Ihr anderen achtet bitte auf meinen Körper. Farah,
willst du wirklich mit aussteigen?"

„Ja, das möchte ich, ich trainiere das gerade, denn es ist eine sehr
alte Drachentechnik, die verwendet wurde, um unbekannte Materie-
ansammlungen zu erforschen, bevor sie durchdrungen werden sollten, und müsste folglich auch mit den Geistebenen funktionieren. Ich
will es versuchen!"

Gesagt, getan! Die Drachin legte sich so flach wie möglich auf den Boden, Sky-Ra kletterte auf ihren Rücken. Beide begannen im selben Rhythmus zu atmen, ließen ihr Drachenblut in sich kreisen, aktivierten ihr Sonnengeflecht und verließen ihre physische Körper.

Miteinander erhoben sie sich in die Lichtwellen, wobei Sky-Ra der Drachin den Weg zeigte, den nur sie, anhand der von Makia gelegten Fährte, verfolgen konnte.

Auf ihrer Terrasse lockerte Makia etwas ihren Körper und entspannte sich ein wenig. Nun, da sie verbunden mit Sky-Ra auch ihren Geist hielt, war es ihr leichter, die Geistkörper der beiden Medien verknüpft zu halten, und so dirigierte sie mit großer Ruhe und Gelassenheit Sky-Ras Bewusstsein, was der Reisenden zusätzliche Sicherheit gab.

Bald entdeckten die beiden Circes Geist, im Lichtermeer schwebend, und erkannten den Klangkokon der Drachen um ihre Form, wie auch das Lichtspiel des Baumbewusstseins. Farah flog direkt vor Circes Geist, und obwohl die junge Drachin sich fast aufrecht vor Circe aufbaute, konnte Sky-Ra sich auf ihrem Rücken halten. Circe starrte in eine Lichtblase, mit welcher sie sich zu unterhalten schien. Farah pustete vorsichtig, was die Lichtblase in ihrer Position verrückte. „Huhu", hauchte Farah ganz zärtlich und liebevoll Circe entgegen. Circes Geist versuchte irritiert die Blase wiederzufinden, doch Farah pustete sehr vorsichtig und sehr zärtlich weiter in Circes Geist, so lange, bis diese Farah ansah. Sky-Ra beugte sich über Farahs Hals und sagte Circe: „Wir vermissen dich, du gehört doch zu uns, warum willst du uns verlassen?" Circe war erstaunt, Sky-Ra hier? Diese Kleine, die aus den Sonnen kam, suchte nach ihr? „Ich will euch nicht verlassen, ich habe gar nicht an euch gedacht! Ich genieße nur das unendliche Licht und habe mich mit meiner Freundin und Mentorin unterhalten. Warum bist du hier?" „Um dich zu suchen! Weißt du denn nicht, dass dein atlantischer Körper nicht so lange ohne deinen Geist sein kann? Wir haben gemeinsam geübt und du bist einfach aus unserem Kreis ausgestiegen. Wir sind sehr in Sorge um dich, Circe, du stirbst gerade in Atlantis!

Viele Drachen versuchen dich zu halten und die Birkenbäume versuchen dir ein Lichtgefährt zu weben, damit du wieder zurück nach Gaia findest. Du bist ein Teil von uns, Schwester! Wir vermissen dich!"

Wir vermissen dich! Sollte das tatsächlich so sein? Wurde sie tatsächlich vermisst? Sie hatte sich nicht viel Mühe gegeben, mit dieser Gruppe zusammenzuwachsen, sie war einzig und allein nach Gaia gegangen, um einen Weg für Oktavianas Befreiung zu finden. Oktaviana, oh je, wo war sie? Erschreckt schaute sie um sich, kein energetischer Abdruck ihrer Geliebten war mehr zu sehen! Vor ihr nur dieser pustende junge Drache, und mit ihm Sky-Ra, die sie mit großen Augen anschaute. Augen wie das Meer, dachte Circe, und schon hatte sie das Bedürfnis, in diesen Augen zu ertrinken.

„Halt! So geht es nicht", meldete Sky-Ra, „in Trance kann ich dich nicht in mich aufnehmen, komm doch mit! Und du wirst sehen, wir alle machen uns Sorgen um dich. Circe war einverstanden und ergriff Sky-Ras ausgestreckte Geisthand. Farah An setzte sich erneut in Bewegung, zog Circe mit sich und flog am Tonteppich der Drachen entlang, bis sie unter sich den Kreis der singenden Drachen ausmachen konnten, die immer noch um das Rund der Lichtfunken verströmenden Bäume versammelt waren. In der Mitte lag Circes Körper, Belea und Elea saßen an seiner Seite und Elea sang und sang und sang. Etwas weiter entfernt lag der Körper von Farah, und auf ihm der von Sky-Ra, beide in tiefer Trance, und Awara und Ga-El hielten Wache.

Awara blickte nach oben und stupste Ga-El an, beide standen auf und winkten den Geistkörpern auffordernd zu. Belea nahm das wahr und teilte es ihrer Schwester mit. Elea erhob sich und streckte ihre Arme nach oben, die Drachen erhoben ihre Köpfe und veränderten ihren Gesang, die Bäume streckten ihre feinen Äste dem Himmel entgegen und alles sang und strahlte in jubelndem, willkommen heißendem Ton. Circe konnte nicht umhin, sie war gerührt. So viele Wesen hatten ihre Kräfte verbunden, und das nur ihretwegen. Es schien tatsächlich so, als bedeute sie den anderen etwas. Sie, die Fremde, die sich nie dazugehörig gefühlt hatte, bemerkte, wie ihr Herz sich öffnete. Sie sah den Silberfaden, der direkt ins Zentrum ihres Herztempels führte, und sie sah die Lichtbringerinnen, wie sie mit feinen Lichtfasern versuchten, ihrem Geist den Weg zu weisen. Sie sah ihren materiellen Körper, und sie fand, dass es ein guter Körper war! Akzeptabel! Sie sah Belea, die unablässig die Beine und Hände dieses Körpers massierte, und sie spürte plötzlich und ganz fein, und fast wollte sie ihrem eigenen Gefühl nicht trauen: diese Wesen brachten ihr Gefühle entgegen, sie spürte, wie sie ihnen wichtig war, ja, sie fühlte sogar, wie Belea sich fühlte und wie wichtig es ihr war, Circe zurückzubringen, ein zartes Gefühl von Liebe ging von Belea aus. Indem Circe diese Wahrnehmung hatte, hatte sie sich auch schon mit ihrer Silberschnur verbunden und senkte nun ihren Geist vorsichtig zurück in ihren Körper.

Und ihr war kalt, unendlich kalt. Beleas Hände kreisten weiter über ihre Gliedmaßen, und als Circe die Augen öffnete, sah sie in die mütterlich besorgten Augen Beleas. „Willkommen", hauchte die Freundin, „ich bin so froh, dich wiederzusehen!" Und schon fand sie sich in Beleas Armen wieder, auch Elea umarmte sie heftig.

Die Drachen atmeten zufrieden aus und die Bäume ließen eine letzte Lichtdusche über die drei Atlanterinnen niederrieseln.

Awara half Sky-Ra von Farah herabzusteigen, und stützte sie so lange, bis diese wieder sicher auf ihren Beinen stand, während Farah liebvoll von Ga-El massiert wurde. Makia seufzte laut und vernehmlich in Sky-Ras Geist: „Gut gemacht!" Genügend fokussiert für heute, dachte sie und stand auf, machte einen Buckel, leckte sich ein wenig das Fell, um sich dann an einem sonnigen Plätzchen zusammenzurollen und schnurrend ein Schläfchen zu halten. Sky-Ra, Awara und Ga-El begaben sich in den Kreis und hießen Circe liebvoll willkommen.

Nach einiger Zeit war Circe in der Lage, sich selbstständig zu bewegen. Sie hatte nun die ganze Geschichte erfahren und bedankte sich bei jedem Drachen, und dem Kollektiv der Licht webenden Bäume. Dann ging sie zu Farah hinüber und kuschelte sich an deren Hals. Sie flüsterte ihr etwas zu, was die Schwestern zwar nicht verstehen konnten, doch Farah veränderte etwas ihre Farbnuancen und schien fast schüchtern.

Alle beschlossen, nun erst einmal zurück in die Stadt der Medien zu fliegen, um sich auszuruhen und sich bei Makia zu bedanken. Sky-Ra hatte den Flug auf der Drachin so genossen, dass sie es vorzog, auf dem Rücken Farahs zu reisen, während die anderen fünf die Flugscheibe bestiegen. Zu fünft hatten sie auf der fliegenden Scheibe mehr Raum, und Awara, die sich bewusst neben Circe stellte, hatte so auch eine bessere Möglichkeit, falls es nötig sein sollte, die Schwester zu stützen. Als hätten die fünf nie etwas anderes getan, vernetzten sie ihre Bewusstseine, verbanden sich mit dem Citrin, erhoben sich zielgerichtet und sicher in einer harmonischen Flugbahn in die Lüfte und reihten sich hinter Farah mit Sky-Ra ein.

Aus den Sternenchroniken von Mars

 us der großen Pyramide von Mars, der Schule der Krieger des Einen Herzens, senden wir unsere Botschaft hinaus zu den Sternengeschwistern. Hört unsere Not! Karons Welle hat uns gestreift, und da das Kollektiv unseres Volkes und das der Schülerschaft stark ist und immer der Einheit bewusst, hat Karon veranlasst, unsere Atmosphäre zu vergiften. Wir haben das Volk aufgefordert, den Bau der unterirdischen Höhlen voranzutreiben, und viele leben dort bereits auf engstem Raum. Die Lichtkrieger* koordinieren den Rückzug. Doch wir haben nicht genug Platz für alle und die Luft des Lebens schwindet. So erging der Beschluss des Rates, einen Teil des Volkes zu evakuieren. Die Edelsten der Krieger des Einen Herzens halten ihre Schilde hoch, um die Flucht zu ermöglichen. Wir bitten die Sternengeschwister, uns zu Hilfe zu eilen. Unser Heimatplanet vergeht, Leben ist nicht mehr möglich. Die edle Sternensaat von Mars fällt in die Agonie des Erstickungstodes. In aller Dringlichkeit bitten wir euch um Asyl.

Kapitel 15

Mari-An saß in ihrer Kuppel und machte sich bereit, in die Verbindung mit den Sternen zu gehen. Die schwere Krone aus Bergkristallen wurde auf ihr Haupt gesetzt. Augenblicklich fiel sie in Trance und ließ sich durch die Kräfte der Tiara, der Krone des obersten Mediums, leiten. Sie empfing die verschiedensten Botschaften aus den Sternenebenen und lenkte sie direkt weiter an den Rat von Atlantis, welcher sich zu dieser Stunde in der Ratshalle versammelt hatte. Beunruhigende Energien aus dem System von Orion erfassten den Rat. Hier wusste man um Oktavianas Gefangenschaft, doch Circes Ausflug hatte zu einer Verdichtung der Abschirmung des gesamten Sternenfeldes geführt und die Botschafter Orions sandten ihre Anklage auf Eindringen in ihre Sphären hinaus in die Sterne.

Aus der Ebene der Wahren Krieger des Herzens vom Planeten Mars kamen ebenso beunruhigende Botschaften. Die Atmosphäre des Planeten schien sich langsam, aber stetig zu vergiften und die Bevölkerung begann neue Gebiete im Inneren ihrer Heimat zu erschließen.

Der Rat von Wega meldete einen weiteren nicht geglückten Versuch, das Volk von Lyra ins Kollektiv heimzuholen, und Andromeda meldete eine Überlastung mit Heilungssuchenden und erbat Unterstützung von anderen heilenden Systemen und Planeten. Unzählige Sternenreisende, auch Flüchtlinge aus den Gebieten, die bereits von Karons Missbrauch ergriffen worden waren, erbaten Zutritt nach Atlantis.

Am Ende der Transmission saß der Rat schweigend da. Ein jeder bewegte die Sternenbotschaften in sich und suchte nach Lösungen.

Ein Gong ertönte, das Zeichen des Vernetzens, und die Ratsmitglieder verbanden ihre Bewusstseine. Gedanken rauschten durch den Kreis, formten sich, lösten sich auf, bildeten neue Muster, bis sich langsam im Gemeinschaftsmentalen ein Gleichklang einstellte. Und wieder ertönte der Gong.

An Nu Ba atmete tief, richtete sich auf und bat um Aufmerksamkeit: „Wir sollten weitere Gebiete zur Besiedelung freigeben, um mehr Sternenfahrer aufnehmen zu können. Wir sollten das Netz der Transponder erweitern."

„Das wäre eine Option", meldete sich ein weiteres Mitglied des Rates. „Doch selbst wenn es uns gelingt, das Netz der Transponder auszudehnen, brauchen wir Wesenheiten, die diese Transponder ankern, denn die neu zu erschließenden Gebiete sind wenig dicht! Wir sollten die Lemurianer bitten, neue Obelisken zu errichten. Mit diesen Ankerpunkten in der Materie können wir zusammen mit Mari-An die Sternenlenker initiieren."

„So sei es!", sprachen alle Ratsmitglieder und An Nu Ba wurde beauftragt, nach Mu zu reisen und hier im Tempel des ewig in Einheit schlagenden Herzens die nötigen Impulse zu setzen.

An Nu Ba bedankte sich und verließ den Rat, um Vorbereitungen für ihre Reise zu treffen. Sie war beunruhigt von all diesen verschiedenen Botschaften aus den Sternen. Der Verrat Deklets, der nun von allen Karon genannt wurde, schien sich auszudehnen, sonst könnte es den Marsianern nicht so katastrophal ergehen. Sie hoffte inbrünstig, noch genügend Zeit und Raum zu haben für die Vollendung des großen kosmischen Experimentes, der Erschaffung des neuen Erdenwesens, Kosmischer Mensch genannt. Denn die Genetiker von Atlantis waren damit beschäftigt, alles Wissen zu sammeln, um diesen Kosmischen Menschen zu kreieren, diesen Heiler der Dualität – ein Wesen, das auf Gaia vollkommen natürlich leben sollte, um die Heilung voranzutreiben, um Geist und Materie so in sich zu verbinden, dass es Geistwesen und Materiewesen in EINEM war. Ein Wesen, das in sich alle Weisheit der Sterne und der elf erdähnlichen Planeten, Vorläufer von Gaia, vereinen und dadurch die Möglichkeit haben sollte, die dritte Platte erneut zum Klingen zu bringen, um somit Kassiopeia und mit ihr das Universum von Karons Frevel zu heilen.

Viele Wissenschaftler von Atlantis waren vertieft in das Studium der genetischen Codierungen der verschiedenen Sternenfahrer, und insofern hätte diese Fluchtwelle im Universum auch ihr Gutes, denn noch unbekannte genetische Abdrücke könnten so in die Erforschung mit einbezogen werden. Als ihr denkendes Bewusstsein an diesem Punkt angelangt war, war sie so begeistert von den neuen Möglichkeiten, dass sie ihre Befürchtungen ganz in den Hintergrund ihres Denkens verbannte und sich freudig auf ihre Reise begab.

Aus den Ratschroniken von Atlantis:

 ufgrund der Anfragen der Sternenvölker um Zutritt nach Atlantis werden wir das Netzwerk der Transponder erweitern. Es wurde beschlossen, die Zahl der Sternenenergielenker auf insgesamt zwölf zu erhöhen und die Außengebiete Lemurias auszudehnen.

An das Volk der Lemurianer ergeht der Auftrag, aus der ihnen zugänglichen Materie neue Obelisken zu errichten. Ist dies geschehen, wird der Rat in Zusammenarbeit mit dem obersten Medium neue Transponder zu den Sternen errichten.

Das Volk Rhubinihus wird aufgefordert, das Gläserne Meer weiter auszudehnen, um die neuen Obelisken mit dem Hauptobelisken von Poseidonis zu verbinden.

So ist es beschlossen, so wird es verkündet!

An Nu Ba begab sich zum Binnenhafen, der unweit der großen Pyramide lag. Fischer und Händler boten hier ihre Waren feil, Wesen von Sirius suchten sich Besatzungen für immer neue Expeditionen, und eine Gruppe junger Adeptinnen bestieg gerade ein großes Boot, das sie zu den heiligen Wassertempeln bringen sollte, die nahe an der Küste lagen.

An Nu Ba fand bald ein kleines Boot, dessen Kapitän gewillt war, sie nach Mu zu bringen. Sie liebte den Weg über die Wasserkanäle. Immer wieder war sie begeistert vom Fortschritt der Stadt. Die angelegte Wasserstraße brachte sie schnell in die äußeren Bezirke der großen Hauptstadt, und schon öffnete sich die Ebene Lemurias vor ihr. Hier gab es weites Land, endlose Savannen und dichte Wälder. Sie lauschte dem Gesang der sanften Brise ebenso wie dem Jubilieren der noch jungen Vögel. Erst vor kurzem war es den Sirianern geglückt, diese neue Spezies auf Urkraton zu verankern, und An Nu Bas Seele jubelte ein jedes Mal, wenn sie diese kleinen, bunten Gefährten in die Lüfte aufsteigen sah. Sie strahlten Leichtigkeit und unendliche Freiheit aus und dies verband sie mit den Gefiederten.

Sie hing ihren Gedanken nach, doch ein jedes Mal, wenn sie über die neuen, drängenden Botschaften nachdachte, waren es die jungen Vögel, die ihre Aufmerksamkeit mit Leichtigkeit auf sich zogen, denn es war unangenehm, darüber nachzudenken. Sie bevorzugte es, ihren Geist aufsteigen zu lassen und die Freiheit des Seins zu genießen.

Bald jedoch bemerkte sie den ewig gleichen Puls der heiligen Stätte und begann sich auf Mu zu fokussieren. Mu war einzigartig auf Urkraton. Mu war nicht dichte, fassbare Materie wie der Rest des Landes, Mu hatte seine eigene Schwingung. So musste sie ihr Schwingungsfeld anpassen, um das Boot an die Anlegestelle zu bringen. Sie dehnte ihr Geistbewusstsein aus und nahm das Boot samt Besatzung in ihr Bewusstsein auf. Sie befand sich nun im Zustand der Assimilation. Dann dehnte sie sich weiter aus, erfasste die Anlegestelle und den Eingangsbereich von Mu, und assimilierte auch diese Ebene.

Aus dem scheinbaren Nichts erschien die Mole, sie verließ das Boot und begab sich an Land. Ein stummer Tempeldiener verneigte sich vor ihr und nahm ihr Gepäck entgegen. Sie dankte dem Kapitän und der Mannschaft, deassimilierte alles wieder und sandte das Boot hinaus in festere Gefilde. Nun war sie bereit! Sie gab dem Diener ein Zeichen und folgte ihm.

Der Weg glitzerte wie Mondenlicht und erhellte die Ebene, in der sie sich befand. Mit jedem Schritt verstärkte sich der Pulsschlag des Tempels in ihr, und sie schwang in diesem Rhythmus. Bald schon schimmerte das große, obsidianfarbene* Tor vor ihr. Ihr Geist formulierte wie von selbst die alten heiligen Worte und das Tor öffnete sich. Nun wurde sie vollkommen von dem Herzschlag von Mu erfasst und sofort gab sie sich dem Rhythmus hin. Sie war vollkommen offen und bereit anzunehmen und sich zu verbinden. Das Tempelinnere zog sie an, und sie gab sich hin.

Ihr Geist schien sich in tiefdunkelgrünen Wellen aufzulösen, Lichtzeichen in der Mu eigenen Mischung aus Gold und Silber, Titon genannt, wiesen ihr den Weg und sie fand sich vor dem ewig schlagenden Herzen wieder. Der Pulsschlag dröhnte durch ihr ganzes Sein, als eine tiefe Stimme sich in ihrem Inneren erhob:

„Wir sind das ewig in Einheit schlagende Herz von Mu. Wir erkennen dich an, An Nu Ba aus dem Rat vom Atlantis. Du bist gekommen, um Weisung zu erbitten. Vernehme zuvor die Lektion für den gesamten Rat!

Wir geben heute, zu dieser Stunde Botschaft an euch. Wisset, dass Gaia, die Erde, dieses unendlich liebende Sternenwesen, sich bereit erklärt hat, in die Materie zu gehen, um die Kraft des Fließens der Plejaden und die Kraft des Hütens in Kreisen von Andromeda in sich zu vereinen, um so Neues zu gebären, neue Rassen, neue Formen, neue Liebe und neues Wissen. Wir fordern euch auf, hier und jetzt, nehmt euer Herz als den vereinigenden, verbindenden Punkt, denn euer Herz ist Ausdruck der Sonne, ist Ausdruck der Erde. Euer Herz als die Zone der Aufhebung aller Dualität sei hervorgerufen; verbindet nun euer Herz mit Andromeda und mit den Plejaden und lasst das heilige Dreieck entstehen. Erlaubt, dass die Triangulation* dieser Kräfte euch führt und leitet. Solltet ihr zaudern auf eurem Weg, solltet ihr euch außerhalb eurer Kraft fühlen, nehmt diese Rückanbindung auf, wissend, dass ihr eintretet in das kosmische Kollektiv der heilenden Seelen dieses Universums. Nehmt euch diese Energie zurück und heilt euer eigenes Sein damit, denn so wie ihr heilt, so heilt die Erde um euch, in all ihren Dimensionen und in jedwedem Ausdruck ihres Seins, welchen sie und ihr durch die Materie erschafft. Wenn ihr euch des HeilenSeins in euch bewusst seid und die rezeptiv-dynamischen Kräfte in euch im völligen Gleichgewicht haltet, gelangt ihr in den Status, der jeden und jedes heilt, der aus der göttlichen Harmonie der Einheit herausgefallen ist. Deshalb könnt ihr nur die Wesenheit heilen, mit der ihr vollkommen einverstanden seid, mit der ihr in einer harmonischen Schwingung seid und deren HeilesSein ihr aus eurem eigenen HeilenSein heraus erklären und somit manifestieren könnt. Denn Manifestation ist die Erklärung der göttlichen Präsenz, des göttlichen Willens durch euch im Jetzt. Manifestation ist Ausdruck und Form, ist Fleisch gewordener göttlicher Wille in der jeweiligen Dimension, in der sie geschieht.

Dies ist Mu. Mit der Kraft des hyperboräischen Seins seid heil und seid im Segen des göttlichen Seins. Vergiss, oh Hoher Rat, die Einheit nicht, aus der du hervorgegangen bist!

Doch nun zu dir, An Nu Ba, du Dienerin der Kollektive, einst von Wega nach Gaia gekommen. Du bittest um die Muskelkraft meiner Kinder zur Errichtung der Obelisken. Prüfe die Absicht! Sei in der Achtsamkeit, denn alles ist Eins! Nimm die Sternenkinder auf im Bewusstsein des EinenSeins, und nicht im Bewusstsein der Vermehrung von Besitz. Weder du noch jemand anderes, der je auf ihr sein wird, besitzt diese Welt. Diese Welt ist der Materie gewordene Körper eines hohen Sternenwesens. Gehe in die heißen Quellen, läutere dein Bewusstsein. Möge das ewige Fließen dich geleiten.“

Noch ehe An Nu Ba einen Gedanken fassen konnte, fühlte sie bereits, wie sie aus dem Tempelinnersten herausgespült wurde, um sich nun in ihrem ihr liebgewordenen Körper in der lemurianischen Ebene wiederzufinden. Vor ihr öffnete sich ein Gebiet heißer Quellen. Roturea*, „der Ort, wo Gaia mit uns spricht", nannten es die Lemurianer.

Direkt vor ihr befanden sich mehrere dampfende Becken, und lemurianische Wesenheiten, zu erkennen an ihrer braunen Haut und ihrer gedrungenen Gestalt, halfen ihr, ihre Kleidung abzulegen und in eines der angenehm temperierten Becken zu steigen.

„Was ist die Absicht? Was ist die Absicht?", dröhnte es durch ihr Bewusstsein. Sie rief sich die Botschaften des obersten Mediums wieder ins Bewusstsein. Sie überdachte die Reaktionen des Rates und erinnerte sich an die Gedanken, die sie beim Packen gehabt hatte. Ein ungutes Gefühl, wenn auch nicht greifbar, nahm wieder in ihr Raum.

Ein, in weiße Tücher gehüllter, lemurianischer Priester trat heran, grüßte sie und kniete sich hinter ihren Kopf. Er begann im typischen Singsang seiner Sprache Mantren* zu singen und berührte dabei leicht massierend ihre Schläfen. Schon nach kurzer Zeit schien es An Nu Ba, als verließe sie ihren Körper und schwebe in den Weiten des Alls. Sie sah Deklets Wandlung in Karon, sah den Blitz der Illusion Welten in die Trennung führen, und erkannte voller Entsetzen, dass der Blitz auf dem Vormarsch war. Daher die vielen Hilfesuchenden, daher die Flüchtlinge, daher die beunruhigenden Botschaften. Nein, sie wollte das nicht sehen. Sie wehrte sich, doch der Singsang und der Druck auf ihre Schläfen wurde stärker.

Sie fand sich in Atlantis wieder, in der Ebene der Experimente, wie der Rat es nannte. Emsig gingen die verschiedenen Forscher aus mannigfaltigen Sternenvölkern ihren gentechnischen Arbeiten nach und baten jeden Ankömmling um Proben. Sie suchten und fanden die Brücken der Helices, und sie vernetzten die Sternensaat mit dem Ziel der Erschaffung des Kosmischen Menschen.

Wieder veränderte sich die Melodie und ihr Bewusstsein erhob sich abermals hinaus ins All und flog dem großen Sternenfeld Löwe entgegen. Sie glitt in die Sphäre von Regulus und vernahm die Schwingung des Transponders.

„Wenn Regulus sich am Horizont erhebt, ist die Zeit des neuen Menschen gekommen", vernahm sie die tiefe Stimme Mus in ihrem Innersten. Sie schien sich im Weltenall zu drehen und sah die kleine, blaue Perle Gaia vor sich, zweigeteilt, mit dem Urozean auf der einen Seite und Urkraton auf der anderen. Sie sah den Löwen sich am Horizont erheben und erblickte den Transponder, dessen Puls auf die kraftvolle, löwenköpfige Skulptur einer Sphinx gerichtet war.

Die Vision brach ab, und sie fand sich wieder im warmen Wasser liegend. Der Priester hatte aufgehört zu singen, verneigte sich ehrerbietig vor ihr und ging von dannen. Eine Dienerin wartete mit ihrer Kleidung am Rande des Beckens auf sie. An Nu Ba atmete tief durch und in ihren Körper hinein, sodann erhob sie sich und ließ sich beim Ankleiden behilflich sein. Nachdenklich ging sie einige Schritte voran, als sich ihr schüchtern eine junge Priesterin näherte. In ihren Händen hielt sie einen dunkel schimmernden Kristall.

„Dies ist die Botschaft Mus an den heiligen Rat. Du bist gebeten, die Botschaft zu übermitteln. Darf ich dich zu deinem Gefährt begleiten?", fragte sie, übergab An Nu Ba den Kristall und leitete die Ratsherrin zu einem kleinen Flüsschen, an dessen Ufern eines jener typisch lemurianischen Binsenboote lag. An Nu Ba stieg ein, das Boot schwankte bedenklich, so dass sie sich lieber niederließ. „Wir wünschen dir eine gute Reise!", sie vernahm noch den Singsang der Priesterin, denn schon hatte ein Bootsmann begonnen das Gefährt vorwärts zu staken*. An Nu Ba fühlte sich seltsam ermüdet und erlaubte sich in einen Ruhezustand zu gleiten.

Das vertraute Geräusch von Poseidonis weckte sie, als sie in die Hafeneinfahrt einbogen. Sie dankte dem Bootsmann und machte sich geradewegs zur großen Pyramide auf. Die Fanfaren verkündeten ihre Rückkehr, als sie den Ratssaal betrat. Aus der Energie von Mu kommend, war sie irritiert von der Schwingung des Rates. Doch sie konnte den Gedanken nicht festhalten und schritt zur Begrüßung ihres Kollektivs voran.

Ein Gong ertönte bald, das Zeichen der Vernetzung, und die anwesenden Ratsmitglieder begaben sich in die Verbindung.

An Nu Ba berichtete detailliert von ihrem Besuch auf Mu. Weder ließ sie etwas aus, noch beschönigte sie etwas. Nachdem sie ihre Erfahrung mit den anderen geteilt hatte, erhob sie sich, trat in die Mitte, aktivierte den mitgebrachten Kristall und setzte ihn auf den Boden. Dann begab sie sich zurück an ihren Platz. Der Kristall begann zu pulsieren, ein Stern schien in seinem Inneren aufzuleuchten, und sogleich gingen Lichtstrahlen von seiner Mitte aus, die sich mit dem dritten Auge jedes Anwesenden verbanden:

„Und dies ist Mu. Wisset, wir senken unsere Energie in euch. Wir sind das Bewusstsein des Tempelbezirks von Lemuria. Wir sind keine Wesenheit. Wir sind keine Masse. Wir sind die reine Energie der Einheit mit Allem-Was-Ist.

Wir lassen unser Wissen um Einheit hineingleiten in all jene, die den Mut haben ihr Herz zu öffnen. Wir bitten euch, atmet in eure Herzen hinein, erlaubt euch, eure Herzen weit werden zu lassen, erlaubt euch, aus dem Kristall in der Mitte eures Raumes nun die dunkelgrüne Schwingung aufzunehmen und sie mit eurem Herzen zu verbinden. Erhöht damit das Energiezentrum eurer Herzen, das Zentrum des Einverstandenseins.

Bitte fokussiert euer Bewusstsein jetzt auf alles, womit ihr nicht einverstanden seid, und ihr wisst alle, was es ist. Fokussiert euch darauf, während ihr die Energie von Mu aus dem Kristall in euer Herzchakra hineinzieht und euch mit der grünen Welle erfüllt. Füllt euer Herz auf, aktiviert die Bewusstseinsebenen eures göttlichen Funkens in eurem Herzen. Euer göttlicher Funke, der aus der Quelle Allen Seins gekommen ist, kennt keinerlei Trennung. Speist ihn mit dem dunklen Grün, das wir sind. Nun bündelt alles, womit ihr nicht einverstanden seid, in einem Bewusstseinsfeld und lasst das Grün mit eurer goldenen Göttlichkeit hineinfließen und es umhüllen. Fokussiert präzise dieses Feld und haltet die Achtsamkeit. Nun erschafft eine Herz-zu-Herz-Verbindung mit dieser Ebene des Ausdrucks der Göttlichkeit und erlaubt, dass die Energie zwischen euch und jenem scheinbaren Außen fließt. Erlaubt euch, dieses Bewusstseinsfeld in euer Herz hineinzuziehen und es hier mit der Kraft der Einheit von Allem-Was-Ist zu fluten. Anerkennt die Andersartigkeit und erlaubt der Kraft der Versöhnung zu fließen zwischen euch und jenem Anteil von euch, den ihr scheinbar in die äußere Welt gebracht habt. Erkennt nun, welcher Teil dieses Bewusstseinsfeldes eure ureigenste Kreation ist, und erlaubt euch jetzt in dieser Schwingung, einverstanden zu sein mit eurem Widerstand, denn es ist der Widerstand, der euch forschen und euch fragen lässt und der euer Bewusstsein sich in einem Akt der Tätigkeit entfalten lässt. Wenn ihr die Bewertung von eurem Widerstand nehmt, wenn ihr im Frieden seid mit eurem Sein, dann erschafft ihr Frieden in eurem System und somit mit der Welt um euch herum.

Nun entlasst das Bewusstseinsfeld wieder und seht, dass die Schwingung zwischen euch und jener Ebene sich erhöht hat, und dass ihr hier eine Brücke gebaut habt, auf der Kommunikation und Austausch auf allen Ebenen stattfinden kann, wodurch gemeinsames Anerkennen, Neues und die Evolution Förderndes entstehen kann.

Jetzt möchte ich euch auffordern, diese grüne Schwingung hinabzuleiten und sie durch euch mit der Erde zu verbinden. Erlaubt, dass die grüne Schwingung des Einverstandenseins zwischen der Erde und ihren verschiedenen Ebenen hin- und herflutet. Erkennt, dass dieser wunderbare Planet der Evolution und der Heilung leicht und fließend ist. Seid einverstanden, denn Einverständnis ist die Kraft, die Materie bewegt! Beratschlagt den Bau der Sphinx und der Transponder. Wir, Mu, bereiten unser Volk, das Gaia in Liebe dient, auf die kommenden Aufträge vor. Seid und bleibt in der Einheit! Dies ist Mu in Verbindung mit Andromeda, und wir segnen euch."

Der Kristall verlosch. Der Rat saß lange schweigend, ein jeder verhüllte seinen Geist vor dem Kollektiv. Es war ein noch nie vorgekommenes Ereignis, dass Mu sich mit Aufforderungen dieser Art an den Rat wendete.

Lange schien ein jeder versunken, doch dann erhob sich Ka Ra, der Oberste des Rates, um zur Verbindung zu rufen. Lange kreisten sie, vieles wurde abgewogen, doch die mahnenden Worte Mus schienen schnell vergessen, denn es siegte der Wille. Die Erschaffung des Kosmischen Menschen war nicht mehr nur Aufgabe und Pflicht, sondern hatte bereits die Züge des Ehrgeizes angenommen. Zur Weiterverbreitung wurden die Beschlüsse an die Medien übergeben.

An Nu Ba war unruhig, als sie sich in ihre Gemächer zurückzog. Kaum in ihren Räumen angekommen, hörte sie den bekannten Dreiklang der Verbindung mit dem Gläsernen Meer. Eine neue Botschaft des Rates war im alles verbindenden Meer zu erfahren:

Aus den Ratschroniken von Atlantis:

 n Verbindung mit den geheiligten Stätten Mus geben wir bekannt, dass Mu mit der Errichtung neuer Transponder einverstanden ist. Der heilige Löwe unweit des Tempels wird mit dem Einverständnis Mus weiter ausgebaut.

Der Rat erhielt Botschaft von Mu, dass die Sonne Regulus bei ihrer Ankunft über dem Horizont die Sphinx erkennen wird und also wissen wird, dass die Zeit für das große Experiment gekommen ist. Es ergeht Weisung an die Wissenschaftler, ihre Anstrengungen zu verstärken, aus den neu ankommenden Sternensaaten und dem vorhandenen genetischen Material die Codierung für den neuen Gaianer zusammenzufügen. Die Initiation der neuen Gencodes wird stattfinden, wenn das Sternbild Löwe am Horizont erscheint.

Eile, oh Volk von Atlantis, denn die neue Zeit ist nahe!

An Nu Bas Unruhe verstärkte sich, denn das, was sie im Meer las, beinhaltete keinerlei Information über die beunruhigende Nāhe von Karons Blitz. Sie wunderte sich, doch geschult, wie sie war, ergab sie sich nicht ihrer inneren Unruhe, sondern wandte sich, was sie als ihre Pflicht und Aufgabe ansah, dem Studium der Durchlichtung ihres derzeitigen Heimatplaneten zu.

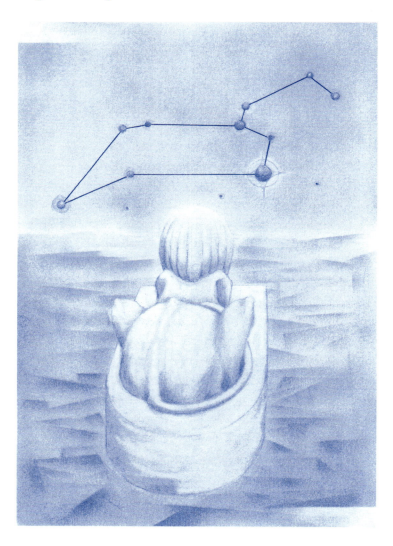

Kapitel 16

Ra Farah An war mit den Schwestern in der Stadt der Medien angekommen, Sky-Ra, die sich zunehmend wohler auf dem Rücken der
Drachin fühlte, hatte den weiten Flug sehr genossen. Auch Circe hatte
den Flug auf der Scheibe gut überstanden und die Schwestern brachten
sie liebevoll besorgt in ihre Räume. Elea hatte dann für sie einen Um-
weg über das Hauptgebäude gemacht und brachte nun einen Teller
voller Leckereien, und forderte Circe auf, nach dieser, wie sie fand,
haarsträubenden Erfahrung etwas zu sich zu nehmen. Doch Circe wollte nicht essen, sie wollte eigentlich nur alleine sein, und erklärte das
den Schwestern mit einem tiefen Schlafbedürfnis. Nach einigem Hin
und Her gaben sie nach und überließen Circe sich selbst.

Doch Circe hatte alles andere vor als zu schlafen, sie suchte den erneuten Kontakt mit Oktaviana. Doch so sehr sie sich auch mühte, sie
konnte die Dichtigkeit nicht durchdringen, und eine große Einsamkeit, ein Gefühl des Verlassenseins überkam sie und sie vergaß vollkommen die Rettung und die liebevolle Zuwendung, die sie durch
ihre Schwestern erfahren hatte.

Nein, sie hatte wirklich nichts mit den anderen gemein. Sie durchlief mit ihnen die Ausbildung, in Ordnung, sie sollten zusammen arbeiten, aber sie selbst, Circe, war und blieb einfach etwas anderes. Sie
konnte mit ihren Schwestern nicht in Verbindung gehen, und wollte
es auch nicht. Ihre ganze Liebe und Loyalität galt Oktaviana, um so
mehr als ihre geliebte Lehrerin nun genauso einsam und abgetrennt
war, wie sie selbst. Wieder einmal beschloss sie, ihre Gedanken noch
tiefer in sich zu verbergen. Wieder einmal verschloss sie sich hinter
der selbst errichteten Mauer ihrer Geheimnisse.

Pflichtgetreu kam sie ihrer Ausbildung mit den Schwestern nach,
und die Gruppe lernte, zusammen mit anderen, das Übermitteln der
Botschaften Mari-Ans und des Rates in die verschiedenen Dörfer und
Städte in den entfernten Gebieten.

Nach und nach lernten sie auf diese Weise ganz Atlantis mit seinen so unterschiedlichen Gebieten, Städten und Dörfern kennen. Überall wurden die Medien, wenn sie ihre Botschaften vermittelten, mit großer Freude begrüßt. Sie unterhielten sich mit den Anwesenden, und sammelten die jeweiligen Neuigkeiten und transferierten das Erfahrene am Ende jeden Tages in den großen Haupttransponder, der mitten durch die Pyramide von Poseidonis ging. Es war ein immer wiederkehrendes Ritual: Sie flogen auf ihrer Scheibe zur Pyramide, verbanden ihre Stirnaugen mit dem Transponder und lenkten ihre Scheibe mitten in den Lichtschacht hinein. In den Lichtwellen badend, lösten sich ihre definierten Selbstwahrnehmungen vollkommen auf, hier waren sie in Einheit mit ganz Atlantis. Der Haupttransponder war jener Transmitter*, der als erster errichtet worden war und hinaufzeigte in die verklingenden Energiewellen Kassiopeias. Dies war der Transponder der Einheit, und an seinem Fuße erhob sich die Pyramide von Poseidonis, über ihm, außerhalb der Atmosphäre, befand sich die größte und strahlendste Raumstation, die Atlantis zu bieten hatte. Im Lichtschacht des Sternenlenkers verwob sich das so genannte Gläserne Meer, welches ganz Atlantis durchzog. Es wurde immer weiter ausgedehnt bis in die letzten Winkel der bewohnbaren Welt. So entstanden die kristallinen Wälder, ein Netzwerk von Kristallen, gepflegt und behütet von Wesenheiten aus Rhubinihus, die den beständigen Fluss der unzähligen Informationen lenkten, bündelten, zusammenfassten und verwoben, so dass alle Informationen wie ein Teppich von Neuigkeiten von Transponder zu Transponder zog, und das bevölkerte Atlantis wie mit einem enormen Zeltdach überspannte.

Die Verbindung war für alle ein Augenblick höchsten Entzückens und höchster Ekstase. In ihnen allen schlummerte die Erinnerung an die Einheit der Quelle. Bei jeder Verschmelzung mit dem Haupttransponder, sei es als Reisender auf dem Weg nach Atlantis, sei es als Medium, das eine Botschaft weitergab, sei es als Bewohner, der die Information erfahren wollte, in allen Anwesenden wurde dadurch das Bewusstsein der Erfüllung, die in dieser Einheit ruht, erneuert. Selbst

Circe fand in diesen Momenten der Verschmelzung zu ihrem kosmischen Glücksgefühl zurück.

Während sich ihre Schwestern jedoch gestärkt auf den Heimweg in die Schule der Medien machten, wurde sie ein jedes Mal nach dem Verlassen des Haupttransponders stiller und zog sich noch mehr in sich zurück. Die anderen hatten sich daran gewöhnt, sie nahmen Circes Verschlossenheit als ihre Eigenheit liebevoll an. Sky-Ra bemühte sich, wie sie von Oktaviana gebeten worden war, die Verbindung mit Circe über das violette Licht aufrechtzuerhalten. Doch da Circe keinerlei Resonanz auf das Licht zu haben schien, ließ Sky-Ra in ihrem Bemühen mehr und mehr nach.

In diesen Tagen ging der Ausbau der neuen Transponder mit erstaunlicher Geschwindigkeit voran. Lemurianer und Rhubinihaner besangen gemeinschaftlich die Materie und errichteten wunderschöne, durchsichtige Türme aus Materie, Licht und kristallinen Substanzen. Auch am Ausbau der Sphinx wurde fleißig gearbeitet. Eine Abordnung aus dem Sternenfeld Löwe war eigens nach Gaia geladen worden, um die Errichtung mit ihrer Weisheit zu unterstützen und die Form dieses galaktischen Symbols so genau wie irgend möglich darzustellen. Jedes Mal, wenn die Schwestern über das Gebiet der Sphinx flogen, war Ga-El besonders begeistert und mehrfach zogen sie extra Bahnen auf ihrer Flugscheibe, um den Fortschritt zu beobachten und sich an der wachsenden Schönheit zu erfreuen. Ga-El wusste nur zu gut um die wunderbare solare Kraft im Sternbild Löwen. Hier hatte sie sich oft und gerne auf ihren Reisen aufgehalten, denn sie liebte die klare, freie Energie und das Bewusstsein des Erschaffens, ebenso wie die unendlichen Möglichkeiten, die in dieser Sternengemeinschaft gelebt wurden.

Makia, die jeden Ausflug der Gruppe von ihrem Lieblingssonnenplatz oben in den Bergen aus begleitete, um für ihre Schutzbefohlenen die Verbindung zur Materie aufrechtzuerhalten, wurde jedes Mal von Ga-Els Begeisterung so angesteckt, dass sie bei den Flügen über die Sphinx laut zu schnurren begann. Es war, so befand sie, auch an der Zeit, dass ihre Urmütter in diesem Universum auf diese sichtbare, ja unübersehbare Art einmal gewürdigt wurden. Ob überhaupt irgendein Wesen in diesem dualen Universum wohl darum wusste, dass die Rasse der Sphingen ursprünglich über die quasaren Ebenen in dieses Universum gekommen waren, um den alten Schöpfervätern und -müttern bei der Errichtung neuer Erfahrungsebenen behilflich zu sein? Diese Wesen hatten auf dem Sternenfeld Löwe Raum genommen und nannten sich deshalb Leoniden. Es waren Wesen von großer Kraft und Präsenz, die sich ihrer Schöpferbefugnis vollkommen bewusst waren. Makia empfing die Bilder der jungen Medien und war zufrieden. Irgendwann würde sie einmal ins Tal gehen, um dieses Bauwerk mit eigenen Augen zu bestaunen, spätestens beim großen Fest, von dem jetzt schon überall gesprochen wurde.

Makia bemerkte, dass die Gruppe sich auf den Rückweg in die Schule der Medien machte und verfolgte aufmerksam den Flug der Scheibe. Und sie erhob sich, wie sie es immer tat, auch nun von ihrem Platz, um ihren Schützling und ihre Freundinnen zu empfangen. Kaum hatten sich die sechs von ihrer Scheibe gelöst, da ging Sky-Ra auch schon auf Makia zu und kraulte sie, was die Felidae sichtlich genoss.

„Ich will noch eine Runde mit Farah fliegen! Bist du einverstanden?", fragte Sky-Ra ihre treue Gefährtin. Natürlich, dachte sich Makia, das scheint ja nun zu ihrer größten Freude zu werden, sich mit der Drachin durch die hohen Ebenen von Atlantis zu bewegen. „Ich würde Farah gerne die neuen Engelgärten zeigen, die die Lemurianer erschaffen haben. Heute haben wir auf unserem Flug ein neues Gebiet gestreift, das außerordentlich gut riecht, und du weißt, wie sehr Farah diese neuen Düfte liebt!" Fragend schaute Sky-Ra Makia an. „Ja, ja, schon in Ordnung, ich werde euch ankern", sagte Makia würdevoll und bewegte sich wieder auf ihren Lieblingsplatz zu. Sky-Ra öffnete ihren Geist und rief Farah Ans Namen. Hoch im Drachenhorst hob die junge Drachin ihren Kopf, verabschiedete sich von den anderen Schülern, trat auf die Felsenkante zu und schwang sich in die Lüfte. Von Tag zu Tag war sie größer und stärker geworden und hatte nun bereits die recht stattliche Form eines jungen Drachen angenommen. Die leichte Schwerkraft von Gaia ließ ihren Körper fester und ihre ungewöhnliche Schuppenfarbe leuchtender werden. Wie die Farbe des Sonnenaufgangs leuchtete sie nun, da sie voll Freude, mit kraftvollen Flügelschlägen auf die Schule der Medien zusteuerte, um der Freundin zu begegnen.

Farah landete mittlerweile schon viel sicherer auf dem Plateau und begrüßte Sky-Ra mit einem Stupfer ihrer Nüstern. Sky-Ra umarmte die Drachin und stieg auf ihren Rücken. Farah hatte sich bereits mit ihrem Geist verbunden und berichtete ihr, was der alte Drache Ra Neomi sie vor kurzem gelehrt hatte. Sky-Ra fühlte sich in die Schulstunde im Drachenhorst versetzt und es war ihr, als spräche ihr alter Mentor direkt zu ihr:

„Das Licht der Muttersonne sei mit euch. Seid willkommen und gesegnet. Dies ist Ra Neomi. Die Liebe der Sohn-Töchter der Shekinah nehme Raum hier in eurem Kreis. Verbindet euch mit dem Gläsernen Meer von Atlantis. Wir, der Rat der Sternendrachen*, haben beschlossen, euch heute zu schulen über die Entstehungsprozesse von Materie im jungen goldenen Atlantis. Erlaubt eurem Bewusstsein sich mit dem Bewusstsein des rhubinihanischen Volkes zu verbinden. Das Volk der Rhubinihaner hat viele verschiedene Aufgaben im goldenen Atlantis, jedoch sind alle mit dem Netz verbunden und weben beständig daran. Bei allem, was sie tun, halten alle Wesen Gaias das Netz existent und in Bewegung.

Das Gläserne Meer von Atlantis, gehütet durch die Rhubinihaner, ist in immerwährendem Kontakt mit den diversen Schichten der jungen Erde. Das Gläserne Meer ist wie der Abdruck der Atmung des solaren Kerns der jungen Gaia. Mit der Atmung Gaias formt es sich zu sanften Wellentälern und Wellenbergen. Und der ständige Rhythmus von Einatmen, Wellental, und Ausatmen, Wellenberg, umfließt ganz Atlantis.

Jede neue Energiefrequenz, die auf der leichten, neuen, physischen Ebene von Atlantis Raum nimmt, wird dem inneren Kern Gaias, diesem atmenden Sonnenball , diesem Bewusstsein aus den Sternen, das hier in die Form gegangen ist, kundgetan. Jedes Wesen, das hereinkommt, gibt sich wie von selbst der Kraft, der Energie, dem Bewusstsein von Gaia hin. So lernt Gaia die Sternenkinder kennen, tastet sie und ihre Fähigkeiten ab, und verbindet diesen energetischen Abdruck mit der Fähigkeit Materie zu erschaffen. Dieser energetische Abdruck wird über die Atmung in den solaren Kern hineingeschleust.

In dieser, noch jungen Zeit von Gaia ist der solare Kern von Gaia groß und lässt viel Magma entstehen, denn er ist ja darauf ausgerichtet Materie, Masse zu schaffen, die für die Entstehung des Kontinentes benötigt wird, denn ohne diese Materie, keine Pflanzen- und Tierwelt, und keine Welt der Elemente, in Verbindung mit ihnen. Nicht nur Sternenfahrer kommen über die Transponder nach Atlantis, sondern auch Bewusstseinsimpulse, die zwar nicht bereit sind, in die Form zu gehen, aber dennoch erkunden wollen, was werdende Materie ist. Diese Bewusstseinsimpulse werden durch die Kraft der Engelwesenheiten auf die junge Erde gebracht. Diese Engelwesen waren schon bei der frühen Entstehung, in der Zeit von Hyperboräa, anwesend und halfen die ersten Atomketten zu bauen und wussten diese sich vernetzen zu lassen, so dass Leben entstehen konnte.

Diese Bewusstseinsimpulse werden hauptsächlich in jene atlantischen Wassermassen eingespeist, die sich aus dem hyperboräischen Meer gebildet haben und den Kontinent umspülen. Sie werden aber auch in jene Formen eingespült, die durch Prozesse der Transformation aus dem Inneren Gaias entstanden sind und die ihr jetzt Seen, Flüsse und Quellen nennt. Quellen sind überaus prädestiniert dafür, Energien aus den Engelreichen aufzunehmen. Die Frequenzen jener Ebene, die ihr Erzengel Michael nennt, sind zahlreich vorhanden und hüten jede neu entstandene Quelle von Atlantis. Diese Quellen werden ‚Brunnen der Engel' genannt, und die Lemurianer nutzen sie, um mit diesem Nass, diesem jungen Wasser, zusammen mit der Materie, die sie vorfinden, sowie mit ihrem Wissen aus dem Gläsernen Meer neue Pflanzen zu formen.

Pflanzen brauchen Wasser, und den Pflanzen wurde die Idee gegeben, sich nach dem Licht hinzustrecken und das Licht in sich zu transformieren, um auf diese Weise in ein Wachstum gehen zu können. Viele aus dem lemurianischen Volke, die damit beschäftigt sind, Pflanzen zu kreieren, sind äußerst kreativ, und so entsteht, von den höchsten Bäumen, bis hin zu den allerkleinsten Blumen, alles, was die Kreativität von Atlantis zur Verfügung stellt. Rhubinihaner lenken das Wasser der Engelquellen zu diesen neuen Blüten, und weil sie so voller Freude über dieses schöne Abbild sind, kreieren sie beständig neue Formen. Dieser Teil der Ebene von Rhubinihus, der sich nach Lemuria hineinstreckt, wird wegen seiner Schönheit und erschaffenden Kraft Engelgarten genannt.

Es ist ein Garten voller Blumen, voller lebender Kreativität entstanden, und sein Ruf wird bereits in die Weiten des Alls hinausgetragen! Vor allem kommen Sternenwesen aus Sirius, um diesen Engelgarten zu betrachten, und sie bringen aus ihren Bibliotheken neue Impulse und neues Wissen mit, so dass auch blühende Bäume und blühende Büsche erschaffen werden können, und so wächst, zur Freude aller Atlanter, der Engelgarten und wird immer größer.

Ihr jungen Drachen seid angehalten, diese Gärten aufzusuchen und euch an ihrem Duft zu erfreuen. Vor allem wenn ihr lange in den Weiten des Weltalls unterwegs seid, dann erinnert euch an den Duft des Engelgartens, denn dann wisst ihr, dort ist Gaia, dort ist die formende Materie, dort erwächst die Liebe zum Sein und dort wird die Heilung für das ganze Universum begründet sein. Dies ist Ra Neomi, möge der Duft der Schönheit euch auf euren Reisen begleiten."

Kaum war die Übertragung beendet, sagte Farah drängend in Sky-Ras Geist, dass sie dieses Gebiet unbedingt erkunden wolle. Sky-Ra lachte herzerfrischend und vermittelte der Gefährtin, dass sie ihr genau diese Gegend zeigen wolle.

So tauchten sie hinab in die Ebene von Rhubinihus, flogen in Richtung Ozean und bald schon war eine ständig wachsende, parkähnliche

Gartenlandschaft in Sicht. Lemurianer in Verbindung mit Sternenwesen sangen neue Pflanzen aus der Materie empor. Rhubinihaner eilten heran und leiteten kleine Wasserläufe aus den Engelsbrunnen in die neuen Areale.

Unterschiedlichste Sternenwesen und Atlanter spazierten alleine und auch gemeinsam durch die Gärten und erfreuten sich an ihren balsamischen Düften. Pure Freude am Sein ließ die beiden in die Woge aus Duft, Farbe und Schönheit hineintauchen. Farah war so begeistert, dass sie sich im Flug auf den Rücken drehte und ihre Nüstern weit öffnete, um so viel wie irgend möglich von den wunderbaren Düften einatmen zu können. Sky-Ra hielt sich mit ihren Beinen fest, ließ die Arme hängen und fühlte sich, als würde sie in der Duftwolke schweben. Fast hätte Farah eine kleine Anhöhe gestreift, als plötzlich kleine, feine, aber spitze Lichtwellen die Aufmerksamkeit der beiden forderte. Ein großer Drache schwebte über ihnen und gemahnte sie zur Achtsamkeit, denn so viel Wind vertrugen die neuen Blumenkinder noch nicht. Farah mäßigte ihre Ausgelassenheit und zog in weiten Kreisen etwas höher, aber immer noch nahe genug, um im Duft der Blumen baden zu können.

Sky-Ra betrachtete die verschiedenen Wesenheiten und konnte an den Mustern ihrer Sternenmeridiane genau erkennen, aus welchen Sternenfeldern die Besucher kamen. Sie erkannte die Bewohner von Wega mit ihren komplizierten Meridianmustern, die Wesen der Plejaden, deren Sternenkleid aussah, als seien es aneinander gereihte Wassertropfen. Die Sirianer mit ihren komplexen Formen standen meist beratend den Lemurianern bei, die damit beschäftigt waren, neue Farben und Formen zu erschaffen. Allmählich verstand sie die Anfrage der Lemurianer, die ihrer Sechsheit aufgetragen worden war, doch bei den Rhubinihanern für sie Planktonlieferungen anzufragen, jenes Plankton, das leuchtete und strahlte und das das kleine Volk aus dem Meer gewann. Sie beobachtete, wie Lemurianer sich zusammenfanden und diese Gabe des Meeres zu sich nahmen! Und sie verstand, die Lemurianer waren so angetan von den Sternenmeridianmustern der

Reisenden, dass sie offensichtlich einen Weg suchten, auch in ihrer Physikalität solche leuchtenden Muster zu entwickeln.

Sie lenkte Farah in Richtung Küste zu den Dörfern der Wasser-Rhubinihaner und sah, dass das Wasservolk die Planktongärten im Meer erweiterte, um ganz offensichtlich mehr ernten zu können. Ob Mari-An und der Rat darum wussten? Sky-Ra hatte weder davon gehört noch hatte sie etwas in diesem Sinne von Mari-An erfahren. Sie würde achtsam sein und sich umhören.

Schon lenkte Farah ihre Bahnen wieder hinauf ins Gebirge und brachte ihre Freundin zurück zu Makia, dann verabschiedete sie sich für die Nacht und flog zu ihrem Horst zurück. Makia hatte die Gedanken ihres Schützlings aufgenommen, und ihre Unruhe bemerkt. Ja, ihr gefiel das Gesehene ebenso wenig, auch wenn sie nicht hätte benennen können warum. In typisch andromedanischer Art und Weise beschloss Makia, das Erfahrene in sich zu bewegen. In sich gekehrt gingen beide zu den Schlafräumen, um nach den Schwestern zu sehen. Sky-Ra wollte auch unbedingt Elea und Belea von den wundersamen Gärten erzählen, das würde die beiden bestimmt erfreuen.

Aus den Feenchroniken
(entschlüsselt im Jahre 2005 der neuen Zeit)

ies ist Elris, Hüterin des Engelgartens. Ich bin Rhubiniha-nerin und Erschafferin, Formerin von Blüten. Ich liebte alle Kinder in meinem Garten und ich formte immer wieder neu. Ich sprach mit der Kreatur und freute mich über ihren vielfarbi-gen Ausdruck. Es war mir ganz natürlich, mit dem neuen wer-denden Leben zu sein, und es erfüllte mein Herz mit großer Freu-de, neues Bewusstsein in ein schönes Kleid zu hüllen.

Wenn die Sternenfahrer kamen und durch den Engelgarten wandelten, waren sie immer frohen Mutes, und die Schönheit, der sie ansichtig wurden, animierte sie, an der Ausformung ihrer Kör-perlichkeit Schönheitsveränderungen vorzunehmen. Ich erinnere mich noch sehr gut, als an einem Tag ein neu angekommenes We-sen vom Sirius, das eine Körperform mit sehr langen Beinen und mehreren Armen gewählt hatte, ein fließendes Wesen, das noch nicht wirklich fest geworden war, sich traf mit einem Wesen aus dem Rat von Atlantis und sie gemeinsam durch unseren Garten wandelten.

Die sirianische Wesenheit war begeistert von den gelborangerot leuchtenden Blütenköpfen einer neu kreierten Pflanze in unserem Garten. Diese Pflanze hat überlebt, ihr nennt sie Calendula. Und die sirianische Wesenheit mochte die Farbe und die Blütenstän-de so sehr, dass sie das Abbild der Blütenstände aufnahm und ih-ren Körper damit schmückte. Sie kreierte etwas, das ihr heute Hut nennen würdet, und etwas, das ihr einen Rock nennen würdet, und sie umkränzte ihre Handgelenke und schuf sich aus den einzel-nen Blütenblättern einen Mantel, mit dem sie ihren Leib bedeckte. Sie war so voller Freude ob dieser Farben und ob dieser Schönheit, dass sie ihr atlantisches Gegenüber ansteckte und die beiden zusammen durch den Garten tanzten. Vergessen hatten sie, vor lauter Freude am Miteinandersein, den Austausch der ach, so wichtigen Botschaft von den Sternen an den Rat von Sirius. Und in dieser Freude und in diesem Verbundensein öffneten sich Ebenen in ihrem Bewusstsein und in ihrem Geist, die sie vorher nicht kannten und auch nicht für möglich gehalten hatten. Und in dieser Freude lernte Sirius von Atlantis und Atlantis lernte von Sirius. Diese Freude verband sich mit dem Gläsernen Meer und so herrschte eine freudvolle Stimmung im ganzen Land, ausgehend von jener kleinen Blüte, die wir damals soeben neu erfunden hatten.

Diese Verbindung zwischen dem sirianischen und dem atlantischen Wesen war von großer Dauer. Die sirianische Wesenheit war nicht auf Atlantis anwesend, als der Blitz von Karon einschlug. Doch sie hörte die Botschaft und war voller Trauer. Sie bewegte ihr Bewusstsein in das zerstörte Atlantis, suchte den Engelgarten und suchte den Gefährten aus dem Rat von Atlantis, doch sie konnte ihn nicht finden. Was sie jedoch fand, war, da es durch das Einschlagen des Blitzes fest und fassbar geworden war, die kleine gelborangerote Blume. Und sie nahm diese Blume mit, flog über alle Kontinente und verstreute überall ihre Samen, auf dass ihr atlantischer Freund, wann immer er auch wieder in die Form gehen würde, sich ihrer erinnern würde. Ihr könntet sagen, das war eine erste Form von Liebe, ausgehend von der kleinen Blume Calendula.

Versteht und lernt jetzt, dass Liebe immer mit Freude verbunden ist. Nehmt wahr und erkennt, dass die Kraft der freudvollen Liebe eure Gencodes wieder aufweckt und lang verschlossene Brücken sich wieder öffnen, sich wieder verbinden und in Kommunikation gehen, so dass jede Zelle in euch die Freude spürt, Zelle und Materie zu sein.

Kapitel 17

Ka Ra kam gerade von einem seiner täglichen Besuche aus den Forschungsstätten zurück. Er war sehr zufrieden. Die atlantischen Wissenschaftler hatten ihm die große Datenbank der verschiedenen Sternencodierungen gezeigt, und es war ihnen gelungen, ein erstes Modell der Zwölferhelix zu bauen, die sowohl alle Information aus den Sternen als auch der jungen Gaia enthielt. Erste Experimente mit diesem Genpool zeigten jedoch, dass das so geformte Leben immer noch nicht über genügend Festigkeit verfügte. Ka Ra war jedoch guten Mutes, denn er war sich ganz sicher, dass seine fähigen Forscher auch dieses Problem noch lösen würden.

Er schwenkte gerade seine Flugscheibe in die Richtung der großen Pyramide, als sein Blick auf eine Gruppe Lemurianer fiel, die offensichtlich auf dem Weg zum Hohen Rat waren. Das hatte es noch nie gegeben. Niemals vorher hatten sich Wesen aus Lemuria aufgemacht, um die große Pyramide, geschweige denn den Rat zu besuchen. In der fein schwingenden Umgebung sahen die Lemurianer, mit ihren viereckigen, festen Körpern, ihren langen Armen und erstaunlich großen Füßen, ziemlich fehl am Platze aus. Im Volk der Atlanter galt es als schick, sich möglichst zierliche Füße und hohe Körper zu formen, denn die Zielrichtung des Trachtens aller Atlanter galt dem geistigen Prinzip und den Sternen.

Als würden sie durch Wasser gehen, bewegte sich die Gruppe der Lemurianer auf das Haupttor der großen Pyramide zu, während Ka Ra seine Scheibe auf das obere Drittel der Pyramide zulenkte, wo sich die Einflugtore des Rates befanden.

Elegant brachte er seine Scheibe in der Empfangshalle zum Stehen, wie immer genau im Mittelpunkt des großen achtzackigen Sterns, der in Gold in den Marmorboden eingelassen war. Er schmunzelte zufrieden mit sich und begab sich eilig in den Ratssaal. Hier im großen Saal befanden sich bereits viele Ratswesenheiten im Gespräch miteinander.

Der Gong kündigte sein Kommen an und alle Mitglieder nahmen ihre Plätze ein.

Ka Ra läutete die Vernetzung ein und berichtete von den Fortschritten der Wissenschaftler. Noch während seines Berichtes wurde der Rat um eine Audienz von den Lemurianern gebeten, und, da alle Anwesenden zustimmten, bat man die Gruppe herein. In der Mitte der Ratsrunde öffnete sich ein gläserner Aufzug, mit dem die Lemurianer von den unteren Etagen nach oben gehoben worden waren, so dass sie nun in der Mitte der Ratsversammlung ankamen.

Mit singender, ondulierender Stimme stellte der Sprecher seine Gruppe als eine Gemeinschaft von Formern aus dem Engelgarten vor. Das Wesen berichtete von der Zusammenarbeit mit den Sternenfahrern und der Erschaffung unzähliger, neuer, belebter Materieformen. Er sang ein Loblied auf die Informationen und die Zusammenarbeit mit den Sirianern und wollte gerade andere Sternenvölker aufzählen, als Ka Ra ihn mit einer freundlichen Geste zum Schweigen brachte. Es war immer dasselbe, Ka Ra, und nicht nur er, hatte Schwierigkeiten die Lemurianer zu verstehen, die, mit ihrer so ausschweifenden Art über ihre Erfahrungen zu berichten, ihre Darstellungen für atlantische Wesen so verkomplizierten, dass sie für diese nur sehr schwer zu verstehen waren. Atlanter waren zielgerichtete Wesen, die das Wissen von den Sternen in der Materie zu verankern trachteten, und die Lemurianer, nun ja, sie sangen eben alles in Form, und das dauerte.

Ka Ra tat sein Bestes, sich anzupassen und dennoch zum Punkt zu kommen. Er befragte die Abordnung, was denn nun ihr Begehren sei.

Wieder hob der Sprecher an, doch dieses Mal berichtete er von der Vielzahl und Schönheit der Sternenstraßen auf den Körpern der Sternenfahrer. Die Geduld des Rates wurde sehr gefordert, doch An Nu Ba gelang es, aus dem Gesprochenen herauszufiltern, dass die Lemurianer darum baten, sich ebensolche Meridianbilder auf ihren Körpern erschaffen zu dürfen, wie sie die Atlanter und viele Sternenfahrer zur Schau trugen.

Es war das Meridiansystem, das als erstes sichtbar wurde, wenn Sternenfahrer versuchten, in Materie Körper zu formen. Die meisten auf Atlantis angekommenen Körper waren sehr durchlässig. Jedoch konnte man bei einem jeden Wesen die Meridiane sehen und es gab Wesenheiten unter den Sternenfahrern, die nach Atlantis gingen und es als ein interessantes und abwechslungsreiches Spiel betrachteten, aus ihren Meridianen Muster zu erzeugen, die schön, glänzend und strahlend waren. Und zu dieser Zeit war es bereits eine Art Wettbewerb geworden, mit diesen Sternenlinien immer schönere, komplexere und leuchtendere Muster zu kreieren.

Jene Sternenfahrer aber, die in die Völker der Lemurianer eingegangen waren, hatten dieses Spiel nicht verstanden, denn ihre alleinige Absicht war es gewesen, Physikalität zu erschaffen. Deshalb entwickelte sich ein lemurianischer Körper immer nach praktischen Gegebenheiten, die sinnvoll für die Gestaltung der Materie waren. Lemurianer waren bisher nicht an Mode interessiert gewesen.

An Nu Ba vermittelte ihre Erkenntnis den anderen Ratsmitgliedern auf telepathischem Weg.

Während der lemurianische Sprecher weiterhin ausführlich berichtete, begriff nun auch Ka Ra, was vor sich ging:

Irgendwann, als sie die Schönheit ihrer Gärten erschaffen hatten und immer mehr dieser modisch orientierten Sternenfahrer in den Engelgärten wanderten, fiel den Lemurianern auf, dass die Lichtstraßen auf deren Körpern auch eine große pulsierende Kraft besaßen. Die Lemurianer berieten sich, doch sie hatten keine Idee, wie sie das Sternenstrahlenlicht in ihren Körpern verankern könnten. Also gingen sie hin zum Haus Rhubinihus, das so etwas wie das ausgleichende Pendel zwischen dem Volk von Atlantis und dem Volk von Lemuria war. Die Rhubinihaner empfahlen ihnen, Plankton zu sich zu nehmen, denn das Plankton leuchtete und wurde benutzt, um Licht in der Dunkelheit zu haben. Nahrung als solche war zu der Zeit auf Atlantis nicht notwendig, doch, dem Rat folgend, fingen die Lemurianer an, dieses Plankton zu sich zu nehmen, in der Hoffnung, ihr Körper würde dadurch zu leuchten beginnen. So kam es überhaupt dazu, dass die Idee der Nahrungsaufnahme entstand.

Die Lemurianer aßen Plankton, aßen Plankton, aßen Plankton, aber sie fingen nicht an zu leuchten. Sie fragten ihre Bäume, sie fragten ihre Pflanzen, sie fragten die neu erschaffenen Vögel, doch auch diese konnten ihnen nicht sagen, wie sie ihre Körper zum Leuchten bringen könnten.

Eines Tages war wieder eine Gemeinschaft von den Sternen nach Atlantis gekommen; dieses Mal war es eine Abordnung von Wega. Die Weganer, da sie von den Lyrianern die Individualität gelernt hatten, waren sehr modische Wesen, und waren gerade dabei, wunderbare Schlaufen, Kringel und Biegungen in ihr Sternenstraßensystem zu formen, wobei sie von mehreren Lemurianern, die im Engelgarten gerade eine Quelle emporsangen, beobachtet wurden.

Ein junges, lemurianisches Wesen hatte Vorwitz aus den Sternen mitgebracht, und so fragte sie die Weganer: „Wie geht das, dass ihr so schön leuchtet?" Und so kam es zwischen Lemurianern und den Weganern, die auf Atlantis gelandet waren, zu einem Dialog, und die Weganer willigten bereitwillig ein, die Lemurianer zu schulen.

Eigentlich hatten die Lemurianer wenig mit dem Rat von Atlantis zu tun, denn die Ebene der Pyramide von Poseidonis erschien ihnen so unfassbar, dass sie überhaupt nicht auf die Idee kamen, hierhin zu pilgern, doch nun waren sie gekommen, um den Rat zu bitten, sie, das Volk der Former, speziell mit den Energien aus der Sonne Wega zu versorgen, damit auch sie so schöne Lichtbahnen auf ihren Körpern würden formen können. Wegen dieses Anliegens hatten sie sich aufgemacht, den Hohen Rat zu besuchen.

Mittlerweile war der lemurianische Sprecher verstummt. Die Ratsmitglieder unterhielten sich telepathisch und kamen nach einigem Kreisen zu dem Schluss, dass diese Bitte gewährt werden sollte. Ka Ra wandte sich an die lemurianische Delegation:

„Wisset, ihr Former, ihr Erschaffer der wunderbaren Engelgärten, eure Bitte wird erfüllt. Wir werden die Medien beauftragen und Mari-

An bitten, euch mit dieser Energie aus den orbitalen Stationen zu versorgen. Dennoch müssen wir euch ersuchen, das Volk an den Wassern nicht um weitere Erhöhung Planktonproduktion zu bitten. Das Plankton wird in den Stunden der Abwesenheit der Sonne dazu gebraucht, die Städte und Wege zu beleuchten. Es hilft euch auch nicht, wie ihr bereits erfahren konntet, Sternenmeridiane in euch zu bilden, denn Plankton ist eine Energieform Gaias. Das Leuchten unserer Sternenmeridiane aber entsteht aus dem Licht der Heimatwelten, das wir in unseren Körpern modifizieren. Es steht euch frei, mit der Energie Wegas zu experimentieren, und wir sind schon jetzt gespannt auf eure Erschaffungen.

Dann haben wir noch eine Bitte an euch. Möglicherweise habt ihr über das Gläserne Meer vernommen, dass wir danach trachten, eine neue Spezies von Wesen zu gründen, Wesen, die auf Gaia ohne jede Schutzmaßnahme ihre Evolution vorantreiben können, und dennoch dazu in der Lage sein werden, die Materie mit dem Geist aus den Sternen zu verbinden. Unsere Wissenschaftler sind schon weit vorangekommen, doch die Vereinigung mit der Sphinx naht, und wir bitten euch, auch euer genetisches Material, das Material des Volkes Lemuria zur Verfügung zu stellen. Geht zu eurem Volk und befragt eure Geschwister, ob sie einverstanden sind, sich mit den Wissenschaftlern zu treffen und Proben eurer Gene in den Laboren abzugeben. Bitte begebt euch nun wieder zurück in die Gärten und an eure Arbeit."

Die lemurianische Delegation bedankte sich und verneigte sich immer noch tief, als der gläserne Aufzug sich bereits wieder in Bewegung gesetzt hatte, um sie auf die unteren Ebenen der großen Pyramide zu bringen.

Der Rat leitete die lemurianische Bitte und den erfolgten Beschluss sofort ins Gläserne Meer und bat das oberste Medium um seine Mithilfe. Bereits am darauf folgenden Tag erhielten Sky-Ra und ihre Schwestern den Auftrag, Lichtimpulse der Sonne Wega von der Kuppel des obersten Mediums aus mit den Engelgärten zu vernetzen. Es war allen immer eine große Freude, zu den ständig wachsenden Gärten zu fliegen. Und die Former kamen, um die Wega-Energien in sich aufzusaugen, um die Schönheit der Sternenfahrer oder das, was für die Lemurianer das modische Schönheitsideal war, in sich erschaffen zu können.

Als sie am Ende des Tages ihre gesammelten Botschaften im Lichtschacht austauschten, erkannte Sky-Ra, dass das Wissen um die erhöhte Planktonproduktion doch dem Rat bekannt war, und die Schwesternschaft wurde in Kenntnis gesetzt, dass sie von nun an täglich über die Küstenregionen zu fliegen hätten, um nachzusehen, ob die Forderung des Rates von Seiten der Lemurianer und der Rhubinihaner eingehalten wurde.

Für sie alle war es eine völlig neue Aufgabe, etwas zu überwachen, aber sie dachten sich nichts dabei. Nur in Makia, der Erdhalterin, wuchs eine zunehmende Wahrnehmung von Unwohlsein.

Jeden Tag beobachteten sie die Veränderung des lemurianischen Volkes: Die Energietransmissionen von Wega führten erst einmal dazu, dass sie begannen ihre Körper in die Länge zu ziehen. Größe war von da an etwas Wichtiges. Je größer sie wurden, desto feiner wurde auch, wie die Lemurianer befanden, ihr Gefühl für die Materie. Und dann begannen sie ihr Meridiansystem, das man trotz all ihrer Bemühungen immer noch nicht leuchten sah, an die Oberfläche ihrer Körper zu legen. Es pulste, aber es strahlte nicht. So begannen die Lemurianer, in ihrer Absicht zu strahlen, ein System aus Venen und Adern anzulegen, in dem sie ihre Säfte kreisen ließen. Und ihre Körper fingen mit der Zeit immerhin an zu pulsieren, darauf waren sie sehr stolz, aber immer noch waren sie keine leuchtenden, atlantischen Wesen.

Die Bitte des Rates war dem Volk in langen, ausführlichen Gesängen vorgelegt worden. Immer wieder trafen sich Gruppen des Volkes, um zu beratschlagen, wessen Genmaterial und auf welche Weise genommen werden sollte, um die Bitte des Rates zu erfüllen. Einige aus dem Volk befanden, solange kein Leuchten zu sehen sei, sei es auch nicht nötig, in diese fremde Region der Versuchslaboratorien zu wandern. Die Lemurianer besangen die Bitte des Rates in immer wiederkehrenden Varianten und die Zeit strich dahin.

Makia dehnte und streckte sich, um aufzustehen und die Scheibenschwestern nach ihrem Flug zu empfangen. Sie war zunehmend unruhiger geworden wegen ihrer Beobachtungen über die Veränderung der Lemurianer, doch die Schwestern schienen darin keinen Grund zur Besorgnis zu sehen. In den Gemächern angekommen, befragte Makia jede Einzelne über ihre Wahrnehmungen in Lemuria. Circe war wie immer abwesend und nicht bereit, ihre Gedanken mit der Gruppe zu teilen. Makia gab ihre Befürchtungen preis:

„Hier, seht ihr, beginnt bereits das, was Unterschied bewirkt. Wenn ein Volk etwas unbedingt haben möchte, es aber nicht erreicht, dann kommt es in eine Schwingung des Mangels. Mangel erzeugt Druck. Die Lemurianer sind nicht mehr mit sich zufrieden, und das wirkt sich auf ihr Formen aus! Habt ihr denn nicht gesehen, dass sie schon lange keine neue Form mehr erschaffen haben, sondern jetzt immer nur dieselben bekannten Formen in unterschiedlichen Varianten emporsingen? Sie sind viel zu beschäftigt mit der Erschaffung ihres von ihnen so sehr gewollten Sternenkleides. Dahin geht ihre Kreativität nun, und sie gilt nicht mehr der Freude am Ganzen, sondern nur noch ihrem Wollen! Das ist gefährlich, sage ich euch."

Nach einigem Hin und Her beschloss die Gemeinschaft, sich mit dem Rat der zwölf Häuser zu besprechen.

Am nächsten Morgen machten sie sich, wie jeden Morgen, in die Oberstadt auf, um in der großen Halle ihre Weisungen für den Tag abzuholen. Bevor jedoch die Übermittlung begann, bat Makia um das Wort und berichtete allen versammelten Medien von ihren Beobachtungen. Auch die Botschafter der Häuser waren anwesend. Die Schar der Medien schien erst nicht zu verstehen, doch die Botschafter schauten bedenklich. Ihnen war bereits aufgefallen, dass nicht mehr alle Botschaften Mari-Ans, die über die Tiara nach Atlantis gespeist wurden, im Gläsernen Meer der Allgemeinheit zur Verfügung standen.

Man kam zur Erkenntnis, dass es den Atlantern überhaupt nicht bewusst war, dass das Volk der Lemurianer begann, ihnen gegenüber ein Unwohlsein zu entwickeln, weil sie offensichtlich für sich nicht das schaffen konnten, was die sehr viel feineren und durchsichtigeren Wesen hatten. Aufgrund dieses Unwohlseins würde sich die Saat des Widerstandes, des Ärgers, des Zorns, ja, möglicherweise sogar der Rebellion im ganzen Volk ausdehnen!

Die Botschafter der zwölf Häuser fanden sich zusammen und beschlossen, beim Rat vorzusprechen, um das Problem ins Bewusstsein zu bringen. Eilig gingen sie in ihre Botschaften zurück, um sich mit ihren Kollektiven auszutauschen und sich auf die Reise hinab ins Tal vorzubereiten.

Noah war gerade von einer Sternenreise zurückgekommen und froh, seine Gemeinschaft auf Gaia wiederzusehen. Die Oberstadt brummte, als er ankam, und alle, die ihm begegneten, erschienen ihm irgendwie angespannt.

Froh sein Haus erreicht zu haben und der verwirrenden Energie des großen Platzes entkommen zu sein, öffnete er mit seiner Sigille* das große Portal des Hauses Dan, und trat in die weite, lichtdurchflutete und angenehm warme Vorhalle. Ja, die Wärme tat ihm gut, wie hatte er sie vermisst. Der Energietransfer von der Orbitalstation durch die Lichtschächte bis zu den Flugscheiben kühlte seine empfindsame Materie immer sehr ab. Er liebte die Wärme. Sofort kam ein Helfer auf ihn zu, nahm ihm den weiten Sternenmantel ab und reichte ihm einen Willkommenstrunk in einem alabasterschimmernden Becher. Köstlich, dachte er, dieses Nass von Gaia war einzigartig in den Weiten des Universums, flüssig, leicht würzig, ja, man könnte einen Hauch von Süße in diesem Wasser schmecken! Genussvoll leerte er seinen Becher und gab ihn zurück.

Seine Schritte führten ihn in die gemütliche Bibliothek, wo er seine Freunde begrüßte und sich auf einem Liegemöbel niederließ. Neuigkeiten wurden ausgetauscht, und so erfuhr er auch von dem Ansinnen der Lemurianer, das ihn eigentlich eher amüsierte; doch was seine Stirn umwölkte, war die Tatsache, dass es eine Delegation zum Rat geben sollte, weil die Vereinigung der Häuser den Eindruck hatte, nicht mehr alle Botschaften Mari-Ans würden ins kommunikative Netz eingespeist.

Er besprach sich lange mit seinen Freunden, bis ihm alles in seiner Abwesenheit Geschehene vollkommen bewusst war. Dann verabschiedete er sich und zog sich in sein Gemach zurück, um sich von der Reise zu erholen und etwas aufzutanken. Die Adaption an die energetischen Gegebenheiten des jungen Planeten bedurfte nun mal der Ruhe.

Er machte es sich auf seinem Lager bequem, streckte seine ihm immer nach der Landung wieder ungewohnt gewordenen Glieder, durchkämmte sein Meridiansystem und justierte dessen Frequenz in eine feine Übereinstimmung mit dem Puls Gaias. In seiner darauf folgenden Trance vertiefte er sich in den solaren Kern des jungen Planeten und wärmte sich an Gaias Feuer und an ihrer Freude des Erschaffens. Er ließ sich durch die Feuerebenen tragen, schwamm mit den großen Feuerwellen und fokussierte sich auf den Pulsschlag des Planeten. Er ließ sich vom Puls Gaias tragen, doch plötzlich traten die Bilder seiner Reise ihm wieder ins Bewusstsein. Wieder sah er die Zerstörung Aldebarans! Diese wunderbaren Brückenbauer-Wesenheiten, gefangen und missbraucht von den schwarzen Herren. Für lange Zeit würde man die wunderbar leichten Dimensionsbrücken Aldebarans nicht mehr nutzen können, um in die anderen Dimensionen der Erfahrung in diesem Universum zu gehen. Große Trauer erfasste sein Herz. Er sah Deklet, zu Karon mutiert, wie er seine schwarzen Schüler an der Lenkung des Blitzes entlang aussandte, um das Universum in Besitz zu nehmen. Sein Herz drohte ihm fast zu zerspringen, als er sich an all die Verluste erinnerte, die er auf seiner Reise gesehen hatte. Er nahm sich zusammen und fokussierte sich auf das Sternenfeld Virgo, denn auch dieses hatte er besucht. Hier schien noch alles in der Einheit zu schwingen und die Kraft der Reinheit auf Virgo war groß. Er glaubte an die Kraft der Reinheit! Er versuchte, sich zu bestätigen, dass er wirklich an diese große Kraft glaubte, doch Zweifel nistete sich bereits heimlich, leise und pochend in seine Bilder ein. Waren die Herrscherhäuser fähig, die Einheit aufrechtzuerhalten? Würden die Wege, die sie mit den Abgeordneten besprochen hatten, für alle zu begehen sein? Er wusste es nicht, früher, so dachte er sich, wäre ihm das keine Frage gewesen.

Nun, er hatte sein Bestes getan. Jetzt ging es hier um Gaia und den Rat, und es ging um das große Projekt Mensch. In seinem Gepäck hatte er eine Phiole* mit dem Sternencode aus dem System Virgo, und, richtig, das durfte er nicht vergessen, man hatte ihm auf Virgo den Entwurf für ein Pflanzenwesen mitgegeben, das die ganze Kraft des Sternenfeldes enthielt, das der Ausdruck reinster Liebe war, und man hatte ihn sogar um eine Benennung gebeten. Wie sollte diese neue Pflanze heißen? Der Name fiel ihm nicht mehr ein. Er würde schlafen, dann würde er sich erinnern. Noah war sich dessen sicher und ließ sich in die tiefen Ebenen der Traumlosigkeit sinken.

Der tiefe, weit schwingende Gong, der zur Morgenversammlung rief, weckte Noah aus seinem erholsamen Schlaf. Er erhob sich und bekleidete sich mit seinem bereitgelegten Ratsmantel, der ihn als einen der ältesten Botschafter des Hauses Dan auswies, und begab sich in die Vereinigungshalle.

Nach und nach kamen alle anderen im Hause Anwesenden. Wieder ertönte der tiefe Gong, doch nun in einem etwas höheren Klang, und die Gemeinschaft formte einen Kreis, um in sich die Melodie des Gongs entstehen zu lassen. Gemeinschaftlich begannen sie zu tönen. Nach und nach verwob sich der Tonteppich zu einem gemeinsamen Ton. Nun vereinigten sie ihren Geist und tauschten ihre Erkenntnisse aus.

Heute sollte die Delegation der Häuser bestimmt werden, die mit dem schweren Auftrag nach Poseidonis reisen würde. Die Dan-Gemeinschaft wählte ihren Vertreter und die Wahl fiel, wie so oft, auf Noah. Er war nicht erstaunt. Ja, er hätte noch etwas der Ruhe bedurft, aber er nahm die Aufgabe an und verabschiedete sich, um sich in den Versammlungsraum der Oberstadt aufzumachen.

Hier trafen nach und nach die gewählten Vertreter der zwölf Häuser ein. Hoch im Gewölbe des Versammlungssaales waren bewegliche Abbildungen der beiden Sonnen Orh und Ghon, die ihre Bahnen zogen, um sich immer wieder zur Stunde der Versammlung zu vereinen und ihr heilendes Licht auf die Anwesenden auszustrahlen.

Als die goldene und die grüne Sonne sich aufeinander zubewegten wurden die Abgeordneten der Häuser still und sammelten sich zum Gebet der Einheit, wie es Brauch gewesen war auf Andorh in der Heimatwelt Kassiopeia.

In der Stille sammelten sie ihre Kräfte und erfüllten sich mit Ruhe und Gelassenheit. Nach der Kommunion nahm die Delegation wie selbstverständlich ihren Weg nach Poseidonis auf.

Noah rief An Ka Ra, die ihm wohlgesonnene Drachin. Hoch oben im Drachenhort hörte sie seinen Ruf und machte sich sofort auf den Weg zu der Stadt in den Lüften. Weit breiteten sich ihre rotgoldenen Flügel aus und sie umrundete den Turm Mari-Ans, bevor sie sich unweit des Hauptplatzes niederließ. Noah und die Abgesandten warteten schon, sie begrüßten sich und nahmen auf dem Rücken der Alten Platz.

An Ka Ra hob ab und bereitete ihnen allen, aus dem Gebirge aufsteigend, einen wunderbaren Flug, dann ging es über die weiten Ebenen der Savannen, und dann an der blaugrünen Küste entlang. Sie drehte ab, denn sie wollte nur zu gerne in die balsamischen Düfte über dem Engelgarten eintauchen. Auch die Abordnung genoss den Abstecher und so hatte Noah die Möglichkeit, die neu gestaltete Erweiterung dieses schönen Ortes zu bewundern. Ganz plötzlich fiel es ihm wieder ein, das Abbild jener neuen Pflanzenspezies, die er hier verankern sollte. Ja, das würde er auf dem Rückweg tun. „Rose" war der Name gewesen, um den die Wesen von Virgo ihn gebeten hatten. Die Rose, das Zeichen ewiger Liebe, sollte auf Gaia Raum nehmen als ein Geschenk aus der Zukunft, zur Erinnerung an die Vergangenheit.

An Ka Ra veränderte ihre Flugbahn und vor sich sahen sie die strahlende, weißgoldene Pyramide von Poseidonis, gekrönt von ihrem Sternenlichtschacht. Unzählige Flugscheiben tauchten in den Sternenschacht ein und kamen aus ihm heraus. Doch auch die verschiedenen Ebenen der Pyramide waren umflogen von Drachen und Fluggeräten aller Art.

Mit ausladenden Flügelschlägen bewegte sich An Ka Ra auf das obere Drittel zu und landete elegant auf der großen Ausformung, die besonders für die Landung und den Start größerer Flugkörper gedacht war. Noah bedankte sich bei der Freundin und verabschiedete sie. An Ka Ra spürte, dass Noahs Herz nicht so leicht schlug wie üblich, sanft legte sie ihre Nüstern in seine Halsbeuge und ließ ihn einen sanften, kleinen Schnaufer spüren. „Ja, ja, du Weise aus dem Herzen der Mutter", sprach Noah, „ich danke dir!" Er kraulte sie und entließ sie mit einem begegnenden, tiefen Blick in ihre liebevollen Drachenaugen. Er atmete tief durch und folgte der Gesandtschaft in die Ratsräume.

Kapitel 18

In der Pyramide war die Botschaft vom Besuch der Gesandtschaft der zwölf Häuser angekommen und der Rat von Atlantis zusammengerufen worden. Jedes Ratsmitglied war sofort dem Aufruf gefolgt, denn der Rat und die zwölf Häuser bildeten die Führungsorgane von Atlantis. Der Rat war zuständig für die Lebensseite, für die Erschaffung der neuen Lebenswelten, und die zwölf Häuser waren die spirituelle Führung Atlantis, zuständig für die Einheit von Allem-Was-Ist. Beide Gruppen waren absolut gleichberechtigt, sie hatten die gleichen Rechte, ihr Wirken fand lediglich auf verschiedenen Ebenen seinen Ausdruck.

Die Ratsmitglieder hatten bereits auf der einen Seite des großen Rundes Platz genommen, als die Gesandtschaft den Versammlungsort betrat und zu ihren Plätzen auf der anderen Seite des Rundes geführt wurde. Die üblichen Begrüßungsformeln und Ehrungen wurden ausgetauscht. Dann bat Ka Ra um die Offenlegung ihres Anliegens. Wie so oft war Noah zum Sprecher gewählt worden. Er berichtete von seiner Sternenreise sowie den Zerstörungen, die er gesehen hatte. Er spürte, dass sein Bericht in den Ratsmitgliedern Unruhe auslöste, die sie sich jedoch nicht anmerken ließen. Dann kam er zum entscheidenden Punkt:

„Durch unsere neu auszubildenden Medien und deren Erdhalter wurde uns von der Unruhe im Volk der Lemurianer berichtet. Wir halten es für angebracht, eure Aufmerksamkeit auf diesen Teil des Erdenvolkes zu lenken, denn auch wenn unterschiedlichste Wesen und Völker diesen Planeten besiedeln, so bilden wir doch alle zusammen eine Einheit. Entsteht ein Unwohlsein in einer Gruppierung, so hat das seine Auswirkung auf das Ganze. Wir haben auch von eurem Ansinnen gehört, die Gen-Codierung der Lemurianer für euer Experiment zu erhalten. Ihr wisst, so wie wir, dass dies ein Planet der Heilung ist und somit niemand zu irgendetwas genötigt werden sollte, wie edel die Absicht auch sein mag, dies führt zu Unwohlsein.

Was Unwohlsein und Mangel anrichtet, habe ich auf meiner Reisen gesehen und euch berichtet. Des Weiteren möchte die Versammlung der zwölf Häuser um eine Erklärung bitten, warum ihr die Botschaften aus den Sternen nicht mehr gleichmäßig in das Gläserne Meer einwebt. Warum erlaubt ihr, dass manch einer die Information und Kraft aus den Sternen erhält, während andere sie sich erarbeiten müssen? Das ist nicht im Sinne der Gleichwertigkeit, die uns die Sternenväter und -mütter als oberste Direktive mit auf den Weg gegeben haben."

Noah setzte sich. Er war sich dessen bewusst, dass er mit seinem Bericht die Ratsmitglieder getroffen hatte, sie schienen den Atem anzuhalten. Sie waren es nicht gewohnt, dass so mit ihnen gesprochen wurde. Erstaunen und auch feine Wellen des Ärgers schlugen ihm entgegen. Noah blieb gelassen, streifte seinen Sternenmantel glatt und wartete.

Der Rat hatte sich telepathisch verbunden, jedoch eine Undurchlässigkeit gegenüber der Gesandtschaft errichtet. Die Gesandtschaft wartete, bis Ka Ra schließlich das Wort ergriff:

„Die Entscheidung, was wir in das Gläserne Meer lenken und was nicht, treffen wir zum Wohle der hier versammelten Völker. Nicht alle sind dazu in der Lage, die galaktischen Ereignisse nachzuvollziehen. Ihr wisst, dass die Stunde naht, in der der Löwe sich über dem Horizont erhebt und der Sphinx begegnet, auf dass Geschichte hier auf Gaia neu geschrieben wird. Unsere Wissenschaftler sind weit vorangekommen mit ihrem Auftrag, eine Helix zu formen, die den Ansprüchen der Materie ebenso standhält wie denen des Geistes. Nun, es fehlen uns noch Bausteine und gerade heute erhielten wir die Botschaft, dass auch das Volk Lemuria bereit sei, seinen Teil dazu beizusteuern."

Ka Ra setzte sich wieder. Er hatte tatsächlich Botschaft von den Wissenschaftlern erhalten, dass lemurianisches Material eingetroffen war – er hatte jedoch nicht die Art und Weise der Beschaffung des Materials hinterfragt. Denn in Wirklichkeit hatte die Führungsriege der Wissenschaftler sich zu den Engelgärten aufgemacht und einige junge Lemurianer verführt, mit ihnen zu kommen. Die Neugier hatte sie angetrieben und nun hingen diese naseweisen Formgeber in den abgeschirmten Käfigen der Wissenschaftler fest. Ein erstes Mal verspürten sie die Dichtigkeit ihrer eigenen Körperform, ein erstes Mal konnten sie sich nicht bewegen, wie sie wollten, ein erstes Mal erfuhren sie Gefangenschaft.

Der Boden in den Laboratorien summte dermaßen, dass sie sich beinahe selbst nicht mehr wahrnehmen konnten, das Brummen verhinderte die telepathische Kommunikation untereinander, und somit waren sie voneinander getrennt und ohne Verbindung, was sie sehr ängstigte. Die Wissenschaftler, selbst gefesselt in ihrem Forscherdrang und in der mangelnden Zeit durch Eile gebunden, nahmen all dies nicht wahr, und hinterfragten ihre Taten nicht, auch waren die Lemurianer wenig mehr als Tiere für sie. Von alldem wusste Ka Ra nichts, er wollte es auch nicht wissen. Wichtig war das Fertigstellen der neuen Helix zum richtigen Zeitpunkt.

Noah und seine Gefährten waren etwas erstaunt ob dieser Botschaft, das war eine neue Entwicklung. Auch die zwölf Häuser bereiteten sich auf das kosmische Fest vor, sollte es doch ein erster Schritt zur Wiederherstellung ihrer Heimatwelt Kassiopeia sein. Um die Goldene wieder erstehen zu lassen, hatten sie sich auf die Reise begeben, hatten in den elf vorangegangenen Planetenwelten so vieles ausprobiert, und nun sollte die Heilung doch endlich vollzogen werden können! Dazu brauchte es die Kraft des Kollektivs, die Kraft und die liebende Weisheit aller Wesen auf Gaia und, als erschaffende Kraft, die Freude. Diese Freude wollten sie nicht mindern, und so beschloss die Gesandtschaft, sich damit zufrieden zu geben. Das Thema der Botschaften Mari-Ans und ihrer vollständigen Übermittlung ins Gläserne Meer geriet über die folgenden Besprechungen des großen kosmischen Festes des Löwen ins Vergessen. Anschließend verließen alle den Versammlungssaal, unterhielten sie sich noch in den Gängen und verabschiedeten sich nach einiger Zeit durchaus wohlwollend voneinander.

Daraufhin riefen Noah und seine Gefährten ihre Drachen und flogen zurück in die Wolkenstadt.

Makia, an ihrem sonnenwarmen Aussichtpunkt liegend, bemerkte die feinste Veränderung im Netz. Sie hatte auch das Erstaunen der Kinder Lemurias wahrgenommen, doch konnte sie ihren Schmerz nicht fühlen, denn die Stätte der Wissenschaftler war hermetisch abgeschirmt. So spürte sie einen feinen Ruck durch das Gläserne Meer gehen, als Noah und Ka Ra sich auf das Fest fokussierten und die Fragen nach der Verteilung der Sternenenergien Mari-Ans darin versinken ließen. Makia war uralt, sie hatte schon auf vielen Welten gedient, sie kannte die Probleme und das Bemühen um Einheit in einem immer polarer werdenden Kosmos. Doch wie schon seit Tagen wollte ihre innere Unruhe nicht weichen. Sie wusste das Gefühl einfach nicht einzuordnen.

Sie spürte ihre Schutzbefohlene mit ihren Schwestern auf, just als diese über einen der hoch gelegenen Seen glitten. Circe, verbunden mit den Schwestern, starrte in die Tiefen des Wassers und fühlte sich unendlich von diesem ruhigen, stillen Raum angezogen. Schon so lange war es ihr nicht mehr gelungen, Kontakt mit ihrer geliebten Oktaviana aufzunehmen. Sie fühlte sich einsam und isoliert, doch sie hatte gelernt, ihre Gedanken vor den Schwestern zu verbergen. Auch sie bemerkte den feinen Riss im Gläsernen Meer, doch sie bezog die Empfindung auf sich. Sie, Circe, geboren aus dem hellsten Sternenlicht ihrer plejadischen Heimat, sie, die Spezialistin in galaktischer Kommunikation, hatte ihre Fähigkeit sich zu verbinden verloren. Sie hatte versagt. Sie hing dem dunklen Gedanken nach, während sie mit ihrer Citrinscheibe über das Wasser jagten, und am liebsten hätte sie sich fallen lassen, sich von der Scheibe in die Untiefen gestürzt!

Die Scheibe geriet ins Schlingern, worauf alle Schwestern sich zielgerichtet verbanden. Sie waren es bereits gewöhnt, dass Circe nur physisch anwesend war. Vier wollten hinauf in die Höhen und Circe in die Tiefe, und die Scheibe schwankte bedenklich. Doch da sie mit dem Citrin verwachsen waren, gelang es den vier Schwestern, die Scheibe auszubalancieren und, wie geplant, auf dem nächsten Dorfplatz zu landen. Im Mittelpunkt eines jeden Dorfes gab es einen speziellen Platz für die Medien, eine Art Sockel, auf dem die Scheibe andockte und es den einzelnen Medien ermöglichte herunterzusteigen. Sie verließen die Scheibe und traten den Sprechern des Dorfes gegenüber, um ihre Botschaften zu übermitteln. Immer begrüßten sie das anwesende Volk mit denselben heiligen Worten: „Segen, Liebe, Frieden und Schutz bringen wir. Erinnert euch, auch ihr kamt einst von den Sternen tragt in euch das Licht der Sterne!" Darauf breitete sich ruhige Freude in den Anwesenden aus, denn sie wussten, nun wurde ihnen eine Botschaft aus den Sternen überbracht.

Nach der Übertragung gingen die Medien auseinander, denn sie hatten Freundschaften geschlossen mit verschiedenen Clanmitgliedern.

So wurde Awara gebeten, sich eine kleine Kristallgruppierung anzusehen, die neu aus den Erdschichten aufgetaucht war. Von Elea und Belea erbaten sich die Dorfbewohner eine Kostprobe sirianischen Gesangs, denn viele von ihnen konnten mit den Sternenmelodien ihr Bewusstsein ausdehnen. Ga-El war im Gespräch mit dem Führer der Dorfgemeinschaft, und Sky-Ra ging mit den Erbauern, um sich das Konstrukt eines neu zu errichtenden Transponders zu betrachten, auf dass sie den Fortschritt des Projektes an den Hohen Rat vermitteln könne. Farah An, die nun immer Sky-Ra trug, wenn die Scheibenschwestern sich aufmachten, hatte es sich in einer sonnenbeschienenen Kuhle gemütlich gemacht und wartete geduldig.

Circe wanderte an das Ufer des Sees. Niemand bemerkte ihr Fortgehen, weder ihre Schwestern noch jemand aus dem Clan, und keiner der Clanleute hätte es je gewagt, sie anzusprechen. Frauen saßen am Ufer des Sees und wässerten Pflanzen, die sie für ihre Webkünste benötigten. Doch als sie Circe mit ihrem in sich gekehrten Blick kommen sahen, standen sie, aus Respekt vor dem Medium, auf und verließen das Seeufer.

Circe starrte auf die ruhige Oberfläche des Sees. Wasser hatte eine große Kraft, sich mit allem zu verbinden, das wusste sie. Sie sammelte sich und holte sich alle Kraft aus der Erde, verband diese mit dem stillen Wasser und errichtete ihren Kanal hoch hinauf in die Sterne. Zuerst verband sie sich mit der Heimatwelt Maja in den Plejaden.

Hier tankte sie neue Kraft, balancierte ihr depressives Sein aus und erlichtete sich mit dem Sternenlicht der fließenden Liebe, mit den Energien von Wind und Wasser und mit dem Wissen ihrer alten Heimat! Sie atmete tief. Sie spürte die Energie ihre Wirbelsäule entlang nach oben steigen, prickelnd hielt sie die Kraft auf ihrer Medulla* und entließ die Energie dann mit einem gezielten Atemzug durch ihren Kanal von den Plejaden hin zu Rigel, im Sternenfeld Orion, wo das Gefängnis ihrer geliebten Meisterin lag. Dunkelheit umfing sie, doch sie ließ nicht nach, fokussierte sich und versuchte das Dunkel zu durchdringen. Da erreichte sie der Hauch einer Wahrnehmung. „Nicht, tue es nicht, Schwester, du wirst bemerkt werden! Vertraue!" Das war Oktavianas Stimme, doch Circes Sehnsucht wuchs ins Unermessliche und sie drang mit ihrem Geist voran bis in die Zelle der Geliebten. Sie sah ihre Enge, ihre Schwäche, ihre Not und alles in ihr wollte nur ihrer Gefährtin helfen. Doch es gelang ihr nicht einmal, Oktaviana mit ihrem Geist zu berühren. Eine metallisch schimmernde Energie baute sich vor ihr auf. „Du wagst es, hier einzudringen? Wer glaubst du, dass du bist!" Und blitzartig nahm sie wahr, wie ein kalter, dunkler Energieausstoß auf sie zuraste. Nur unter Aufbietung all ihrer Kräfte gelang es ihr, aus der Verbindung zu gehen. Doch sie bemerkte noch, dass die Phalanx von Orion den blauen Planeten, der ihre derzeitige Heimat war, bereits erreicht hatte und durch die feine Lufthülle hindurchtauchte. Circe sprang zur Seite, als ein kleiner Meteorit von Himmel fiel und die ruhige Seeoberfläche in eine dampfende, brodelnde Wassermasse verwandelte. Dorfbewohner schrieen in Angst auf. Die Schwestern kamen angerannt und stützten Circe, die entkräftet am Ufer niedergesunken war.

Awara, die sah, dass Circe nicht verletzt war, kümmerte sich sofort um die Dorfbewohner und beruhigte sie. Sky-Ra half Circe auf und pfiff nach Farah An. Sie half ihr auf den Rücken der Drachin und sie erhoben sich in die Lüfte. Sky-Ra lenkte Farah direkt in die Oberstadt. Sie war es leid, alle naselang passierte etwas mit der Unnahbaren, die anscheinend immer so bedrückt war. Sie landeten auf dem

Hauptplatz und Sky-Ra brachte Circe in das Haus des Clans Hathor. Hier waren traditionsgemäß immer Heiler anzutreffen. Sie beschrieb, was geschehen war, und gab Circe in die Obhut einer Heilerin.

Sie dehnte ihre Sinne aus und erspürte, dass die verbleibenden Schwestern sich soeben wieder auf der Scheibe verbunden hatten, um nach Poseidonis zu fliegen. Dort würden sie ihre Botschaften dem Lichtschacht übermitteln, um dann in die Stadt der Medien zurückzukehren. Also entließ Sky-Ra die Drachin und machte sich auf die Suche nach Makia. Sie kannte deren Lieblingsplatz und fand die Felidae auch genau dort. Sky-Ra ließ ihre langen Beine über die Mauer baumeln, als sie sich neben Makia auf dem sonnendurchwärmten Steinwall niederließ.

„Was sollen wir nur mit Circe machen?", sprach Sky-Ra nach einiger Zeit die Felidae an. „Wir sollen eine Fünfheit und ein Drachenpaar sein, und sind es doch nicht! Sie bewegt nicht nur nicht ihren Geist im Kollektiv, sondern gefährdet dadurch auch die Gemeinschaft, und wieder hat sie nicht nur die Gemeinschaft, nein, nun auch noch das Dorf gefährdet. Makia, gib mir einen Rat, ich weiß einfach nicht mehr, wie ich mit ihr umgehen soll."

Makia dehnte sich, erhob sich, machte genüsslich einen Buckel und setzte sich vor der Sterngeborenen in Position: „Mhm, du kannst ein Wesen nicht ändern, du kennst ihre Geschichte nicht, du hast nicht in dieselben Abgründe geschaut wie Circe. Circe ist weit gereist, sie hat in den orionischen Kriegen gedient, sie hat viel Bedrohung und noch dazu den Verlust ihrer Gefährtin hinnehmen müssen. Hab Ehrfurcht vor den Abgründen des anderen, Sky-Ra. Hab Respekt vor jedem suchenden Bewusstsein, das Gefahren nicht scheut, Unbekanntes aus-zuloten und dabei Abirrungen und Abgründe erfährt. Urteile nicht, sondern sei beständig in deiner Liebe, nehmt sie und ihre Anders-artigkeit mit in eure Runde hinein, wendet euch nicht ab, weil sie schwierig ist. Sie kämpft einen ganz eigenen Kampf und ihr anderen könnt euch glückselig preisen, von diesen Kämpfen nichts zu wissen. Sie ist Teil eurer Gemeinschaft, so wurde es bestimmt. Und ich bin mir sicher, du willst nicht die Weisheit des Rates anzweifeln, Sky-Ra?!"

Sky-Ra fühlte ungewohnte Wärme in der dünnen Bergluft in sich aufsteigen, denn was Makia sagte, war ihr sichtlich unangenehm, doch sie beeilte sich, der alten Weisen zuzustimmen. Lange noch saßen sie schweigend nebeneinander, jede hing ihren Gedanken nach, und erst als die Schwesternschaft auf ihrer Scheibe ankam, machten die beiden sich auf, die anderen zu begrüßen. Zusammen gingen sie zurück in ih-re Quartiere. Sie tauschten sich über die Erfahrungen des Tages aus und Makia sorgte dafür, dass alle sich wieder beruhigten und sich auf Circes Andersartigkeit einließen. Also nahmen sie ihren Weg zum Platz der kosmischen Häuser, sprachen beim Haus Hathor vor und fragten nach dem Befinden ihrer Schwester.

Die Heilerinnen gaben ihnen Auskunft. Circe war in einen Heil-schlaf versetzt worden, um ihre Energiefelder zu stabilisieren. Sie wür-den einige Tage ohne sie fliegen müssen.

Die Gemeinschaft bat um Ausrichten ihrer Genesungswünsche. Sky-Ra erklärte, sie würde während der Abwesenheit Circes wieder ihren Platz auf der Scheibe einnehmen, um nicht aus der Übung zu kommen, und so konnte auch Farah An mehr Zeit im Drachenhorst verbringen. Anschließend flanierten sie noch über den Platz, wie es die abendliche Gewohnheit der Medien war, und tauschten sich aus. Es war immer eine angenehme Möglichkeit, sich mit anderen Sternenwesen zu treffen und Geschichten von den Sternenwelten oder von der Arbeit der anderen Scheibengruppen zu erfahren. Und alle wussten natürlich um das bevorstehende Fest, alle waren gespannt und neugierig, denn der Zeitpunkt des Auftauchens von Regulus stand unmittelbar bevor. So verging der Abend in freundschaftlichem Miteinandersein.

Botschaft der Wissenschaftler
an den Hohen Rat von Atlantis

um heutigen Tage ist es uns gelungen, mit Hilfe der Gen-Gabe aus dem Volke Lemuria die neue Helix des Kosmischen Menschen zu erschaffen. Die Struktur ist stark und stabil in einer zwölffachen Schnürung gebunden. Geistbewusstsein und Materiebewusstsein sind miteinander in heiliger Resonanz.

In Freude melden wir dem Hohen Rat: das neue Wesen möge erschaffen werden, wir sind bereit!

Kapitel 19

Mari-An setzte die Tiara auf und verband sich erneut mit den Sternenwelten. Voller Freude begrüßte sie die nahende Phalanx aus dem Sternenfeld Löwe. Der Transponder von Regulus hatte sich bereits auf die Pyramide von Poseidonis ausgerichtet, und sie transferierte die Strahlen der freudigen Kraft in den Rat und zu den zwölf Häusern. Virgo hatte sich ebenfalls eingegliedert, und die Kraft der Einfachheit, die die Jungfrau ausstrahlte, verband sich in Mari-Ans Krone mit der Energie aus dem Löwen. Heitere Gelassenheit erfüllte den Geist des obersten Mediums. Sie richtete sich nach Venus aus, spürte die Präsenz der liebevollen Heiler der Emotion und verband sich mit ihnen. Wogenglättende Energien strömten durch die Tiara und durch sie. Dann suchte sie nach dem Vatergestirn, sie streckte ihr Bewusstsein aus nach Mars, spürte die Tatkraft und lenkte sie weiter, gefolgt von den Energien der Großzügigkeit Jupiters und der Zielgerichtetheit Saturns. Sie fing die liebevolle Wissenswelle des Sirius ein, tastete sich vor in das plejadische System und band dessen fließende Liebe in den Strom aus Sternenweisheit. Sie rief hinaus und dehnte ihr Bewusstsein weit hinein nach Andromeda und wob auch diese heilende Phalanx mit hinzu. Die Gürtelsterne des Orion leuchteten und strahlten und lenkten das Licht ihrer ausgewogenen, neutralen Sonnen, begleitet von Segenswünschen, zu Mari-An. Sie saß vibrierend in glänzendem Licht, und hätte sie jemand beobachtet, hätte er ein zufriedenes Schmunzeln auf ihrem Gesicht wahrgenommen. Doch wie immer war sie alleine in der Sternenkuppel. Sie tastete sich weiter zu den Sternendrachen vor, die auf ihren Flügen das Universum im Auftrag der Mutter durchstreiften, und wurde gewahr, dass sich alle auf den Fokus der Kraft und die Erhebung der Welt vorbereiteten. Viele Drachen nahmen die bevorstehende Dimensionsveränderung als Grund nach Gaia zu fliegen und sich mit ihren Nachkommen zu vereinigen. Die Ebenen über dem Planeten, zwischen den Orbitalstationen, surrten und brummten vor Geschäftigkeit. Gruppen aus weit entfernten Galaxien waren dem Aufruf gefolgt und befanden sich in den Begrüßungszonen hoch in den Himmeln. Die Aufzüge nach Gaia hinein schienen nicht stillzustehen. Das Gläserne Meer wogte durch die Landschaften des Kontinents und war übervoll mit Neuigkeiten aus den Sternen, wie auch aus den Bereichen der atlantischen Völker. Mari-An lenkte den breiten und immer breiter werdenden Strom der Sternenenergien nach Poseidonis.

Das Volk Lemuria hatte das Wunder vollbracht und gerade rechtzeitig die Sockelkonstrukte für die neuen Transponder errichtet, ohne dabei den Engelgarten zu vernachlässigen, der seine balsamischen Düfte aus den schönsten Blüten verströmte. Die Former begegneten sich mit ihren neu erschaffenen, pulsierenden Meridianbahnen, die zwar immer noch nicht so leuchteten wie die der Sternenwesen, aber sie waren zufrieden. Man sang ein Loblied über ihr Erschaffen in allen Ebenen des Gläsernen Meeres. Viele interessierte Sternenfahrer besuchten den Engelgarten und flanierten mit ihren Begleitern, in inspirierenden Gesprächen verbunden, durch seine so unterschiedlich duftenden Bereiche.

Die Rhubinihaner brachten die Kristallwälder zum Klingen und richteten die feinen Spitzen auf Regulus aus, denn auch diese kristallinen Strukturen waren in der Lage, die Energiewelle aus dem Löwen zu kanalisieren. Und jene des Volkes, die in den Wäldern lebten, flochten Blattwerk zu riesigen Girlanden zusammen und brachten sie zur Sphinx. Die Meeresbewohner hatten das Plankton aufbereitet und gaben damit allen sternförmig auf die Sphinx zulaufenden Wegen einen Anstrich, um alles mit dem stillen, fluoreszierenden Strahlen zu schmücken.

Die zwölf Häuser gaben einen Empfang nach dem anderen, der große, runde Platz in der Oberstadt war so dicht bevölkert wie selten. Abordnungen aus den verschiedenen Sternenwelten begegneten sich hier und hatten ihre Geschenke mitgebracht. Die Oberstadt summte vor lauter Geschäftigkeit. Viele Wesen trafen hier lang vermisste Freunde, und die Freude über die Begegnungen und den Austausch war groß.

Die Scheibenschwestern kamen kaum zur Ruhe, ständig waren sie zwischen den verschiedenen atlantischen Ebenen unterwegs, übermittelten Botschaften, überbrachten die Einladungen der Neuankömmlinge an die Clans und die der Dorfgemeinschaften an die Sternenabgeordneten. Awara, Sky-Ra, Ga-El, Elea und Belea kamen kaum von ihrer Scheibe herunter, doch die Freude, die sich in allen Ebenen von Atlantis ausdehnte, war ansteckend. Circe lag immer noch in ihrem Heilschlaf, doch sie hatten schlichtweg keine Zeit, sich nach der Schwester zu erkundigen.

In und um die große Pyramide herum schien es ebenfalls zu brummen; auf allen Ebenen fanden zahlreiche Begegnungen und Konferenzen statt. Ka Ra und An Nu Ba waren ständig unterwegs, um die Abgeordneten anderer Völker zu begrüßen und dafür Sorge zu tragen, dass alle Neuankömmlinge gut versorgt wurden.

Ka Ra hatte sich mit den Wissenschaftlern getroffen und sie mit einer Delegation Rhubinihanern zusammengebracht. Gemeinsam erschufen sie eine Kanope für den neuen Sternencode, der im Haupttransponder verankert werden sollte. Große kristalline Spiegel wurden ebenfalls von Rhubinihanern um die Sphinx herum emporgesungen, damit das Sternen- und das Sphinxlicht aufgefangen werden konnte, um den neuen genetischen Code zu stabilisieren und in alle Atlanter zu transferieren. Dadurch würde dann die neue Rasse, das neue Volk auf Gaia in die Existenz gebracht werden. Jedes Volk hatte aus seinen Reihen Wesenheiten ausgewählt, die bereit waren, das neue Genmaterial in sich aufzunehmen, um ein neues Kapitel in Evolutionsgeschichte zu schreiben. Insgesamt waren es 144 000 Wesen, die sich zur Aufnahme bereit erklärt hatten. Seit Tagen waren sie in weißen Zelten in der Nähe der Sphinx vereinigt worden. Die Adepten, wie sie genannt wurden, hatten sich bereits in Einheit verbunden, sie meditierten im ständigen Kontakt mit dem Schöpferlicht Gaias und dem Geistbewusstsein des Universums. Bei aller Geschäftigkeit war die Zeltstadt der Adepten einer der ruhigsten Orte auf Atlantis.

An Nu Ba brachte Sternenabgeordnete, wenn sie es wünschten, in den heiligen Tempelbezirk von Mu. Den vielen Besuchern musste der Weg gewiesen werden, wohin sie auch immer gehen wollten. Manche wollten sich in den Thermen von ihrer Reise durch den Kosmos erholen, andere suchten die Stille der Tempelanlage und gaben sich, vor dem großen Ereignis, der Kontemplation hin.

An Nu Ba war ständig zwischen der Pyramide und dem Tempelbezirk unterwegs gewesen, langsam schienen alle Gäste angekommen zu sein, und so zog es sie, zu ihrer eigenen Erfrischung, nun in den Engelgarten. Sie hatte gehört, dass eine neue, ganz besondere Spezies dort nun in voller Blüte stand, auch gerade rechtzeitig zum großen Freudenfest. Sie war voller Bewunderung für die stillen Lemurianer und ihre Hingabe an die Erde. Emsig und dennoch gelassen streiften die braunen Wesen durch den Garten, knieten sich hier vor einer Pflanze hin, banden dort einige vorwitzige Ranken hoch und hielten die hell schimmernden, mit Marmorkies bedeckten Wege frei, wenn einer ihrer Schützlinge zu ausufernd wurde. An Nu Ba erfrischte sich an einem der Brunnen und schnupperte. Ein ganz eigenartiger, wundersamer, betörender Duft beflügelte ihre Sinne. Sie folgte der Duftspur und gelangte an einen sonnenbeschienenen Platz, der von Kaskaden rosafarbener Blüten umstanden war. Hier hatte der köstliche Duft seinen Ursprung. Doch An Nu Ba hatte diesen Ort nicht alleine gesucht, neben einem Abgeordneten des Hauses Dan fand sie drei Sirianerinnen und eine der zierlichen, hellen Wesenheiten von Virgo. Sie gesellte sich zu der Gruppe und erfuhr, dass dies die neue Gattung sei, die mit der Information von Virgo und durch die Kraft der Erde und der Former erschaffen worden war. „Rose" wurde dieses herrliche Blütenmeer genannt, und An Nu Ba bemerkte, wie die Anspannung von ihr glitt, wie sie sich dem Gespräch mit den anderen öffnete und wie die Strahlkraft der Pflanzen sie alle miteinander in einen Teppich des liebevollen Miteinanderseins einwob. Gemeinsam schritt die Gruppe weiter durch den Garten. Die Sirianer erfreuten sich besonders an einer Reihe blauköpfiger Hortensien, hatten sie doch den Entwicklungsplan für diese Schönheit aus ihren Bibliotheken herausgefiltert und Gaia zum Geschenk gegeben.

Nach dieser Kurzweil verabschiedete sich An Nu Ba und machte es sich auf einer steinernen Bank in der Nähe eines dunkelpinkfarbenen Rosenbusches bequem. In die Betrachtung der königlichen Blume versunken, erlaubte sie sich, ihre Gedanken wandern zu lassen. Vor ihrem inneren Auge sah sie das Fest, die Einstrahlung in den Transponder, die Verbindung der neuen Formel und die Adepten, die das neue Genmaterial in sich aufnahmen, sie sah deren Entwicklung zum Kosmischen Menschen, der in der Materie genauso beheimatet war, wie in den Weiten des Kosmos. Sie sah die kraftvolle Evolution der verschiedenen Völker und das Wachstum des Planeten; sie sah die Entfaltung der heiligen Tempelstätte von Mu und wie sich spirituelle Ableger im ganzen Land verbreiteten. Sie sah Adepten ihr Bewusstsein schulen und sich bereit machen, aufzusteigen durch das Auge von An hindurch, um mit der Hilfe der Drachen endlich wieder die dritte Platte zum Klingen zu bringen. Aller Unfriede im Universum löste sich auf, die Abgesandten der zwölf kosmischen Häuser erbauten eine noch strahlendere, noch feinsinnigere Kassiopeia und die Sonnen Orh und Ghon begegneten sich wieder auf Andorh. Oh ja, in absehbarer Zukunft würde sie wieder, zusammen mit den Geschwistern, in den Tempel von Andorh gehen können, um sich in der heiligen Stunde mit allen Welten dieses Universums in Einheit verbinden zu können.

Etwas zupfte an ihren Beinen und An Nu Ba machte erstaunt die Augen auf. Ein brauner Lemurianer stand vor ihr, ließ seine Arme hängen und schaute sie mit ganz traurigen Augen an. Sie verstand sofort, dass das Wesen ihr etwas mitteilen wollte. Sie nahm seine Hand und legte sie auf ihr Herzzentrum, der Lemurianer

201

begann zu singen. Nach und nach verstand An Nu Ba, dass das Wesen einige seiner Gefährten vermisse. Doch wo waren sie? Noch nie war jemand auf Atlantis verloren gegangen. Langsam begriff An Nu Ba, dass es wohl Wissenschaftler gewesen sein mussten, die eine Gruppe Lemurianer mitgenommen hatten, doch sie waren nie zurückgekehrt. Irgendetwas beunruhigte An Nu Ba. Sie versprach ihm, sich zu erkundigen und dafür zu sorgen, dass der Clan wieder vollständig würde. Überschwänglich bedankte sich der Former und verabschiedete sich voller Ehrerbietung.

An Nu Ba erhob sich, rief eines der am Eingang des Gartens wartenden Boote und fuhr zurück nach Poseidonis. Sie musste mit Ka Ra reden, vielleicht wusste er etwas über das Verbleiben der Lemurianer. Seltsam, sie war beunruhigt. Doch die Pyramide empfing sie mit der, in diesen Tagen, gewohnten Geschäftigkeit, neue Freunde aus den Sternen waren angekommen und wollten begrüßt werden. Auch erhielt sie Weisung, zum Platz der Sphinx zu gehen, um dort nach dem Rechten zu sehen. Schon war sie wieder unterwegs, und sie vergaß die Lemurianer und sie vergaß ihre innere Unruhe. An Nu Ba war beschäftigt.

Eine Heilerin reichte Circe einen Kräutertrank, der langsam wieder Wärme in ihren Körper brachte und sie aus ihren Traumwelten zurückholte. Sanft und liebevoll wurde ihre Körperlichkeit massiert und nach und nach kam sie zu Bewusstsein. Sie bemerkte die zurückgehaltene Aufgeregtheit ihrer Fürsorgerinnen und fühlte sich bereit, in die Begegnung zu gehen. So erfuhr sie, dass die Vorbereitungen für das große Fest nahezu abgeschlossen waren und morgen der große Tag der kosmischen Verbindung sei. Sie erkundigte sich sogar nach ihren Schwestern und erfuhr so, dass Sky-Ra vorübergehend ihren Platz auf der Scheibe eingenommen hatte.

Circe war bereit, sich von der Begeisterung anstecken zu lassen, sie fühlte sich erfrischt und ausgeruht. Sie probte die Funktionsfähigkeit ihres Körpers und nach einiger Zeit folgte die Materie ihr wieder. Sie dankte den Heilerinnen und verabschiedete sich, um sich auf den Weg zu den Schwestern zu machen.

Als sie durch das große Tor hinaus auf den Platz trat, fühlte sie sich etwas überwältigt von den vielen Wesen, die hier versammelt waren. Doch es war solch eine große Freude und solch eine Erregtheit zu verspüren, dass sie sich einfach in diese Energie hineingleiten ließ, und es erschien ihr, als würde sie im Strom mitschwimmen. Tatsächlich begegneten ihr einige plejadische Wesen, die sie noch aus der Heimatwelt kannte, und ihre Freude wuchs von Gespräch zu Gespräch.

Fröhlich und beschwingt wie selten, machte sie sich auf den Weg zu den Quartieren der Medien.

Sie fand Elea und Belea in ihren Räumen und warf den Schwestern ein fröhliches Willkommen zu. Beide waren gerade dabei, sich besonders schmückende Kleidungsstücke für das große Fest zu erschaffen. Elea hatte ein sehr ausladendes Modell von Hut geformt. Er war über und über mit Rosen bedeckt und nun so schwer geworden, dass die Kopfbedeckung der Sirianerin so weit ins Gesicht hing, dass sie nichts mehr sehen konnte. Circe musste lachen. Belea ließ das Hutmodell vergehen und sprang mit ausgestreckten Armen auf Circe zu, um sie zu begrüßen. Elea folgte ihrer Schwester etwas gemessener, jedoch nicht minder froh, Circe zu umarmen.

Circe erkundigte sich nach den anderen und erfuhr, dass Sky-Ra derzeit im Drachenhorst weilte, um Farah An für das Fest vorzubereiten, denn man hatte sie gebeten, wie auch die anderen Drachenreiter, die ankommenden Energiewellen mit den Drachen zu begleiten, um den Strom gebührend zu empfangen und für alle sichtbar zu machen. Das wollte geübt sein.

Um den Drachenhorst herum waren viele Drachen mit ihren Reitern dabei, eine geschlossene Flugformation auszuprobieren. Das war nicht gerade einfach, denn die Drachen waren es nicht gewöhnt, in einer Gruppe zu fliegen, und wenn, dann hielten sie weite Abstände, um genügend Raum für ihre Flügel zu haben. Und nun sollte gelernt werden, dass sie, Drache an Drache, wie ein breites Band, den Schub des Transponders von Regulus zur Sphinx hin begleiteten.

Awara war noch einmal zu den Kristallwesen geflogen, um mit ihnen den zu erzeugenden Tonteppich zu justieren, der die versammelten Völker bei der Ankunft des Lichtes erfreuen sollte.

Ga-El war heute noch nicht gesehen worden. Sie befand sich im großen Sternenzimmer. Seit langer Zeit schon saß sie in tiefer Meditation versunken vor den Bildern der Sternenfelder. Sie hatte die diversen Quasarebenen abgetastet und die Energiebahnen der Sonnen verfolgt. Nun verband sie sich mit der Sonne Ra und suchte Ra Neomi, den Mentor Sky-Ras, auf. Der Alte machte sie auf die Rückkehr Circes aufmerksam und gab ihr eine Botschaft für Sky-Ra mit auf den Weg: „Übermittle ihr die folgende Botschaft, Ga-El, es ist wichtig!

Vergiss nie, Kind der Sterne, vergiss nie, du Reisende, dass, was immer auch geschieht, der Same der Heilung in dir ruht. Urteile nicht, durchdringe die Schichten und vergiss nicht, deine Heimat ist die unendliche Liebe der Quelle Allen Seins. Diese Liebe war immer mit dir, ist immer mit dir, und wird immer mit dir sein! Nun vereinige dich mit deinen Schwestern, der Zeitpunkt der Einstrahlung ist nahe. Sei gesegnet, Reisende!

Ebenso segne ich auch dich, Kind aus dem elektrischen Universum, und wünsche dir die Wärme der Sonnen auf all deinen Reisen. Auch dir möchte ich eine Botschaft mit auf das Fest geben. Vergiss auch du niemals: Einheit ist, Einheit war, und Einheit wird immer sein! Sei gesegnet! Gehe nun zu deinen Schwestern, es ist an der Zeit, macht euch bereit."

Ga-El bedankte sich und erhob sich. Sie fühlte sich durchdrungen von der Kraft der Sonnen und bereit, nun das große Fest in Gemeinschaft zu begehen.

Kapitel 20

Die herannahende Lichtwelle von Regulus wurde von Mari-An mit Bedacht gelenkt. Ein feiner Ton erhob sich von ihren ansonsten stummen Lippen und sie schickte den Ruf hinaus ins Gläserne Meer. Alle auf Atlantis Anwesenden wussten, nun war der Zeitpunkt gekommen, alle versammelten sich zu der Stunde des jungen, neuen Morgens um die Sphinx. Der Rat von Atlantis hatte seine Plätze auf einer eigens dafür erschaffenen Anhöhe eingenommen. Die zwölf kassiopeianischen Vertreter hatten im Rund um die Sphinx Aufstellung genommen, hinter sich ihre Clans, und begannen die heiligen Gesänge zu intonieren. Sie grüßten den Löwen, der eben begann sich über dem Horizont zu erheben. Die Rhubinihaner richteten ihre verbindenden Kräfte auf das Sternenfeld, die Lemurianer besangen das Lob der Erdenmutter und der heilenden Materie, die sich in der Kanope befand. Die atlantischen Wissenschaftler prüften ein letztes Mal die Ausrichtung des kostbarsten aller Gefäße, das das Erbgut der Sterne beinhaltete und den Grundstock für die neue Erdenrasse bildete. Die Kanope war leuchtend und strahlend in der Mitte des Lichtschachtes über der Pyramide von Poseidonis verankert.

Die Adepten hatten sich auf einer eigens für die Zeremonie errichteten Plattform unterhalb der Kanope versammelt, um die dann verschmolzene Sternengenetik in sich aufzunehmen, sobald der Lichtstrahl der Erneuerung die Sternencodes verschmolzen hatte. Sternförmig angeordnet lagen sie, in demütiger Erwartung einer Neugeburt, mit dem Gesicht nach unten um die Kanope.

Sämtliche Medien auf ihren Scheiben umkreisen den Transponder, und die Drachenreiter waren weit ins All hinausgeflogen und begleiteten den alles erneuernden Strahl, der von Regulus auf die erwachende Erde zurollte. Sky-Ra und Farah An hatten sich gut in die Formation eingepasst, doch sie mussten sehr genau und äußerst aufmerksam fliegen, um das fein gesponnene Bild der Drachen mit ihren Reitern in der Harmonie zu halten. Und schnell, schnell wie das Licht mussten sie sein. Alle Drachen zogen mit ihren Flügeln gewaltig durch, um sich der Geschwindigkeit der herannahenden Lichtwelle anzupassen.

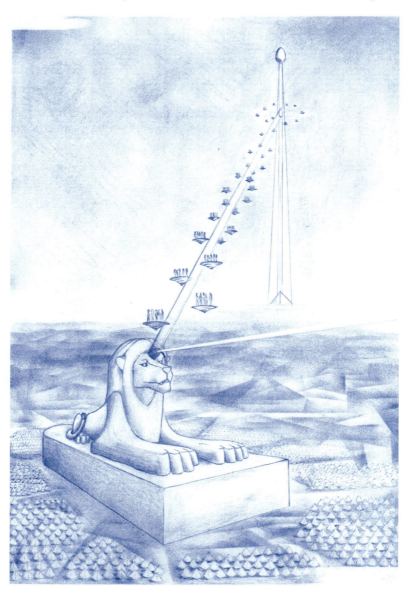

Alles wartete gespannt. Und als erstes jubelten die Rhubinihaner auf, denn am zunehmenden Leuchten ihrer Kristalle hatten sie erkannt, dass die Sternenlichtwelle schon heranahte. Als nächstes jubelten die Medien in den Lüften, die die Drachen kommen sahen und ihnen entgegen flogen, um eine kreisende, liegende Acht zu formen, die die Sphinx mit dem Lichtschacht des Transponders von Poseidonis verband. Dann erhob sich der Rat von Atlantis und sang seine Lobpreisungen klar und deutlich der Lichtwelle entgegen.

Alles vibrierte, die Spannung war greifbar, als die Drachen die Welle durch die feine Hülle des Planeten begleiteten und sie in einem Sturzflug zur Sphinx lenkten. Kaum hatte die Lichtwelle das Auge der Sphinx berührt, begann sie in goldenem Grün zu leuchten, und aus ihrem dritten Auge heraus entzündete sich ein gebündelter Lichtstrahl großer Kraft, den die Sphinx direkt in den Lichtschacht über der großen Pyramide lenkte, genau auf die dort verankerte Kanope. Alles Bewusstsein war auf die Verbindung Regulus, Sphinx, Kanope ausgerichtet. Die Medien auf ihren Scheiben umrundeten in immer schneller werdenden Bahnen die Sphinx und den Lichtschacht. Ga-El jauchzte laut auf, denn sie schmeckte die Elektrizität des Lichtes und fühlte sich wie zu Hause, in ihrem angestammten Universum. Circe war so angesteckt von der Begeisterung, dass sie sich so vollkommen, wie es ihr nur möglich war, mit der Schwesternschaft verband! Auch ihr Herz jubelte. Elea sang in höchsten sirianischen Tönen, Belea lachte laut vor Begeisterung und Awara, zentriert wie immer, hielt den Fokus auf der Flugbahn der Scheibe.

Und das Licht aus den Sternen traf auf die versammelte Saat des jungen Planeten. Sternencodierungen begannen zu verschmelzen, begleitet von sich überschlagenden Freudenwellen.

Mari-An sah mit ihren geistigen Augen die beginnende Verschmelzung im Transponder von Poseidonis. Sie hielt die Scheibenschwestern auf ihren Bahnen verbunden und wandte sich der Pyramide zu, als sie plötzlich und völlig unerwartet ein eiskalter Schlag traf. Der

Stoß war übermächtig. Sie fiel von ihrem Thron, die Kristallkrone schlug hart auf den Boden auf und die eben noch leuchtenden Kristalle zerbrachen in tausend Stücke. Eine eisige, kalte, dunkle Welle war das letzte, was Mari-An sah, bevor sich ihr Bewusstsein aufteilte und in die Kristallscherben floss. Mari-Ans Seele teilte sich und ihr irdisches Sein löste sich auf.

Der Führung beraubt, begannen die Scheibengemeinschaften zu torkeln, Schreie des Entsetzens gellten durch die eben noch so freudvollen Lüfte. Scheiben stürzten in den Transponder hinein, andere wurden weit ins Land hinausgeschleudert. Schwestern wurden aus der Gemeinschaft herausgerissen und verloren die Verbindung zu ihrem Kollektiv.

Eleas hoher Gesang wurde zu einem einzigen Schrei und sie klammerte sich an die Schwester, als die Scheibe ins Chaos stürzte. Sie waren nahe am Lichtschacht über der Pyramide, als ihre Scheibe sich seitlich neigte. Belea spürte noch, wie sie zu rutschen begann, sie hielt ihre Schwester fest, so fest sie konnte. Die Verbindung zum Citrin unter ihnen begann wegzubröckeln. Elea schaute nach unten. Schwarzer Dampf zischte auf die heilige Kanope zu, stieß sie ab und zog sie gleichsam an. Elea verlor den Halt und, ihre Schwester mit sich ziehend, stürzte sie dem dunklen Licht entgegen. Doch im Fallen streiften sie die Lichtwellen, die die große Pyramide ins All sandte und Elea und Belea verschmolzen zu einem Sein, einer Seele, bevor sie in die dunkle Wolke eintauchten und ihr Bewusstsein verloren. Schluchzend verließ ihr Bewusstsein den verschmolzenen Körper und erhob sich in eine andere Dimension. Elea und Belea waren vergangen.

Bleich vor Entsetzen hatten Ga-El, Circe und Awara zugesehen, doch sie mussten ihr Bewusstsein zusammenhalten, um das Torkeln der Scheibe auszubalancieren. Durch den Sturz der Schwestern hatte die Scheibe sich aus der Bahn und weit über das Land katapultiert. Circe erwachte aus ihrer Erstarrung, all das kannte sie, all das hatte sie schon so oft während der orionischen Kriege mitgemacht. Wo war Oktaviana jetzt, sie, Circe, bedurfte der Führung. Sie vergaß ihre Schwestern und die Gewohnheit der Kämpferin übernahm automatisch ihr Sein. Sie würde sich der Dunkelheit entgegenwerfen. Sie sah das Gesicht Oktavianas vor sich, ihr Geist verwirrte sich, sie rief nach der Geliebten und Mutter. Nochmal würde sie die Gefangennahme nicht erlauben. Sie sah die nebelhaften Scharen der schwarzen Herren auf sich zukommen, Oktaviana mit sich reißend, und Circe stürzte sich von der Scheibe, dem Feind entgegen.

Unter ihnen befand sich just in diesem Moment der See, auf dem sie einstmals als junge Medien geschult worden waren. Circe fiel mit einem Kampfschrei auf den Lippen in die Wasser. Genau jetzt hatte eine Welle der Erschütterung die inneren Erdschichten erreicht, und die Energie im Inneren suchte sich einen Weg der Ausdehnung. Eine riesige Gasblase wölbte die Wasseroberfläche nach oben, als Circe gerade hineintauchte. Das Wasser verschlang sie und schoss im nächsten Moment wie eine Fontäne nach oben. Wasser schlug um Circe. Sie kämpfte dagegen an, doch je mehr sie kämpfte, desto stärker umwickelten die dunklen Krieger ihren Geist mit den Wassermassen. Circe wurde kalt, sehr kalt. Sie erstarrte. Sie schaute um sich und sah nichts als Wasser. Ihr Geist war gefangen in Wut, im Aufbegehren, doch sie konnte sich nicht mehr bewegen. Die schwarzen Herren hatten sie gefunden, erkannt und festgesetzt. Jetzt würde sie Oktaviana nicht befreien können. Jetzt war sie selbst eingebunden in den Tiefen des Kratersees. Es wurde still und sehr einsam um Circe. Sie verschloss ihren Geist und ließ ihre Erinnerung in die Heimatwelt gleiten, wo sie zwischen den Wolkentürmen mit ihrer Geliebten einst gespielt hatte. Hierauf fokussierte sie ihr Bewusstsein und wurde ganz ruhig. Circe fiel in eine lange Trance. Jahrtausende würde sie hier verweilen, bis ihre Schwestern kommen würden, um sie zu befreien.

Ga-El und Awara wurden mit ihrer Scheibe hinauf in die Weiten des Himmels geschleudert. Zu zweit war die Scheibe kaum zu steuern und so passten sie sich erst einmal dem vorgegebenen Flug an.

Fassungslos starrte An Ka Ra auf eine schwarze Eiswelle, die aus dem Nichts heraus auf die Sphinx fuhr und sie zermalmte, doch das eisschwarze Licht Karons bündelte sich erneut und fuhr hinauf in den Transponder, direkt auf die Kanope zu. Vollkommenes Chaos brach aus. Drachen schienen sich entzündet zu haben und stürzten in Flammen gehüllt mit ihren Reitern ins das Meer oder auf das Land. Manche erhoben sich hoch, hoch hinaus in die Lüfte, andere schienen, gebannt vom Geschehen, in der Luft stehen zu bleiben, bevor sie kopfüber in die Tiefen stürzten. Der Eisregen, vermengt mit den Brocken der Sphinx, schlug in die versammelten Rhubinihaner ein. Das kleine emsige Volk erstarrte, versteinerte, wurde zu Kristall. Lemurianer hatten sich flach auf den Boden geworfen und versuchten ihr Sein in der Materie zu bergen. Viele verbrannten im Gesteins- und Ascheregen. Die Anführer der zwölf Häuser hatten sich erhoben und schnell Schutzmäntel über ihre Clans geworfen; auch sie standen erstarrt und betrachteten das entsetzliche Bild der nicht enden wollenden Zerstörung.

Die dunkle Eiswelle umhüllte die Kanope. Sie brauchte einen Augenblick, um das Konstrukt zu durchdringen, doch dann teilte sie alles auseinander, was zusammengefunden hatte. Alles bereits Verschmolzene wurde wieder getrennt und statt einer neuen Einheit nahm Zweiheit Raum im Inneren des heiligen Gefäßes. Wunderschön wie ein Eiskristall wendelte sich eine doppelte Leiter umeinander. Die Helix der Trennung ward geboren, umrundet von nun isolierter Sternensaat. Doch damit hatte die Welle noch nicht genug, sie fuhr hinab aus der Kanope und hinein in die große Pyramide, und sie zersprengte das edle Gebäude aus Marmor, Alabaster, Gold und Silber. Die Pyramide, das Herz von Poseidonis, zerfiel in einem Regen aus Feuer und Eis.

Doch Karons Welle hatte noch lange nicht genug. Sie fuhr durch die zerberstende Pyramide hindurch in den Boden hinein, durch die unterirdischen Räume hindurch, sie tobte sich in den Kristallkammern unter der Pyramide aus, zerriss das feinsinnig angelegte Netz der Wasserstraßen und bohrte sich tiefer und tiefer in Urkraton hinein. Die Erde begann zu beben, große Risse taten sich auf. Die Welle lief in der Erde weiter und zerrte an den Gebirgen im Ozean. Die untermeerischen Gebirgszüge gerieten ins Wanken und lösten eine Welle aus, die sich auf den Weg machte, den Kontinent zu überfluten. Die Kuppelbauten der Wasservölker zerbarsten und wurden geflutet, als das Wasser, alles mitreißend, sich über die Küstenlandschaft ergoss.

Gerölllawinen ergossen sich von den hohen Bergen in die Täler, und auch sie rissen alles Wachstum mit sich. Die Stadt der Medien bebte, der große Platz bekam Sprünge und die zwölf Häuser fielen in sich zusammen, gerade als die Kuppel des obersten Mediums hoch über dem Platz zerbarst und wie ein messerscharfer Kristallregen auf das große Rund stürzte.

Die Bergkette erzitterte, hielt kurz inne, wie um durchzuatmen, bevor die Spitzen, Kuppel und Stadt mit sich reißend, vollkommen in sich zusammenfielen. Mari-An und die Stadt der Medien war nicht mehr!

Dort, wo einstmals die strahlende Pyramide den Mittelpunkt der neuen Welt gebildet hatte, klaffte ein tiefer Krater in der verwundeten, zerstörten Landschaft.

Die ehemals so stolze Sphinx lag in Scherben. Eine entsetzliche Stille herrschte über dem Festplatz. Noah, unter seinem Schutzschild geborgen, hörte lediglich aus der Ferne das herannahende Tosen neuer, unaufhaltbarer Meereswellen. Er war nicht fähig, sich zu bewegen. Er sah all die Zerstörung. Er war fassungslos.

Ka Ra erfasste das Ausmaß der Zerstörung. Fieberhaft suchte sein Geist den Himmel ab, er suchte den Kontakt zu Mari-An, doch nichts als Stille. Sekundenschnell zeigte sein Bewusstsein ihm nochmals eine Abfolge von Bildern der letzten Zeit: die Botschaften der Zerstörungen im All, die Geflohenen, auf der Suche nach Land, die Errichtung neuer Transponder, um die besiedelbare Fläche auszudehnen, der Auftritt der Abgesandten der zwölf Häuser und das Gläserne Meer; er sah dorthin, wo einst die Pyramide glänzte, und er wusste, kein Transponder existierte mehr, denn alle waren hier im großen Transponder verbunden gewesen. Er richtete sich aus nach Venus und Mars, den Ahnen der neuen Gaia, und er empfand den Schmerz aller Sterngeborenen: auch diesmal war es nicht gelungen, auch diesmal hat Karon die neue Welt der Heilung zertrümmert. Ka Ra fühlte die Welle des Schmerzes unaufhaltsam in sich aufsteigen, er sackte in sich zusammen, überwältigt von Leid, von Verlust und von aufkeimendem Begreifen, dass er die feinen Hinweise nicht beachtet hatte. Er sah die lemurianischen Abgeordneten mit ihrer Bitte nach einem Sternenkleid vor seinem inneren Auge aufblitzen und seinen feinsinnigen Schachzug, um an das genetische Material, an das letzte, fehlende Glied der Genkette zu kommen. Und nun!? Alles umsonst! Was war eigentlich aus den lemurianischen Spendern geworden, fragte er sich. Er hatte bewusst nicht nachgefragt! Doch nun, in dieser Stunde tiefsten Entsetzens, gedachte er der Former. Ihm wurde schlecht! Ka Ra empfand Schuld, ein erstes Mal, und die Schuld drückte ihn nieder, beraubte ihn der Luft zum Atmen. Es wäre zu verhindern gewesen. Er, Ka Ra, Oberster des Rates von Atlantis, hatte versagt. Durch seine Schuld würde Kassiopeia nicht neu entstehen können und keine neue Gattung Mensch würde geboren werden. Das Opfer der Lemurianer war umsonst gewesen. Er hatte lebendes Bewusstsein vergeudet! Ka Ra gab sich seiner Verzweiflung hin.

An Nu Ba kam zu sich und verspürte Schmerz. Ein Bein war unter einem großen Brocken eingeklemmt. Auch sie nahm die Zerstörung wahr. Doch sie zwang sich, ihren Geist nach Mu zu lenken. Sie atmete tief durch. Mu war spürbar. Der Pulsschlag Mus pochte in ihr. Mu war in der Existenz, das bedeutete, nicht alles war dahin. Sie verließ ihren Körper und schwebte in ihrem Geistkörper in den Tempelbezirk. Priester und Priesterinnen hatten sich im großen heiligen Saal versammelt. Viele Erdhalter waren hier, denn von hier aus hatten sie ihre Schützlinge gelenkt, zu denen sie nun den Kontakt verloren hatten. An Nu Ba nahm Raum vor dem Heiligtum und manifestierte sich erneut in einem Körper, dem alten ähnlich. Sie berichtete den Anwesenden. Keiner außer ihr sprach. Keiner erlaubte sich aus der Zentriertheit zu gehen. Alle zusammen begannen sie den heiligsten der Gesänge anzustimmen, und die Erdhalter halfen ihnen und lenkten die Kräfte. Mu begann sich zu erheben und schwebte über der Materie. Mu erhob sich aus der Zerstörung und hielt so den Fokus der Einheit in sich geborgen.

Der ganze Tempelbezirk mit all seinen Gebäuden, mit den Thermen und Gärten und mit allem anwesenden Bewusstsein erhob sich in die Dimensionen über Gaia und ankerte sich in einer Umlaufbahn hoch über dem getroffenen Planeten.

Die Erdhalter sponnen ein feines Haltenetz und so konnte Mu seine Umlaufbahn um Gaia halten. Es würde Äonen dauern, bis der heilige Tempelbezirk auf eine neue, erwachende Erde zurückkehren könnte.

Nachdem die neue Position von Mu über Gaia verankert war, setzte An Nu Ba sich an eines der Fenster des heiligen Saals und blickte hinunter auf den verwüsteten Planeten. So sah sie auch, wie der große Kontinent auseinander brach und wie die einzelnen Teile begannen auseinander zu driften. Sie würde den Fokus der Einheit halten, egal wie lange es dauern würde. Sie hatte die Zerstörung erlebt und die Verwüstung gesehen, doch hatte sie in sich den Fokus der Einheit gehalten. Diese Einheit Gaias würde sie so lange in ihrem Bewusstsein hüten, bis ein neuer Morgen in einer neuen Zeit anbrechen und Gaia sich aus dem Nebel der Trennung erheben würde.

Genau in diesem Moment spürte sie eine Bewegung zu ihren Füßen. Eine große Felidae war gekommen und blickte sie tief mit ihren unergründlichen Malachitaugen an. An Nu Ba öffnete sich der Weisen und beide unterstützten sich in der Überwindung ihres Verlustes. Das Teilen der Trauer und das Einverstandensein nährte die beiden und gab ihnen neue Kraft.

Makia blieb neben An Nu Ba sitzen und schaute mit ihr aus dem Fenster auf den zertrümmerten, auseinander brechenden Kontinent und sie bedauerte zutiefst, nun doch nicht das Abbild ihrer Urmutter mit eigenen Augen gesehen zu haben.

Aus den Chroniken von Mu

 u hat sich aus Gaia erhoben. Wir, das ewig schlagende Herz, hüten den Puls der Einheit für den Heilungsplaneten nun in den Sphären. Wir beherbergen all jene, die das Bewusstsein der Einheit trotz Karons Frevel nicht verloren haben.

Wir schweben jenseits der Dimensionen und warten, bis Gaia sich erholt hat und eine neue Rasse ihren Geist so weit geschult hat, dass sie die Materie wahrhaftig lieben kann. Dann wird unsere Zeit wieder kommen. Wir werden uns erneut mit Gaia verbinden, wir werden eingehen in ihr innerstes Sein und aus ihr heraus den Klang der Erneuerung anschlagen. Verbunden mit dem absoluten Punkt der Schöpferkraft werden wir, Mu, das ewig schlagende, rezeptive Herz, den Planeten auf seiner Bahn durch das Auge von An geleiten, auf dass Gaia eine Goldene werde, eine neue Heimat für die zwölf Platten, und ein neuer Anfang für Kassiopeia. Wir sind jenseits von Raum und Zeit, und dennoch der Pulsschlag der Erde.

Kapitel 21

Ra Farah An war entsetzt zurückgewichen, als die dunkle, kalte Welle die Drachen erreichte. Sie und Sky-Ra waren in der Formation relativ weit vorne geflogen und hatten die Entsetzensschreie der anderen Drachen gehört. Farah hatte den Kopf gedreht, die Welle gesehen und sich instinktiv aus der Formation nach oben bewegt. Sky-Ra hatte sich an der Drachin festgeklammert, während Farah mit gewaltigen Flügelschlägen versuchte, dem vernichtenden Blitz zu entkommen. Sie stiegen hoch hinauf, Farah wollte weg, hinaus ins All. Doch der Weg war versperrt. Sie erreichten die einstmals feine Hülle des Planeten, doch diese hatte sich verdichtet. Farah stieß immer wieder dagegen und feine Rinnsale ihres kostbaren Drachenblutes rannen bereits über ihren Kopf. Sky-Ra wimmerte bei jedem erneuten Versuch ihrer Gefährtin.

Doch Sky-Ra erinnerte sich, erinnerte sich an den lange vergangenen Traum. In ihrer Traumwelt hatte sie diese Erfahrung bereits gemacht, und sie wurde sich der Situation bewusst! Hier war kein Durchkommen mehr. Gaia hatte ihre Hülle verdichtet, war, aus ihrer durch die Sterne reisenden Bahn, auf eine elliptische Bahn um die Muttersonne geworfen worden! Im Moment, da sie begriff, verließ sie ihre Agonie. Sie würde nicht stürzen! Sie würde sich der Herausforderung stellen.

Sie richtete sich auf dem Drachenrücken auf und begann beruhigend auf Farah einzureden. Sky-Ra erklärte Ra Farah An, was geschehen war, und dass sie nun beide an die Erde gebunden seien. Die Drachin ging in einen Gleitflug über und schien nachzudenken.

„Und wohin wenden wir uns jetzt?", fragte sie Sky-Ra. „Wir fliegen zurück, und schauen erst einmal nach unseren Schwestern!"

Dichte Wolken verdeckten den Blick zu dem einstmals strahlenden Kontinent. Farah legte die Flügel an und stürzte sich hinein, in die immer grauer werdende Wolkenschicht. Dunkelheit umfing Drachin und Reiterin. Nie gehörte Laute drangen an die feinen Ohren, der

Kontinent zerbrach, das Land weinte, das Meer war in Aufruhr. Nun konnten sie das ganze Ausmaß der Zerstörung sehen. Rauchwolken zogen über das brennende Land, die große Pyramide war verschwunden, die Engelgärten vernichtet, die Bergketten zerbrochen, der Platz der Sphinx eine einzige Zerstörung. Sky-Ra begann zu weinen.

Durch den Schleier ihrer Tränen hindurch nahm sie Bewegung um die Sphinx herum wahr. Sie flogen tiefer.

Noah beugte sich über einen weiteren Adepten. Auch bei diesem konnte er nur Kälte, Erstarrung und Vergehen feststellen. Doch der Abgesandte von Kassiopeia gab nicht auf, er konnte die feinen Wellen des Lebens spüren, und so ging er von Adept zu Adept, bis er endlich, fast am Ende des Kreises, Lebensfunken fand. Groß war seine Erleichterung. Er rief nach seinen Freunden, und es gelang ihnen, dreizehn überlebende Adepten zu bergen. Sie waren schwer verletzt, hatten Quetschungen und Verletzungen durch Brocken der herumgeschleuderten Steinmassen abbekommen, doch sie lebten. Um sie von ihren Schmerzen zu befreien, senkten Noah und seine Gefährten jeden Einzelnen in einen Heilschlaf.

Farah kreiste tiefer und mit ihr noch einige andere Drachen mit ihren Reitern. Noah rief die Drachen auf, zu landen und zu helfen. Die Drachenreiter sammelten sich um Noah, der nun seine Stimme erhob:

„Hört, ihr Sternengeschwister, hier sind die einzigen Überlebenden der fehlgeschlagenen Verschmelzung. Diese Adepten haben den Angriff Karons überlebt, sie waren mit der Sphinx und mit der Kanope verbunden. Der Prozess der Verschmelzung der Sternensaat war bereits in Gang gesetzt, als Karons Blitz einschlug. Wir wissen nicht, was an genetischem Material sie aufzunehmen im Stande waren. Das ist jetzt auch nicht wichtig. Nehmt die Verwundeten und fliegt mit euren Gefährten so weit ihr könnt, bis ihr geschütztes Land findet, wo die Saat der Zuversicht heilen kann. In ihnen ruht die Hoffnung Gaias, deshalb wählt weise den Ort, an den ihr sie verbringt. Sorgt mit all eurer Kunst für ihre Heilung und kommt erst zurück, um mir zu berichten, wenn sie sicher sind! Geht nun. In eurem Mut, einen heilen Platz zu finden, ruht die Hoffnung des gesamten Universums!"

Noah verneigte sich tief vor den Drachenreitern und ihren Geflügelten. Die Abgesandten der Häuser betteten die Verletzten auf die Drachenrücken, nicht ohne sie zu segnen und so viel ihres heilerischen Könnens, wie es ihnen nur möglich war, in ihnen zu verankern. Auch sie verneigten sich. Die Drachen erhoben sich in die Lüfte. Sie kreisten um Poseidonis, zogen ihre Bahnen immer weiter und weiter, doch unter ihnen nur zerstörtes Land.

Ga-El und Awara war es mittlerweile gelungen, den Flug ihrer Scheibe zu steuern. Sie befanden sich im Anflug auf die Stadt der Medien, als sie der Zerstörung gewahr wurden. Schockiert hielten sie ihre Flugscheibe in der Luft schwebend auf der Stelle. Wo waren all ihre Geschwister? Was war aus den Erdhaltern geworden, was aus den kristallinen Wäldern in den Ebenen? Und Mari-An war nicht mehr da! So viele Fragen, keine Antwort, nur das Bild eines vollkommenen Zusammenbruchs. Sie wandten sich ab, lenkten ihre Scheibe zur Küste hin und sahen die hohen, alles überflutenden Wellen; die Umrisse des Kontinentes hatten sich vollkommen verändert. In stillem Einverständnis flogen sie weiter an der Küstenlinie entlang. Sie überflogen tiefe Risse im Grundgestein des Kontinents, die bereits von Meerwasser aufgefüllt und auseinander gedehnt wurden, sie entdeckten kleine und größere Inseln, die wie abgesprengt erschienen.

Und dann entdeckten sie eine kleine Gruppe Drachen mit einer schweren Last. Awara konnte Farah als erste ausmachen, und ihr Herz hüpfte vor Freude und Erleichterung, als Ga-El sie in der Geistsprache auf die Gefährtinnen aufmerksam machte. Sie lenkten ihre Scheibe zu den Freundinnen und flogen neben Sky-Ra her. Sky-Ra unterrichtete sie in kurzen Sätzen über das Geschehen und ihren Auftrag.

Die beiden Reisenden waren mit ihrer Citrinscheibe sehr viel schneller als die beladenen Drachen. Sie vernetzten sich und boten an, als Späherinnen zu fungieren. Die Drachen nahmen das Angebot dankbar an, und schon waren Awara und Ga-El auf dem Weg, wenn sich ihre Flugscheibe auch immer schwerer lenken ließ. Doch Awara bewegte die Scheibe durch ihre pure Willenskraft schnell wie der Wind vorwärts, immer Ausschau haltend nach einem Stück sicheren Landes.

„Das hat keinen Sinn, hier ist nur Wasser", meldete sich Sky-Ra telepathisch bei Awara und ihrer Schwester. Wir müssen auf Urkraton oder dem, was davon übrig geblieben ist, nachschauen. Ich habe eine Botschaft von Makia erhalten, sie ist mit Mu aufgestiegen in die Sphären oberhalb von Gaia, und sie hat mir im hohen Norden hinter unserer ehemaligen Heimat einen unzerstörten Platz gezeigt, lasst uns nach Norden abdrehen und diesen Platz suchen."

Wie gut, wir haben noch Kontakt mit Makia, dachte sich Awara, wie gut, dass die Felidae so weise war, sich gerettet hatte und ihnen immer noch aus den hohen Dimensionen eine Hilfe war. Die beiden Schwestern hatten Sky-Ras Bilder in ihrem Bewusstsein aufgenommen und ein grünes Tal gesehen, von zerfallenen Bergspitzen eingeschlossen, aber durch den Bergrücken geschützt und sicher. Sie flogen nach Norden und trafen auf die Drachen, als diese vom See her auf ihre ehemalige Schulungsstätte zuflogen. Und tatsächlich, hier erschien ihnen das Meer ruhig, ein breiter Sandstrand hatte sich gebildet, und sanft erhob sich das Land mit dunklem, dichtem Grün bedeckt, durch die hohen, zerbrochenen Berge vor den Wolken der Zerstörung geschützt. Die Scheibenschwestern senkten ihre Flugbahn und sondierten das Gelände. Bald fanden sie eine Lichtung mit einem kleinen Quellteich, das Wasser schien rein, die Gräser weich, die Büsche in einiger Entfernung dicht und schützend. Sie landeten.

Awara hielt Ausschau nach den Wesen von Rhubinihus. Sie spürte ihre Schwingung, doch sie konnte sie nicht sehen. Sie ging um den kleinen Teich herum, folgte ihrer Intuition und stand plötzlich vor wunderbar violett schimmernden Kristalltürmchen, die sich hoch aufrichteten.

Mit Tränen in den Augen kniete sie sich nieder und berührte ganz sanft die violetten Steine. In ihnen spürte sie die Vibration ihrer ehemaligen Schutzbefohlenen. Sie suchte nach den verbindenden Kräften, nach dem Netz, das Rhubinihus immer aufrechterhalten hatte, sie fand es nicht. Schlagartig wurde Awara klar, dass das Gläserne Meer durch Karons Blitz vergangen war, auskristallisiert, und in die Erde gesunken war. Übrig geblieben waren Kristalle. In den Tiefen der Erde bildeten sie eine breite Schicht. Hierhin hatte das Volk Rhubinihus sich evakuiert, doch an manchen Stellen, wie dieser, wo die Zerstörung nicht hatte greifen können, hatte das Kollektiv sich, wie zur Erinnerung, in den schönsten und feinsten Gebilden auskristallisiert, sichtbar, und erinnernd an das, was einstmals war.

Ga-El stand in der Mitte der Lichtung und rief die Drachen. Es war genug Platz für alle zu landen. Drache um Drache senkte sich so sanft und vorsichtig wie möglich zur Erde nieder, und die Drachenreiter, zusammen mit Ga-El, bargen die Verletzten.

Anschließend errichteten sie Unterstände aus Laub, in die sie die Verwundeten, so weich wie möglich, betteten. Awara hatte von ihren Kristallfreunden eine Schale aus dem violetten Kristall bekommen, sie war einfach aus den Gesteinsformationen herausgesprungen, und mit dieser Schale gab Awara jedem Wasser. Zuerst den Kranken, dann den Drachen und schließlich ihren Reitern.

Nachdem sie sich ein wenig ausgeruht hatten, beschlossen die Drachen, in die Welt hinauszufliegen und nach ihresgleichen zu suchen. Die Drachenreiter hatten sich ganz der Pflege der Adepten hingegeben. Awara saß oft bei den kristallinen Türmen, versenkte ihren Geist in die so sehr veränderten Freunde und erlangte so einiges an Kenntnis, welche Pflanzen für den Prozess der Heilung hilfreich waren.

Alle Adepten lagen in tiefem Koma. Langsam zeigten sie körperliche Veränderungen, denn die Sternensaat, die sie in sich aufgenommen hatten, begann ihre Materie zu verändern. Sichtbar wurde der Prozess dadurch, dass die Pfleger eine tägliche Zunahme der Dichtigkeit der Körper wahrnahmen. Einige der Adepten schienen zu wachsen, andere wurden kleiner. Doch immer noch lagen alle in tiefem Heilschlaf.

Vereinzelt kamen Drachen von ihren Ausflügen zurück und berichteten der kleinen Kolonie, was im Lande vor sich ging. Keiner der Drachen konnte jedoch Angehörige seiner Art finden. Es schien so zu sein, dass diese zwölf die einzigen Überlebenden ihrer Spezies waren. Die Drachen trauerten um ihre Geschwister. Oft sah man sie des Nachts am Ufer nebeneinander sitzen, sie legten die Köpfe zusammen und stimmten dann die Lieder ihrer Ahnen an, und sangen sie hinaus in die Nacht. So waren es die Drachen, die als erstes den kleinen Trabanten bemerkten, der nun milchweiß die Erde umrundete. Sie beobachteten den neuen Himmelskörper und erkannten, dass er auf- und unterging, dass er zu- und abnahm. Jede Nacht schauten sie an den Himmel, um den Trabanten zu finden und zu beobachten, und dann plötzlich, in einer Nacht, als der Himmelskörper voll und rund über ihnen erstrahlte, vernahmen sie den Gesang einer Drachin von diesem Gestirn:

„Dies ist Selena, Drache aus dem Sternenfeld Virgo. Ich habe mich bereit erklärt, euch Botschaften zu übermitteln aus den Weiten des Alls. So hört, ihr auf Gaia Eingeschlossenen":

„Dies ist An Ka Ra. Ich sitze auf dem Sternentor An und bewache es auf jener Ebene im mittleren Gürtelstern des Orion, den ihr An nennt. Ich bin die Drachin der Zone der Aufhebung aller Dualität. Ich singe das Lied der Heilung der Dualität.

Auch ich war auf Gaia, als Karons Blitz einschlug und die wunderschöne Welt von Atlantis zerstörte. Doch ich war mit meiner Drachenreiterin gerade hoch oben, nahe der Spitze des Obelisken von Poseidonis. Und als der Blitz kam, warnte mich meine Gefährtin, denn sie sah es kommen, und mit schnellen Flügelschlägen entfernten wir uns. So streifte uns nur die Welle der Detonation und wir wurden hinausgesprengt ins All, jedoch wir fanden nach Andromeda, wo wir Heilung finden konnten von dem Schock, der unsere Systeme vollkommen verwirrt hatte.

Meine Gefährtin, meine Drachenreiterin, war eine Wesenheit aus dem Hause Atlantis. Es war eine Wesenheit, die von der Ebene der Sterne um Lyra und Wega nach Atlantis gekommen war und die Ausbildung zum Medium durchlaufen hatte. Sie war Weganerin von großer Weisheit. Doch trotz ihrer großen Weisheit, trotz ihres Wissens um Individualität war ich sehr besorgt um meine Gefährtin, denn ihr Geist war durch den Einschlag des Blitzes sehr verwirrt. Lange besprach ich mich mit den Heilerinnen von Andromeda und wir wussten sie nicht anders zu retten, als dass ich ihr Bewusstsein aufnahm in mein Sein, was jedoch zur Auflösung ihrer Individualität führte. Dies ist ein Punkt, den wir nicht befürworten, denn wir wissen um den Weg des Bildens eines Bewusstseins. Jedoch war meine Liebe zu meiner Gefährtin so groß, dass ich mich entschloss, diesen Weg zu gehen und ihr Bewusstsein, den Ausdruck ihres Seins zu assimilieren. Kaum hatte ich dies getan, spürte ich ihren Puls in mir, aber ich spürte auch, dass ich einen Übergriff gestartet hatte auf ihre Seele.

Nicht dass sie mir böse war, sie war froh, wieder in Kommunikation zu sein, aber sie wusste, dass sie ihre Form verlassen hatte.

Um mich mit meinem Erleben auszusöhnen und auszuheilen den Frevel, den ich begangen hatte, indem ich ein Wesen so sehr liebte, dass ich es lieber in mir gefangen hielt, als es gehen zu lassen, habe ich mich im Auge von An positioniert und fungiere nun hier als Wächterin zwischen den Welten und Dimensionen.

Seit dieser Zeit fliege ich nicht mehr, aber ich singe und ich verstehe durch das Bewusstsein meiner Gefährtin in mir um so vieles besser den Weg, den die Menschheit gehen wird. Deshalb richten meine Gesänge sich aus auf den heiligen Berg, in dessen Schoß die Erinnerung an den Obelisken ruht. Deshalb singe ich beständig an den Obelisken von Poseidonis, um, im Erinnerungsfeld von Gaia, die Erinnerung an seine strahlende Einheit aufrechtzuerhalten, damit sich einst wieder aufrichten kann, und wieder eins werden kann, was eins war, damit wir wieder in Freude und Leichtigkeit, in gegenseitiger Unabhängigkeit und dennoch in tiefer Verbundenheit fliegen können und den Durchgang durch das Sternentor von An eröffnen können.

Dies ist An Ka Ra, und ich danke, dass ihr meiner Geschichte zugehört habt. Nützt die Wellen meines Gesangs, um in euch den Schmerz und die Schmach der Trennung zu heilen.

Möge das Licht von An und möge die Kraft der Pforte von An euch in eurer Heilung begleiten, denn nun bricht wahrhaft die Zeit der Heilung jedweder Trennung an. Dies ist An Ka Ra. Seid im Segen."

„Und dies ist Selena, ich rufe euch zu, ihr erdgebundenen Geschwister von An Ka Ra: Habt Mut, auch wenn ihr nicht mehr zurückkehren könnt in die Weiten des Alls, so ist es doch eure Liebe zu Gaia und zu euren Gefährtinnen, die euch verbindet und zusammenhält. Erklärt euch einverstanden mit der neuen Gaia in ihrer neuen Bahn.

Wir werden euch Trost spenden, immer wieder in den Nächten, in denen mein Gestirn, der Mond, im vollen Rund erscheint.

Vergesst nicht eure Ahnenketten, erneuert eure Gesänge und schreitet nun voran in einer neuen Evolution auf der Erde. So wie die Adepten im Funkenschlag neues Erbgut in sich aufgenommen haben, so hat sich dieses auch in euch verankert.

Ihr seid die Hoffnungsträger der neuen Menschheit. Denn nur wenn Mensch und Drache zusammenarbeiten, wird es in ferner, ferner Zukunft euren Nachkommen gelingen, zusammen mit den Erdensternenkindern, einen Weg durch die Dichtigkeit der Morphogenetik zu finden. Wir hier, in den Weiten des Alls, halten aufrecht unsere Erinnerung an euch, die ihr auf Gaia verblieben seid und nun eingeht in den Prozess der Evolution. Kein Bewusstsein ist jemals im Herzen der Shekinah vergessen. Seid gesegnet."

Die Drachen wussten nun um ihr Los und mutvoll nahmen sie ihren Weg an. Sie würden die Verbindung zu den Ahnen nicht abreißen lassen, sie würden die heiligen Gesänge nicht vergessen und sie würden sich in den Nächten des vollen Mondes vereinen.

Vollmond um Vollmond verging. Doch noch war keine Zeit für ihre eigene Geschichte. Noch bedurften die wenigen Überlebenden ihrer Hilfe. Vereinzelt traten große Stürme auf, und dann breiteten die Drachen ihre Flügel über den immer noch schlafenden Adepten und ihren Heilerinnen aus. Weiter zogen die Drachen durch das Land und halfen mit ihrer großen Kraft, wo immer sie konnten. Das Land unterlag einer ständigen Veränderung, die Materie wurde immer dichter. Neben einigen Vogelrassen, die den Blitz überlebt hatten, waren es nur noch die Drachen, die fliegen konnten. Durch den Untergang Mari-Ans, die Auskristallisierung des Gläsernen Meeres und den Zusammenbruch der Transponder, konnten die Flugscheiben sich nun kaum mehr in die Lüfte erheben. Die Citrinscheiben schienen sich aufzulösen und mit dem Erdboden zu verschmelzen. So konnten sich auch Awara und Ga-El nicht mehr mit der Scheibe bewegen, die sie nahe der Quelle geborgen hatten. Von Tag zu Tag schien der Citrin fester zu werden und mit dem Erdboden zu verschmelzen. Auch ihre Scheibe ging in den Mutterboden ein.

Ra Farah An hatte immer wieder Noah aufgesucht und ihm von der fortschreitenden Genesung der Adepten berichtet. Dann hatte Noah sie gebeten, ihn mitzunehmen auf die heilende Lichtung, jenseits der Berge. Noah betrachtete lange und schweigend jeden einzelnen der langsam gesundenden Adepten. Der Kassiopeianer rief die Drachenreiter und die beiden Scheibenschwestern zusammen. Er dankte ihnen für ihre Fürsorge und erläuterte ihnen, dass die Adepten sich in einem tiefen Schlaf des Vergessens befänden. Nun sei es an der Zeit, die Adepten in ihre eigene Evolution zu entlassen. Dazu wäre er, Noah, noch einmal auf ihrer aller Hilfe angewiesen.

Unbemerkt von der kleinen Gemeinschaft hier auf der Lichtung habe sich ein großes Gebiet Urkratons abgespalten und sei Richtung Äquator geflossen. Aufgrund der veränderten Bahn der Erde um die Sonne, sei es hier wärmer geworden. Ein anderes Gebiet habe sich Richtung Norden bewegt, und hier sei es kälter geworden. Urkraton sei dabei, in mehrere Teile zu zerbrechen, und es entstünden nun mehrere Kontinente auf Gaia, alle vom unendlichen Meer umgeben und beschützt. Man habe die Weisheit der Erde in diesem Auseinanderbrechen erkannt, denn nun können sich einzelne Spezies in ihren eigenen Räumen entwickeln.

Die Vertreter der Häuser haben nun beschlossen, ihm, Noah, die Fürsorge für die Sternensaat zu übertragen. Und so obliege es ihm nun, einen geeigneten Raum für die neue Menschheit zu finden, und er benötige nun die Hilfe der Drachen, diesen neuen Ort zu suchen.

Die Drachen verneigten sich vor Noah. Noah wählte einen der ältesten und erfahrensten Drachen und machte sich mit ihm auf den Weg, die neuen Kontinente zu erkunden.

Aus den Chroniken der neuen Erde
(gefunden in der Nähe des Berges Ararat*)

nd es war Noah von Kassiopeia aus dem Hause Dan, der den Auftrag erhalten hatte, die neue Menschheit zu führen. Mit den fliegenden Sternenwesen brachte er sie in ein warmes Land, erweckte sie zu neuem Leben und behütete sie. In sich selbst hielt er das Wissen um die Einheit klar und fest aufrecht.

Der Mensch entwickelte sich und erkannte nur die Trennung, doch Noah wusste es besser. Er glaubte an den Funken der Einheit, der in jedem Menschenkind, ob Mann oder Frau, in den Tiefen seines heiligen Sternencodes verankert war.

Als die Welt nach Tausenden von Jahren sich aufmachte, ihr Bewusstsein erneut zu erhöhen und sich Kassiopeia entgegenzustrecken, war es wiederum Noah, der Alte, der die Kinder der Sterne vor der großen Flut beschützte, um sie hierher auf trockenes Land zu bringen. Hier nun waren sie so weit, zu erkennen und zu erfassen, dass sie, beschützt von einer höheren Macht, den Weg in das EinsSein finden werden.

226

Kapitel 22

Nachdem Noah alle Adepten mit der Hilfe der Drachen in wärmere Regionen gebracht hatte, blieben Awara und Ga-El zunächst erstmals allein auf der Lichtung der Heilung zurück.

Ga-El spazierte am Strand entlang und ließ die frische Meeresbrise mit ihren Haaren spielen. Ihr wurde bewusst, dass eine lange Zeit auf der Erde vor ihr lag. Auch sie spürte das Ziehen der Materie an ihrem feinen, beweglichen Körper. Sie hatte wenig Lust dichter zu werden und wollte sich ihre Leichtigkeit bewahren. Doch als sie, wie es ihre Gewohnheit war, ein paar Pirouetten und Sprünge probierte, spürte sie die zunehmende Anziehungskraft der Materie. Hier war ihr einfach alles zu üppig, dies war nicht ihr Platz. Sie gab der Gravitation nach und setzte sich, und starrte auf den weiten, ruhigen Ozean. Ihr Bewusstsein wurde still und dehnte sich mit den Wellen aus. Sie lauschte lange Zeit den Geschichten, die ihr das Wasser erzählte. So erfuhr sie von einem Land im hohen Norden, mit kühler und klarer Luft, dem Himmel nah, und von unendlicher Weite. Sie sah sich über eine Tundra streifen und des Nächtens mit dem vielfarbigen Sternenlicht spielen, das wie Nebelschwaden aus dem All zur Erde sank. Auf ihren Wanderungen fand sie andere, die, wie sie, hier im hohen Norden den Fokus zu den Heimatwelten hielten. Gemeinsam begannen sie die neuen Menschen zu lehren und die Erinnerung an die Sterne in ihnen wach zu halten. Nun hatte sie ein Ziel, einen Weg, den sie beschreiten konnte.

Wieder einmal hatte Awara sich mit den Amethyst-Drusen verbunden. Sie war tief in die kristallinen Schichten hinabgetaucht und ließ ihren Geist durch die wachsende Dichtigkeit wandern. Sie suchte Mabruka. Wo war diese feine Kristallprinzessin geblieben? Immer wieder hatte sie, ohne Erfolg, die Schichten in alle Richtungen hin abgesucht, und heute endlich bemerkte sie eine Welle im unterirdischen Kristallmeer, die sich über weite Flächen absenkte, um sich dann wieder zu erheben. Sie bemerkte eine starke Konzentration des violetten Lichtes und wie immer labte sie sich an dieser so wunderbar heilenden Essenz aus dem Herzen der Mutter von Allem-Was-Ist. Hier schienen ihr die Kristalle flüssiger zu sein als andern Ortes, und kleine Wesen wisperten ihr zu:

„Wir bauen ein Heilungsbecken, damit wir nicht vergessen werden. Wir weben unser Netz nun unter der Erde, und dies nicht minder kraftvoll. Tanke Hoffnung, Kind der Sterne, und suche das Land, das sich am Rande der einstmaligen Kristallwälder bildet. Sonnenlicht und Wasser nähren das neue Leben. Hierhin hat sich Mabruka ausgedehnt, um neues Leben zu spenden und Wachstum zu fördern.

Vergiss nicht, dass du aus den Sonnen kommst, vergiss nicht dein Wissen um die Schwesternschaft, die Hüterinnen der neuen Erde. So wie im Kosmos, so auch auf der Erde! Suche deinesgleichen und webe ein neues Netz der Hüterinnen der Erde! Circe ist gebunden, so obliegt es nun dir, die Erinnerung an Oktaviana zu bewahren und zu halten, bis in eine neue Zeit. Reise in die Länder der Sonne, schenke den neuen Menschen dein solares Wissen und lehre sie, nicht zu vergessen. Mach dich bereit, es ist an der Zeit, neue Gebiete zu erforschen. Wo auch immer du bist, wir sind mit dir, denn wir sind das Gedächtnis von Atlantis, verborgen in den Tiefen der Mutter Erde!"

Ka Ra hatte sich nur langsam von seinem Schock erholt. Mit der ihm innewohnenden Kraft sammelte er mit den überlebenden Ratsmitgliedern die Überlebenden und begann die Aufräumungsarbeiten zu strukturieren. Er arbeitete bis an den Rand der Erschöpfung, die er nun deutlich und immer öfter wahrnahm, doch er vergaß nicht, was er als seine Schuld erachtete. Mit Hilfe der Überlebenden der verschiedenen Völker und Sternenfahrer gelang es ihm, aus den Trümmern einen neuen Sternenschacht zu errichten. So fanden viele den Weg nach Hause, doch nur wenige kamen noch aus den Sternen, um nach der jungen Gaia zu sehen. Die Gemeinschaften der zwölf Häuser hatten die Besiedelung der neuen Kontinente übernommen, und er, Ka Ra, hielt die Koordination. Es war ihm gelungen, geistigen Kontakt mit An Nu Ba auf Mu aufzunehmen, und die Momente der Verbindung mit der Vertrauten gaben ihm Zuversicht.

Von der einstmals so strahlenden Pyramide war nichts mehr übrig geblieben, doch die junge Erde war voller Kraft, und zu seinem Erstaunen stellte Ka Ra fest, dass sich genau hier langsam eine Gesteinsformation aus der Erde schob. Dies war den Überlebenden ein heiliger Ort, und sie nannten ihn Tempelberg und bildeten hier einen ersten Schrein zur Erinnerung an die goldene Zeit.

Ka Ra war unermüdlich, doch er bemerkte, dass er zu altern begann, ein Prozess, den es auf Gaia bisher nicht gegeben hatte. Er trachtete mit all seiner Kraft nach Gerechtigkeit, und als er sich nach vielen Jahren des Wirkens auf sein Lager, am Fuße des heiligen Schreins, niederlegte, wusste er, dass er sein Möglichstes getan hatte. Nun bereitete er sich auf seinen Weg zu den Sternen vor. Er atmete tief aus und sein Geist ließ seine Materie frei. Ka Ra stieg auf, am Sternenschacht entlang. Doch die Erde hatte ihre schützende Hülle verstärkt und Ka Ra erkannte in klarer Gelassenheit, dass er noch nicht reif war für eine Wiedervereinigung mit den Sternen. So ergoss er sein Bewusstsein in die schützende Hülle und dehnte es aus.

Er beobachtete das Wachstum der Menschheit und prüfte die Geistfunken, die bereit waren, sich mit der heilenden Materie Gaias zu verbinden. Seine Verbindung zu An Nu Ba blieb bestehen, denn Mu umkreiste die Erde außerhalb der schützenden Hülle und verankerte auf diese Weise den Puls der Heilung in einem jeden Bewusstsein, das sich der Erde näherte.

An Nu Ba begrüßte jeden Geistfunken und lehrte ihn:

„Wisset, das Sternenwesen Gaia ist dabei, sich in seiner unendlichen Liebe neu zu formen, neu zu gebären. Die Kraft der Sterne ist in Gaia und wird sie niemals mehr verlassen. Denn im großen kosmischen Herzen sind Gaia und die Sterne EINS:

Verbindet nun euer Herz mit eurem Sternenwissen und erlaubt, dass diese Kräfte euch führen und leiten, denn ihr tretet ein in den Planeten der Heilung, auf dem die Hoffnung aller Sternenreiche ruht. Ihr seid die Blüte der Sterne, die Kassiopeia, die Goldene, einst wiedererschaffen wird. Durch euer Sein wird Gaia sich wandeln zu einem neuen goldenen Planeten, von Gaia aus wird der Klang der Einheit wieder erschallen und hinaustönen in den Raum. Das Tor von An wird sich öffnen und ihr werdet den Planeten hineinführen in eine neue Dimension des EinenSeins.

Dies ist An Nu Ba. Und ich segne euer Sein und euer Heiles Ein-Sein in allen Ebenen eures Bewusstseins. Geht nun ein in die morphogenetischen Schichten der Erde und verbindet euch mit dem Bewusstsein des Heilen Atlantis, das durch euer Sein wieder auferstehen wird, in einer neuen Zeit, in der sich die Dimensionen erneut verbinden.“

Und Ka Ras Sein empfing die Geistfunken und senkte eine Winzigkeit seiner Essenz in jedes neu ankommende Bewusstsein. So sorgte er dafür, dass das Licht von Atlantis weiterlebte auf der Erde. Zusammen mit An Nu Ba erwartete er in vollkommenem Einverständnis die Neue Zeit. Und er wusste, es war gut, so wie es war.

Sky-Ra war mit Farah emsig in allen Himmelsrichtungen des Planeten unterwegs gewesen.

Sie hatte Awara in das Land der Sonne gebracht und Ga-El zu den nördlichen Lichtern. Immer wieder besuchten sie die Schwestern, und immer, in der Nacht des vollen Mondes, verbanden sie sich und tauschten ihre Erfahrungen aus. Ab und an kam Sky-Ra mit Farah An auch angeflogen und so fanden sich die Schwestern, mit Hilfe der Drachin, zu gemeinschaftlichen Treffen zusammen. Die drei Schwestern fanden auf ihren Wegen andere Sternenkinder, denen, wie ihnen, das Wohl Gaias am Herzen lag. Und das Netzwerk der Schwesternschaft wuchs erneut an und spannte sich bald um das ganze Erdenrund. Neue Kulturen erhoben sich auf altem und neuem Land, und die Schwestern trugen ihr Wissen und ihre Erkenntnis hinein in die Völker.

Doch auch für sie, die Sterngeborenen, veränderte sich die Zeit.

Ra Farah An zog es deutlich spürbar immer stärker zu den Treffen mit den letzten Drachen. Sie war vollkommen erwachsen geworden und nun bereit, sich mit einem Gefährten zu verbinden. Bald darauf bemerkte Sky-Ra den Funken neuen, werdenden Lebens in der Drachin, und sie wusste, die Zeit des Loslassens war gekommen. Die Drachen hatten sich auf der nördlichen Halbkugel einen Rückzugsort geschaffen. Der Horst lag geschützt am äußersten Rand des Kontinentes und sie nannten ihn Callanish*. Hierhin flogen sie nun, denn die Zeit von Farahs Niederkunft war nahe.

Sky-Ra war bei der Geburt des Drachenjungen anwesend und ihr Herz jubelte, erinnerte sie sich doch nur zu gut daran, wie einst Ra Farah An das Licht der Sternenwelten erblickte. Sie wusste Mutter und das junge Drachenkind gut aufgehoben und verabschiedete sich.

Sie durchstreifte die Berghänge und fand bald ein grünes, windgeschütztes Tal. In einer Mulde standen drei hell leuchtende Bäume, die sie an die Mapobäume ihrer einstigen Heimat erinnerten, und sie legte sich zu Füßen der Birken nieder. Langsam glitt sie hinüber in einen Traum. Sie war wieder auf Ra und ihr alter, geliebter Mentor unterrichtete sie:

„Und dies ist Ra Neomi. Im Lichte des Orion und aus der Sonne Ra grüße und segne ich dich.

Erinnere dich an die Weisheit aus der Zeit von Atlantis, die Weisheit aus dem Gebiet der Materieformer, die Weisheit der Sternenfahrer, die Weisheit der Sternendrachen und vor allem die Weisheit aus der Verbindung von Lemuria, Rhubinihus und Atlantis.

Wir, Ra Neomi und all die anderen Sternendrachengeschwister, sind sehr erfreut, dass die Geschichten der Drachen, der Sonnenfeuerwesen der Urzeit, niemals im Universum vergehen werden. Doch werden diese Geschichten auch sehr faszinierende Blüten schlagen. Hauptsache ist jedoch, die Menschheit wird wieder verstehen, dass Drachen nichts Böses sind, auch wenn die Geschichte meiner Spezies nicht immer nur lichtvoll sein wird. Denn in der Zeit nach dem Zusammenbruch von

Atlantis, als viele von uns Sternendrachen zum großen Fest zur Zeugung des Kosmischen Menschen anwesend waren, erfuhren auch wir die Blendung durch den Blitz der Trennung, und viele von uns vergingen. Nun, die Menschen werden sagen, die Drachen sind gestorben. Verstehe bitte, nach unserem Verständnis stirbt ein Drache nicht, denn wir sind fast so unendlich wie das große Herz der Shekinah, aus dem wir kommen, und Shekinah selbst ist unendlich.

Es gibt auch für uns Transformationen und Durchgangspassagen, wenn die Mutter uns zurückruft. Wenn sie uns zurückruft in ihr großes Herz, gehen wir ein in die Kraft der Shekinah, und hier in diesem Sein verlieren wir die Anhaftungen an unsere Erfahrungen, verlieren wir die Anhaftungen an die durch unsere verschiedenen Reisen herausgebildete Individualität. Ich, Ra Neomi, bin schon zweihundertachtundachtzig Mal durch ein Pralaya*, durch diesen Zyklus der Erneuerung gegangen, oder besser gesagt, habe ich diesen Zyklus geträumt, denn es ist kein bewusstes Handeln. Dennoch weiß ich als Drache, dass ich Ra Neomi bin, ich weiß um meine Ahnenreihe, ich weiß um meine Existenz und welche Sternenfelder positioniert waren, um mir eine Form zu geben, um mir die Uressenz meines Seins, meiner Liebe und meines Wissens einzuhauchen.

Die Menschen werden lernen, sich die Geburt eines Drachen vorzustellen, und sie werden Märchen über Drachen erfinden. Märchen sind Fragmente der Erinnerung an Urzeiten! So wird ein Märchen entstehen von den zwölf guten Feen, die kommen, um das neugeborene Kind zu segnen. Dann kommt die dreizehnte, und das ist eine dunkle Fee. Bei der Geburt eines Drachen stehen immer zwölf Sternenfelder als Paten der Geburt bei, um diesem Drachenbewusstsein das liebende Wissen und die liebende Kraft mitzugeben, die das Sternendrachenbewusstsein für seine Aufgabe benötigt. Die dreizehnte Fee, die schwarze Fee aus dem Märchen, ist jedoch nicht der Blitz von Karon oder gar Deklet! Nein, die schwarze Fee ist eine alles aufnehmende Fee, ist eine Abgesandte aus dem Herzen der vollkommenen Rezeptivität, denn ein Drache braucht für seine Aufgabe, das Durchdringen von

Materie mit Geist, diese vollkommene Rezeptivität. Er braucht aber auch die Kraft und die Ausrichtung, denn ohne diese Energien würde er sich aus dem reinen Geistbewusstsein nicht aufmachen, würde er sich nicht formen und käme gar nicht auf die Idee, Materie zu durchdringen. So wird das Märchen von den bei Geburten anwesenden Feen durchaus eine Übersetzung dessen sein, was in den Sternenfeldern geschieht.

Diese Fähigkeit der vollkommenen Rezeptivität ermöglicht es uns Sternendrachen immer wieder, wenn die Planeten oder Sonnen es zulassen, unser Sein mit dem ihren zu verbinden. Das bedeutet, die Energie eines Drachen durchdringt die Planeten. Und so kannst du dir den Vorgang durchaus so vorstellen, dass wir uns quasi in die Materie hineinstürzen. Unser geformtes Sein verbinden wir mit dem Planeten, den wir gerade durchdringen, werden eins mit ihm, wir tauchen aus unsere Liebe, unsere Kraft, unser Wissen, nehmen auf Liebe, Kraft und Wissen des Planeten und tauchen dann wieder heraus aus der Materie, um das, was wir angenommen haben, dahin zu bringen, wohin auch immer es unser Auftrag ist. Diese Fähigkeit der vollkommenen Hingabe aus großer Kraft ermöglichte uns, durch viele, viele Zeiten hindurch unbeschadet durch die diversen Dimensionen zu gehen.

Doch nun, in der Zeit nach dem Zusammenbruch von Atlantis, da wir geblendet sind von dem Erkennen der Trennung, können wir scheinbar die Dimensionen nicht mehr durchschreiten.

In deinem Innersten jedoch weißt du, dass diese Trennung eine Illusion ist, war und sein wird. Aber damals, als wir zu jenem hohen Festtag in Atlantis waren und in all unserer Schönheit den großen Obelisken von Poseidonis umkreisten, als wir ausgerichtet waren, das Licht der Sterne zu empfangen, um einem neuen Wesen, dem Kosmischen Menschen bei seiner Geburt beizustehen, und diesem neuen Menschen, der die Heilung des Universums in sich trug, bei seinem Werden behilflich zu sein, um ihn sozusagen aus der Taufe zu heben, und wir in unserer Freude dieses heilige Tun in Atlantis umkreisen, fuhr nicht das Licht der Sternenfelder in den Obelisken, sondern es fuhr hinein der Blitz der Trennung, und von diesem wurden wir geblendet.

Du hast mit eigenen Augen gesehen, wie wir zu Boden fielen, wir waren paralysiert. Andere sind hinausgeschossen in die Weiten des Alls, aber auch hier waren sie verwirrt, und wurden gerufen aus dem liebenden Herzen andromedanischer Wesenheiten und wurden auf Andromeda gepflegt, bis sie wieder heil wurden.

Die Drachen, die, wie auch Ra Farah An, nicht mehr durch Gaias Hülle hindurchkamen, versuchten dann auf Gaia heil zu werden. Sie waren ein Stück tiefer in die Materie gefallen, als sie es jemals vorhatten. Doch nach einer Zeit wussten sie, wenn sie in der zerstörten Landschaft, einen Ort finden würden, den sie als ihren Hort betrachten konnten, dass sie dann durch die Verbindung ihrer Materie in der Lage waren, etwas zu gebären, das dem früheren Lichtkokon ähnelte. Hier setzte ein die erste Geburt von Drachen in Materie. Und diesen Weg beschreitet nun Farah An mit ihrem Gefährten, und es ist gut!

Nun, die Völker der Atlanter, Lemurianer und Rhubinihaner wurden zerstört; und alles versank im Chaos. Doch die Drachen singen immer noch das Lied des Bewusstseins der Heilen Materie. Und während noch das Chaos in den hoch aufgetürmten Gebirgen und in den Tiefen mancher Ebenen und Sumpfgebiete tobte, hatten die verbliebenen Drachen begonnen, Kinder zu gebären. Diesen erdgeborenen Drachen bringen sie die gesamte Sternengeschichte und die ganzen Ahnenreihen bei, und sie lehren sie, die Hoffnung niemals aufzugeben und die Liebe in der Materie zu verankern.

Es wird das größte Gut für einen erdgeborenen Drachen sein, der Materie zu begegnen und mit der Materie zu verschmelzen. Dies wird jedoch zur Folge haben, dass die erdgeborenen Drachen versuchen werden, der Menschheit zu begegnen, doch die Menschheit wird dies nicht verstehen, denn sie wächst auf im Bewusstsein der Trennung! Es wird einen Kampf zwischen Drache und Mensch geben. Einige, die noch viel atlantisches Wissen in sich haben, werden versuchen, aus den erdgebundenen Drachen wieder Sternendrachen zu klonen, um eine Rückbindung an die Sterne zu bekommen. Doch dies wird nicht funktionieren, denn die Erde hat jetzt eine andere Umlaufbahn und es fehlt die Kraft der Transponder. Diese geklonten Drachen werden durch die Manipulation das Lied ihrer Herkunft vergessen, werden ihren Auftrag, der liebevolles Verbinden ist, vergessen, und werden stattdessen den Schmerz der Trennung erfahren, der Einkerkerung, und Gefangenschaft ist, denn durch jene manipulierenden Wesen werden sie sich als etwas anderes zu definieren lernen. Diese Drachen, werden später in den Geschichten beschrieben werden als etwas, das Materie tötet, anstatt Materie zu lieben. Diese Drachen werden jedoch nicht lebensfähig sein, ihnen ist nur eine bestimmte Lebenszeit gegeben, nach der sie dann vergehen werden. Sorge dich also nicht!

Die Erddrachen, die sich versteckt halten werden, werden, obwohl sie sich verbinden wollen, in Vorsicht und Achtsamkeit dem Magnetismus dieser altatlantischen Wesen widerstehen, und werden Zuflucht finden in Regionen der Erde, in denen wenig Menschen sind. Sie werden eine Zeit lang leben können, doch dann wird es nicht mehr möglich sein, neue Drachenkinder zu zeugen, denn die Kraft der Sternenfelder wird, durch die Verlagerung der Erdachse, immer weiter weggerückt werden, so dass auch sie sich nicht mehr werden verbinden können.

Wir, die Sternendrachen, wissen um unsere Geschwister, aber es wird uns viele Jahrtausende lang nicht möglich sein, die Dichtigkeit des morphogenetischen Feldes zu durchdringen. So versuchen wir immer wieder uns über dem Teil der Erde, über dem es Nacht ist, zu positionieren, um die Lieder unserer Sternenherkunft singen. Wir singen von unserer Liebe zur Shekinah, wir singen von der Kraft der Hingabe und der daraus entstehenden Erneuerung, und versuchen durch Träume unsere Liebe, so lange es geht, in das Bewusstsein der Drachen zu geben. Manche Menschen werden geboren werden, in deren Sternensaat die Erinnerung an die Drachen sein wird. Möglicherweise, weil ihre Seelen einst als Drachenreiter gedient hatten oder weil diese Seelen einst als Sternenfahrer unterwegs waren. Möglicherweise aber auch einfach nur deshalb, weil die Seele sich in einer Nacht mit der Materie verbunden hat, in der wir vielleicht besonders kräftig sangen und die Seele das Lied der Drachen aufgenommen hat.

Nun, der Glaube an das Land und die Natur wird zurückgedrängt werden, und ein neuer Glaube wird versuchen immer stärker Raum zu nehmen. Den Herrschern des neuen Glaubens wird es nicht Recht sein, dass es Menschen geben wird, die um Dinge wissen, die man nicht mehr sehen kann. Und so wird man Märchen erzählen von Übeltaten von Drachen, von Schlangen, von schwarzen Katzen, von allem, was schwarz ist, und man wird sagen, dass dies die Inkarnation des Bösen sei. Die Menschen aber, die in sich das Bewusstsein von Drachen tragen und die Erinnerung halten, werden sich oftmals gegen diese Märchen aussprechen, und häufig dafür in den Tod gehen. Andere werden manipuliert werden und sich auf die Suche machen, sich auf Heldenfahrten begeben und großartige Geschichten über Drachentötungen fabulieren. Und manchmal, um die Menschheit zu erinnern und das Wissen der Drachen nicht völlig in Vergessenheit geraten zu lassen, werden die Alten, wenn gerade ein solcher Held unterwegs ist, aus ihren Verstecken herauskommen und sich in die Lanzen werfen, damit die Geschichte der Drachen weitererzählt wird.

Wenn ihre Seelen danach die manifeste Materie verlassen, durchdringen sie das morphogenetische Feld, nehmen wieder Raum auf dem Leitstrahl der Shekinah und kehren zurück ins Herz der AllEinen Mutter. Dann ist große Freude. Dann ist große Liebe. Dann ist großes Verstehen. Und viele dieser erdgeborenen Drachenwesenheiten werden es dann vorziehen, auf eine Ausformung ihres Bewusstseins in einer individuellen Form zu verzichten, um zu warten und zu beobachten, bis Gaia sich wieder erheben wird und die Drachen Gaia wieder geleiten werden auf ihrer Reise zurück nach An. All diese wartenden Feuerenergien werden Raum nehmen in einem Sternbild, das die Menschheit Drache nennen wird. Und die Drachen werden von dort helfen, weil sie um die heilende Kraft der Materie wissen.

Dies ist Ra Neomi. Wisse, die Drachen werden nie aufhören zu singen. Halte dein Herz für uns offen, denn unsere Energie unterstützt dein Erkennen und deine Fähigkeit, dein Sein wirklich und wahrhaftig in Liebe anzunehmen.

Doch nun, Sky-Ra, du Reisende zwischen den Welten, ist es Zeit heimzukehren zu den Sternen. Übergib deinen Körper der Mutter Erde. Ich leite dein Bewusstsein zurück in die sonnigen Welten von Ra, denn all das, was du erfahren hast, magst du von nun an andere Reisende lehren.

Wir erwarten dich, komm nach Hause, Sky-Ra!"

Anhang

Zum Verständnis der Geschichte

Ich durfte in meinem Leben von vielen Lehrern der dritten und fünften Dimension lernen, und dieser Roman basiert auf dem Gelernten und in Visionen Gesehenem.

Allen voran vermittelte uns Elyah, ein Kollektivbewusstsein von Kassiopeia, ein Verständnis für die Entwicklung unseres Universums, und ich habe ihr Wissen aufgenommen.

Am Anfang allen Seins steht die Quelle, in der alle Gottesfunken vereint sind. Hier nahm nun die Idee Raum, ein duales Universum zu erschaffen.

Kassiopeia, die Goldene, war das erste existierende Sternenfeld und hielt das Bewusstsein der Einheit. Nach ihr entstanden die älteren Brüder Herkules (Kraft, Mut und Schönheit) und Orion (Kraft in Materie), denen wiederum andere Sternenfelder mit anderen Spezifikationen folgten.

Um die drei Gürtelsterne, El, An und Ra des Sternenfeldes Orion kreiste der goldene Madokh, ein Planet, der als Schulungsplanet ausersehen war und auf dem ein weiser Sternenlehrer namens Deklet die Kinder der Sterne lehrte. Hier hatte der Rat von Kassiopeia zwölf enorm große, materielle Stelen (Platten) verankert, in denen das gesamte Wissen der zwölf kosmischen Häuser gespeichert war. Diese Platten wurden immerwährend zum Klingen gebracht, und somit dehnte sich die Welle der Einheit immer weiter in ein sich ständig expandierendes Universum aus. Dadurch wurde bei aller Erfahrung immer wieder Einheit hergestellt, alles nahm sich mit allem verbunden wahr.

Das Ansinnen eines jeden Gottesfunkens war es, Dualität zu erforschen. Um diese Erfahrung zu vertiefen, ließ Deklet die Neugier sei-

239

ner Schüler zu, und so kam es zu einem Nichtanschlagen der dritten Platte, was zu einer Dissonanz führte. Dadurch wandelte sich Deklet zu Karon, der sich seit dieser Zeit als getrennt empfindet, als der Dunkle, der Täter, der Missbraucher. Mit ihm wandten sich auch seine Schüler vom Licht ab, um die Erfahrung der Abwesenheit des Lichtes, der Manipulation, der „Macht-über" zu machen. Das Nichtlicht entstand. Der „Blitz" von Karon durchstreifte das All und versenkte nun Sternenfelder in ein Bewusstsein der Getrenntheit von der göttlichen Einheit. Dieses führte – wertfrei betrachtet – zu völlig anderen Erfahrungswerten. Ab diesem Zeitpunkt wurde aus unserem dualen Universum ein polares.

Damit der Blitz von Karon die Einheit jedoch nicht vollkommen vernichten konnte, löste Kassiopeia, die Hüterin der Einheit, sich selbst auf und entsandte die 144 000, auf dass diese dafür Sorge trugen, dass irgendwann durch ein Wesen, namens Kosmischer Mensch, die dritte Platte wieder angeschlagen werde, und Kassiopeia somit neu entstehen könne und sich mit ihr das gesamte Universum in eine neue Seinsebene erhebe.

Um die Geburt des Kosmischen Menschen zu ermöglichen, entstanden elf erdähnliche Planeten, auf denen die Bewohner aufgrund ihrer Erkenntnis versuchten, Karons Blitz und dem Fall in die Trennung zu widerstehen. Jedoch halfen die einzelnen Spezifikationen, so feinsinnig sie auch waren, nicht und die elf Erdähnlichen vergingen. Alle Hoffnung liegt auf dem zwölften Planeten, Gaia, unserer Erde.

Die Sternengeschwister der Neddek, eine Bewusstseinswelle aus den Quasarebenen, jenseits unseres Universums, verankern ihr Lichtbewusstsein als diamantene Hülle um den jungen Planeten, wodurch Gaias Evolution stattfinden kann, und mit der Hilfe der Engelwesenheiten, der Kometen und Meteoriten wird genetisches Material in den Wassern der jungen Welt verankert, aus dem heraus sich unsere Evolution gestaltet. Die uns vorangegangenen Planeten geben ihr Erbe an Gaia weiter, woraus sich unterhalb der zwölften Schicht die elf Schichten bilden, mit denen alles Leben auf Gaia verbunden ist.

Diese Schichten nennt man auch die morphogenetischen Schichten oder das morphogenetische Feld (vgl. Rupert Sheldrake).

Der Roman beschreibt nun die Phase des atlantischen Zeitalters, in der die Sternenfahrer sich darum bemühen, ihren Geist in der Materie Gaias zu ankern, um neues Leben zu erschaffen und damit letztendlich den Kosmischen Menschen. Es bilden sich die drei Völker Gaias, wobei die Atlanter das Wissen der Sterne auf Gaia ankern, die Lemurianer die Aufgabe haben, die Materie zu formen, und die Rhubinihaner, alles über das Gläserne Meer der Kommunikation zu verbinden. Atlanter und Lemurianer setzen sich aus Sternenvölkern zusammen; Rhubinihaner entstehen aus der Mischung der beiden Frequenzebenen.

Um die Sternenkräfte zu lenken und zu leiten, wird ein energetisches Netzwerk über dem Mittelpunkt der Pyramide von Poseidonis errichtet, das den gesamten Urkontinent, genannt Urkraton, umspannt. Laut einer alten kassiopeianischen Weissagung ist allen bekannt, dass die Geburt des Kosmischen Menschen dann stattfinden wird, wenn sich das Sternenfeld Löwe am Horizont zeigen wird. Dann ist genügend Bewusstsein und Energie auf Gaia vorhanden, um den Quantensprung zu vollziehen.

Doch auch hier schlägt der Blitz Karons zu, die Pyramide von Poseidonis, die Sphinx und ganz Atlantis werden zerstört. Das goldene Zeitalter verschwindet, der Urkontinent bricht auseinander und unsere heutige Menschheit mit einer Doppelhelix entsteht.

Für uns, aus diesem Missbrauch heraus entstandene Menschen, geht es nun darum, uns unserer Verbindung mit dem göttlichen Funken wieder bewusst zu werden und nicht mehr die Trennung zu feiern, denn wie Elyah immer wieder sagt: Einheit ist, war und wird immer sein!

Auch mein eigener Mentor Hilarion sagt mir immer wieder: „Einheit kann nicht zerstört werden, die Trennung ist eine Illusion!"

Es ist unser Glaube an die Trennung, der uns gebunden hält. Doch wir sind mehr als unser Körper, mehr als unsere Gefühle und mehr als unsere Gedanken. In jeder Zelle unseres Seins leuchtet das Licht der Quelle und das Bewusstsein der Einheit, unser kosmisches Erbe.

Und der Tag wird kommen, an dem wir uns dessen wieder vollkommen bewusst werden und uns nicht mehr als getrennt definieren. Dann wird Karons Täter/Opfer-Spiel nicht mehr greifen, und wir werden erkennen, dass wir selbst die Schöpfer und Schöpferinnen unserer Welt sind. Dann wird das goldene Zeitalter durch das Menschheitskollektiv erneut erschaffen werden, Gaia wird sich erhöhen, die dritte Platte anschlagen und Kassiopeia, die Goldene, wird neu erstehen.

Und mit ihr ein neues Universum voller neuer Abenteuer!

Alphabetisches Glossar

adamnische Rasse: Menschliche Rasse

Aldebaran: Hauptsonne im Sternbild Stier, das Auge des Stiers. Hier lebte einst ein Volk, das dazu in der Lage war, Brücken in die verschiedenen Dimensionen hineinzubauen und so ganz leicht von Dimension zu Dimension hüpfen konnte. Hier setzten die schwarzen Herren an, und ein erster „Channel" missbrauch entstand.

Ale: Längliches Werkzeug mit einer Öse, um Fäden durchzuziehen.

Alpha-Wellen: Das Gehirn ist während des Schlafes in verschiedenen Stadien elektrischer Aktivität. Sobald man die Augen schließt, erzeugt das Gehirn Alphawellen (8–12 Hz) ähnlich den Wellen des leichten Schlafes beim Einnicken.

An: Mittlerer der drei Gürtelsterne im Sternbild des Orion. Heimat der Sternendrachin An Ka Ra.
Orion ist ein Sternbild, das wir in zwei übereinander liegenden Dreiecken sehen können. Das obere Dreieck symbolisiert den Geist, der in Richtung Materie fließt, und das untere die Materie, die sich in Richtung Geist erhebt. Sie überschneiden sich im Bereich des mittleren Gürtelsterns, des Auges von An. Dort, wo beide Zonen sich überschneiden, ist der Bereich der Aufhebung der Dualität, weil hier Geist und Materie vereint sind.

Andorh: Planet im System Kassiopeia, Ort der heiligen Versammlung und gemeinsamen Kontemplation, „wenn die Sonnen Orh und Ghon verschmelzen."

Andromeda: „benachbarte" Galaxie in unserem Weltall; Ort der Heilung von Verletzungen und Traumata.

Äon/Äonen: Ein sehr, sehr langer Zeitraum.

Aquala Awala: Mutter des Wassers, auch „die große blaue Dame" genannt.

Ararat, Berg: Erloschener Vulkan und höchster Berg der Türkei. Hier landete Noah mit seiner Arche nach der großen Sintflut.

assimilieren: Sich vereinigen, durchdringen, vollkommen annehmen, so wie es ist.

Athma / Athmen : Die feinstofflichen Körper; als Ganzes auch Aura genannt.

Atlantis: Bezeichnung für die Welt, wie sie nach der hyperboräischen Phase bestand. Ein Kontinent, auf dem Sternenfahrer ein- und ausgingen, um Erfahrungen mit dem Leben auf einem materiellen Planeten zu machen. Schon Plato erwähnte Atlantis in seinen um 360 v. Chr. verfassten Dialogen „Timaios" und „Kritias".

ATP, Adenosintriphosphat: ATP ist das Triphosphat des Nucleosids Adenosin und als solches ein energiereicher Baustein der Nukleinsäuren DNA und RNA. ATP ist jedoch auch die universelle Form unmittelbar verfügbarer Energie in jeder Zelle und gleichzeitig ein wichtiger Regulator energieliefernder Prozesse.
In meiner Geschichte ist es der Duft der Drachen, denn sie brachten die Energien hinein in die Materie.

Auge von An: Positioniert im Bereich des mittleren Gürtelsterns von Orion, Tor in die Dimension des freien Fließens, durch das, laut Weissagung, die Erde in ihre neue Ebene ziehen wird. (siehe auch: *An*)

Bam: Stadt am Meeresufer, Schulungsstätte der Meeres-Rhubinihaner.

Bellatrix u. Beteigeuze: Hauptsonnen im Sternbild Orion.

Callanish: Ort auf der Insel Lewis, Schottland, mit Steinkreisen der Megalith-Kultur

Citrin: Gelb gefärbter Edelstein

Clan der Schilde: siehe Schwesternschaft der Schilde

Communio: Gemeinschaftliche Verbindung

Djwal Kuhl: Auch „der Tibeter" genannt, gehört zu den Wesenheiten von Shamballa.

drittes Auge: das Stirnchakra

El: Eine der ältesten Sternenrassen unseres Universums, sozusagen die Initial-Zünder für die Entstehung unseres Weltalls. Jedoch auch der spirituelle Name für einen der drei Gürtelsterne des Orion. Astronomische Namen von West nach Ost: Alnitak (EL) Alnilam (AN) und Mintaka (RA)

El Shaddai: Essenitischer Begriff für die männliche, väterliche Gottespräsenz.

Elu: Das elektrische Universum, in dieser Geschichte Elu genannt, ist ein neben unserem gelegenes, eigenständiges Universum.

Enoch: siehe: *Volk von Enoch*

Felidae: Lateinische Bezeichnung für katzenartige Wesen.

Flinken: Die flinken Wesen von Mallath. Laut Elyah war Mallath einer der 11 erdähnlichen Planeten.

Fluken: Flossen der Wale

fluoreszierend: leuchtend

Fluorit: Durchscheinender Kristall in verschiedenen Farben von Weiß über Grün bis Violett; auch Flussspat genannt.

Fünfheit: Begriff für fünf Wesenheiten, die zusammen als Schwesternschaft auf einer Flugscheibe dienen, daher auch der Begriff „Scheibenschwestern".

fünfte Dimension: Die Dimension der unbegrenzten Möglichkeiten und des freien Fließens. Von hier aus ist der Zugang in alle anderen Dimensionen möglich. Laut Hilarion gibt es 52 Dimensionen in unserem Universum.

Gaia: Spiritueller Name für die Erde.

Gläsernes Meer: Die alles durchflutende, alles verbindende Ebene der vollkommenen Kommunikation in Atlantis, die nach dem Zusammenbruch auskristallisierte und zu den kristallinen Schichten wurde.

Helios: Männlich solare Präsenz, dynamischer Ausdruck der Zentralsonne.

Herkules, Sternbild: Laut Elyah eines der ersten entstandenen Sternbilder; zusammen mit Orion bilden beide Sternbilder die Brüder Kassiopeias. Herkules steht für Kraft, Ausdruck und Frieden.

holistisch: ganzheitlich

Hyperboräa: Erste existente Welt auf Gaia, wurde bereits in Platos Schriften erwähnt. Aus Sicht der geistigen Welt jener Zeitpunkt, als die Erde vollkommen mit Wasser bedeckt war, einem Wasser, das unserem heutigen nicht sehr ähnlich war. Es hatte eine tief dunkelgrüne Farbe und diverse Wesenheiten haben ihre Energien hineingegeben, damit Leben entstehen konnte. Dieses Wasser war so etwas wie die Ursuppe. Es gibt Theorien innerhalb der Wissenschaft, dass Teilchen von Kometen, die auf Gaia stürzten, zum Evolutionssprung geführt haben.

Hyperboräer: Volk, das sich aus den Bereichen Andromedas herauslöste, um konkret in das Verbinden und Formen der bereits vorhandenen Moleküle auf jungen Planeten zu gehen. Sie bildeten erste Körperlichkeit im Wasser lebend aus.

Kanope: Gefäß; bekannt auch als altägyptische Urne: Hier wurden bei der Mumifizierung die Eingeweide in Kanopen verschlossen und separat beigesetzt. Im Spirituellen bedeutet es immer ein Gefäß, in das etwas, auch eine Energie, eingeschlossen ist.

Kassiopeia: Erstes Sternenfeld innerhalb unseres Universums. Ausdruck der Einheit. Sichtbar am Nachthimmel als Himmels-W.

Kosmische Häuser: Die Häuser könnten wir auch als Clan oder Familie bezeichnen. Hier handelt es sich um die 12 „Familien", die von Kassiopeia bei ihrem Untergang in das Universum auszogen, um das Wissen der Einheit in alle Welten zu tragen und dort zu verankern.

Lebensmitte: Der Bereich um den Bauch herum; Solarplexus.

Lemuria: Gebiet von Gesamt-Atlantis. Hier war die Aufgabe, Materie in die Form zu bringen und permanent Neues zu bilden.

Lenduce: Geistige Lehrerwesenheit aus der Zentralsonne.

Les Saintes-Maries de la Mer: Südfranzösische Stadt am Mittelmeer, Nähe Arles, in der Camargue; bekannter Marienwallfahrtsort

Lichtkrieger: Krieger des Einen Herzens aus den Schulen des Mars.

Madokh: Ein Planet, der um die drei Gürtelsterne des Orion kreise und auf welchem zum Anbeginn der Zeit ein Sternenlehrer von Kassiopeia namens Deklet 144000 Sternenwesen aus allen Systemen unseres Universums unterrichtete, damit die Idee der Dualität erkannt und durchdrungen werden konnte. Madokh und Deklet fielen in die „Dunkelheit". Laut Aussage der Sternengeschwister kommt die Ausheilung der belastenden Programme unseres Universums über den goldenen Madokh, sprich über Gaia, die zu diesem goldenen Madokh wird, wenn sie das Auge von AN durchschreitet, und das bedeutet die Heilung der Dualität.

Maja: Stern der Plejaden, hier finden sich die Bibliotheken des plejadischen Wissens (Hauptstern ist Alcyone).

Mallath: Laut Elyah einer der 11 erdähnlichen Planeten, die Gaia vorausgingen.

Mantra / Mantren: Wort aus dem Sanskrit. Bezeichnet heilige, geladene Wörter oder Silben, z.B. OM, Amen oder Halleluja. (Gebetsformel)

Mapobaum: Ein Baum, den es auf der Erde nicht mehr gibt, vergleichbar mit unseren Frangipani-Bäumen der südlichen Hemisphäre.

Medulla (Oblongata): Lat. *verlängertes Mark*; spirituell gesehen das Energiezentrum an der Stelle, wo die Wirbelsäule sich mit der Schädelkalotte verbindet.

Meriem: Marienfokus der Wasser, ähnlich Stella Maris.

Mu: Tempelbezirk in Lemuria, auch als das „ewig schlagende Herz der Erde" bezeichnet.

Mudra: Begriff aus dem Sanskrit für Handzeichen, die bei der Meditation benutzt werden.

Neli: Ein Botschafter Kassiopeias.

Obsidian: Vulkanisches Gesteinsglas; tiefschwarzer Kristall.

Og Min: Sternenrasse, die sich mit dem Erschaffen beschäftigt. Sie sind wie unsere älteren Geschwister, denn sie waren lange auf Gaia anwesend mit der Aufgabe, die Schöpferkraft des Geistes mit Materie zu verbinden und dadurch Neues zu erschaffen. Sie sind kollektive Bewusstseinswesen und keine individuellen „Personen".

Oktaviana: Die „Mutter" der Schwesternschaft der Schilde.

Old Head of Kinsale: Ort an der Südküste Irlands.

Orbit: Bezeichnung für die Umlaufbahn eines Objektes um einen Himmelskörper.

Orh und Ghon: Zwei Sonnen, die vom Planeten Andorh aus zu sehen sind, eine grün und eine golden. Wenn beide Sonnen sich vereinigen, ist das das Zeichen für den Beginn der Communio = Vereinigung.

Orion: Sternenfeld, auf dem ein erstes Mal Materie bewusst in die Form gebracht wurde.

Phalanx: Eine massive, in Reihe angeordnete, zielgerichtete Energieform.

Phiole: Ein bauchiges Glasgefäß mit langem Hals.

Plankton: Frei im Wasser treibende und schwebenden Organismen. Im Bereich des pflanzlichen Planktons gibt es eine Art namens *Noctiluca scintillans*, die zur Algenfamilie der Dinoflagellaten zählt, und u. a. für das sogenannte Meeresleuchten verantwortlich ist.

Plejaden: Sternbild und Heimat der Plejadier, deren Eigenschaft die sich ständig ausdehnende Liebe ist. Auch genannt „Siebengestirn" oder die „Sieben Schwestern"; astronomisch: offener Sternhaufen M45.

Pralaya: Begriff aus dem Sanskrit; bezeichnet die Phase zwischen zwei Schöpfungsakten, in der alle Wesen sich in die unmanifestierte Realität zurückziehen.

Qumran: Heilige Stätte der Essener. Ruinenstätte im Westjordanland am Toten Meer., wo die so genannten „Schriftrollen von Qumran" gefunden wurden.

Ra: Ägyptischer Sonnengott, aber auch der spirituelle Name eines der Gürtelsterne des Orion.

Raumhafen: „Flughafen" im Weltraum

Regulus: Hauptsonne im Sternbild Löwe

Rhubinihus: Volk von Atlantis, dessen Zeichen ein gleichschenkliges Kreuz ist und das für die Kräfte des Verbindens steht. Aus diesem Volk haben sich beim Untergang von Atlantis die Feen und Elfen, das kleine Volk, entwickelt. Bei diesem Untergang sind viele Rhubinihaner in den kristallinen Schichten erstarrt.

Rigel: Ein Stern im Sternbild Orion, Sitz der schwarzen Herren.

Roturea: Ort heißer Quellen im Bereich von Mu (heute ein Ort in Neuseeland).

Rückenfinne / Finne: Flosse auf dem Rücken eines Delphins oder Wals.

Saphira von Alcyone: Lehrerwesenheit von den Plejaden; Alcyone ist der hellste Stern der Plejaden und aus spiritueller Sicht der zentrale Mittelpunkt des Sternensystems.

Schwären: Geschwüre

Schwesternschaft der Schilde: Eine Verbindung von Menschen, Männern und Frauen, meist Schamanen, die sich im Kollektiv der Heilung Gaias annehmen. Ihr Pendant ist die galaktische Schwesternschaft der Schilde (mit ihrer Mutter Oktaviana), die in derselben Art vom Kosmos aus für Gaia tätig ist, um ihr den Weg in die fünfte Dimension zu ebnen. Sie machen uns Mut, unser Schild der Individualität abzulegen, daher der Name.

Shamballa: Immer noch existierende, heilige, energetische Stätte über den Höhen Tibets. Shamballa wurde von der Sternenrasse der El als erste Station auf/ an Gaia eingerichtet.

Shekinah: Weibliches Gottesbewusstsein; Mutter-Gottes-Kraft. Vollkommene Rezeptivität. Spricht sich „Schekainah"; es gibt viele verschiedene Schreibweisen, diese fühlt sich für uns am stimmigsten an.

Sigille: Magisches Schriftzeichen. Sigillen sind graphische Symbole, die hauptsächlich aus ligierten, d. h. verbundenen Buchstaben bestehen (z.B. ist „ß" die Sigille von „ss").

Sirius: Leuchtender Stern an unserem Himmel im Sternbild Großer Hund, aus spiritueller Sicht die Heimat der Sirianer, die hier eine Universität unterhielten, in der alles Wissen über die Formbarkeit der Materie zur Verfügung stand.

staken: Ein Boot in flachem Wasser mittels eines Stockes vorantreiben.

Sternendrachen: Energetische Wesenheiten, die im Auftrag von Muttergott Energie (= Shekinah-Energien) in der Materie verankern.

Stirnauge: Das dritte Auge = Stirnchakra

Tobith: Eines der 12 kassiopeianischen Häuser; Tobith hat die Spezifikation, alle Engelkräfte des Universums zu bündeln.

Transmitter: Sender, Umformer oder Überträger

Transmutation: Körperveränderung

Transponder: Begriff von Elyah für energetische Transmitter, die die kristallinen Schichten und das morphogenetische Feld verbinden und letztendlich dafür zuständig sind, dass Gaia mit den Energien der Sterne verbunden ist. Diese Energiestabilisatoren wurden bei der Zerstörung von Atlantis vernichtet. Es gibt eine Gruppe von Menschen um Elyah und Michael Grauer-Brecht, die Jahr für Jahr einen solchen Transponder ausheilen, damit die Erde 2012 wieder in Verbindung mit dem All gehen kann.

Triangulation: von lat. *Triangulum*, Dreieck

Urkraton: Begriff von Plato für den ersten Kontinent auf der jungen Erde.

Vesta und die 12 Feuerpferde: Die weibliche Seite des solaren Logos; Zwillings-flamme von Helios. Wird laut Weissagung auf einem Wagen, gezogen von 12 Feuerpferden, kommen, um Gaia den Weg in die fünfte Dimension zu zeigen.

Virgo: Lateinischer Name für das Sternbild Jungfrau.

Volk von Enoch: Eines der kassiopeianischen Häuser mit seinem Lehrer Enoch. Enoch ist jener Lehrer Kassiopeias, der für die Erde zuständig ist. Enoch inkarnierte und begann dann das Volk der Essener zu schulen. Das Volk von Enoch sind die Essener. (Andere Schreibweisen sind z.B. *Enock* und *Hennoch*.)

Wadi Sharif: Heiler-Zentrum des essenitischen Volkes.

Zoll: Alte Maßeinheit. 1 Zoll entspricht heute 2,54 cm.

Die Bereiche und ihre Wesenheiten

Rat von Atlantis

Kalia (Wesenheit geboren aus dem Rat von Atlantis)
Ka Ra (oberster Sprecher des Rates von Atlantis)
Ni-An (Raumhafen von Atlantis)

Schulen der Medien

Mari-An (oberstes Medium)
Meriem (Marienfokus der Wasser)

Die Scheibenschwestern

Awara
Circe
Elea & Belea (Schwestern von Sirius)
Ga-El (Wesenheit aus dem elektrischen Universum)
Sky-Ra (aus dem Feueruniversum)

Sternendrachen

A-Araan (rotgoldener Drachen aus dem Horst von Atlantis)
An Ka Ra (weiße Drachin von An)
Herkules (blauer Friedensdrache von Herkules)
Ra Farah An (in Atlantis geborene Drachin)
Ra Neomi (Drache von Ra)
Selena (Monddrachin)

Lemuria

Lemurianer (die Materie-Erschaffer)

Rhubinihus

Kristallwesen
Mabruka (Kristallprinzessin)
Rhubinihaner

Solare Bruderschaft

Helios (männlicher Ausdruck der Zentralsonne)
Lenduce (das tanzende, göttliche Sonnenkind)
Vesta (Zwillingsflamme von Helios; weiblicher Ausdruck der Zentralsonne)

Rat der zwölf Häuser von Kassiopeia

An Nu Ba (Gesandte aus dem Hause Oreah)
Enoch (aus dem Hause Enoch)
Neli (aus dem Hause Tobith)
Noah (aus dem Hause Dan)

Schwesternschaft der Schilde

Alle Scheibenschwestern
Oktaviana (Mutter der Schwesternschaft)
Vesta

Sternenfahrer

Leoniden, Marsianer, Orioner, Sirianer, Weganer

Wesen aus Sternenebenen

Andra-Lay (Lehrerwesenheit von Andromeda)
Aquala Awala (Plejaden)
Deklet / Karon (Madokh)
Gaia (Sternenwesen aus der Quelle, das sich aus Liebe zum
Universum in einem Planeten manifestiert)
Makia (katzenartiges Wesen von Andromeda)
Saphira von Alcyone (Plejaden)
Sirilia (Delphin von Sirius)

Die Wesenheiten und Völker von A - Z

A-Araan	rotgoldener Drachen aus dem Horst von Atlantis
An Ka Ra	Sternendrachin von An
An Nu Ba	Gesandte aus dem Hause Oreah
Andra-Lay	Lehrerwesenheit von Andromeda
Aquala Awala	Mutter der Wasser, von den Plejaden
Atlanter	Volk, das für die Verankerung von Sternenwissen auf Gaia zuständig ist
Awara	Scheibenschwester
Circe	Scheibenschwester, Gefährtin von Oktaviana
Deklet / Karon	oberster Lehrer der Sternenschüler auf Madokh, bis er zu Karon wurde
Djwal Kuhl	Lehrer aus Shamballa
Elea & Belea	Schwestern von Sirius
Enoch	aus dem Hause Enoch von Kassiopeia
Ga-El	Wesenheit aus dem elektrischen Universum
Gaia	Sternenwesen aus der Quelle, das sich aus Liebe zum Universum in einem Planeten manifestiert
Helios	männlicher Ausdruck der Zentralsonne; solare Bruderschaft
Herkules	blauer Friedensdrache von Herkules
Ka Ra	oberster Sprecher des Rates von Atlantis
Kalia	Wesenheit geboren aus dem Rat von Atlantis
Karon	ehemals Deklet; Aussender des Blitzes der Trennung
Lemurianer	die Materie-Erschaffer
Lenduce	das tanzende, göttliche Sonnenkind; solare Bruderschaft
Leoniden	Schöpferwesen aus quasaren Ebenen, die sich im Sternbild Löwe niedergelassen haben
Lichtkrieger	Krieger der Schule des Wahren Herzens auf Mars
Mabruka	Kristallprinzessin
Makia	katzenartiges Wesen von Andromeda
Mari-An	oberstes Medium
Marsianer	Sternenfahrer vom Mars
Meriem	Marienfokus der Wasser
Neli	aus dem Hause Tobith von Kassiopeia
Ni-An	Wesenheit im Raumhafen von Atlantis
Noah	aus dem Hause Dan von Kassiopeia
Oktaviana	Mutter der Schwesternschaft der Schilde
Orioner	Sternenfahrer von Orion

Ra Farah An	auf Ra geborene Drachin, Gefährtin von Sky-Ra
Ra Neomi	Sternendrache von Ra
Rhubinihaner	Volk des Verbindens, Kristallwesen
Saphira	
von Alcyone	Wesenheit der Plejaden
Schwarze Herren	die Schergen Karons mit Sitz auf Rigel im Orion
Selena	Monddrachin
Sirianer	Sternenfahrer vom Sirius
Sirilia	Delphin von Sirius
Sky-Ra	Wesenheit aus dem Feueruniversum, Drachenreiterin
Vesta	Urmutter der Sonnen, Schwesternschaft der Schilde
Weganer	Sternenfahrer von Wega

Sky-Ra und Makia erwachen auf Madokh

Ra Neomi unterrichtet Sky-Ra und Makia

Andra-Lay von Andromeda

Ra Neomi unterrichtet den Rat von Ra

Der blaue Friedensdrache von Herkules

Die Geburt der Kristallprinzessin Mabruka

Die Geburt der Drachin Ra Farah An

Die Wolkentürme der Plejaden

Gaia mit Mars und Venus

Circe in geheimer Kommunikation mit Oktaviana auf Rigel

Die Oberstadt von Atlantis mit den Schulen der Medien

Sky-Ras Ausflug in die kalte Dunkelheit des Rigel

Die Schwestern auf ihrer Citrinscheibe

Lemurianer singen eine Quelle empor

Sky-Ra und Ra Farah An retten Circe

Die Sphinx in Erwartung des Sternbildes Löwe

Atlantisch-sirianische Freundschaft im Engelgarten

Sky-Ra und Makia im Gespräch über Circe

Mari-An, das oberste Medium, mit ihrer Tiara

Der große Festtag zur Geburt des Kosmischen Menschen

Die Monddrachin Selena mit auf Gaia zurückgebliebenen Sternendrachen

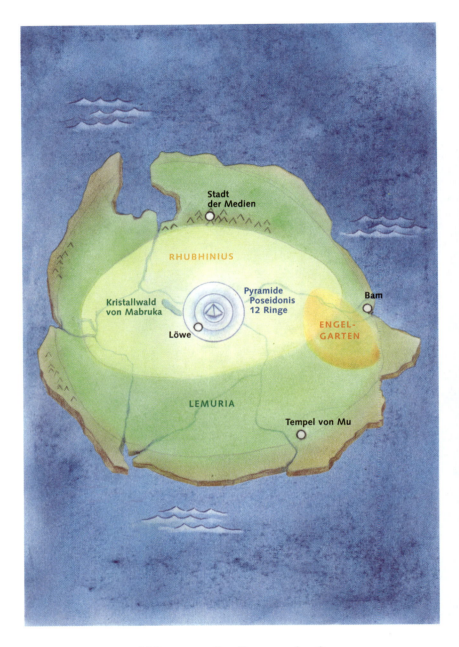

Urkraton vor dem Zusammenbruch

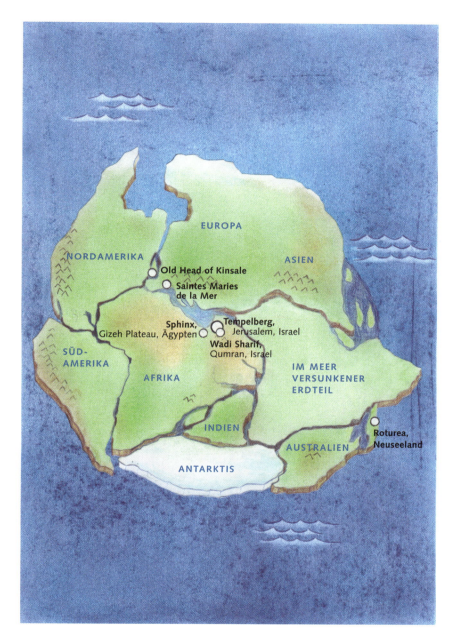

Heutige Kontinente und Rekonstruktion von Urkraton

Ausblick

Und die Geschichte geht weiter (in Planung für 2007):
Die Kinder von Atlantis – Wacht auf!
ISBN 3-937806-04-0 (ab 2007: 978-3-937806-04-4)

Außerdem in Vorbereitung:
Trixa / Halon
Die Halon-Papiere, Band 2 und 3 (Doppelband)
ISBN 3-937806-02-4 (ab 2007: 978-3-937806-02-0)
ca. 320 Seiten + separate Karten zur Arbeit mit den Sternenfeldern

Bereits erschienen:

Trixa / Halon

Die Halon-Papiere, Band 1
ISBN 3-937806-01-6 (ab 2007: 978-3-937806-01-3)
160 Seiten, 14,80 €

Unsere fortlaufende Seminar-Reihe der Schöpferkraft-
und Sternenfeldschulungen mit dem Og Min-Kollektiv
Halon.

Trixa / Hilarion und die Sternendrachen
Surftipps zu den Dimensionen
Handbuch für BewusstSeinsAbenteurer
ISBN 3-937806-00-8 (ab 2007: 978-3-937806-00-6)
264 Seiten, 19,90 €

Zusammen mit den Sternendrachen gibt Hilarion uns eine
präzise und humorvoll aufrüttelnde Schulung in Sachen
Manifestation und Aufstieg, und lehrt uns, in heiterer
Gelassenheit zu surfen auf den Wellenbergen und -tälern
unseres alltäglichen Seins.